教育部人才培养模式改革和开放教育试点教材

信息系统测试

第二版

张茂林　等编

中央广播电视大学出版社

图书在版编目（CIP）数据

信息系统测试/张茂林等编．—2版．—北京：中央广播电视大学出版社，2006.7（2017.12重印）

教育部人才培养模式改革和开放教育试点教材．

ISBN 978-7-304-03617-1

Ⅰ．信…　Ⅱ．张…　Ⅲ．信息系统—测试—电视大学—教材　Ⅳ．G202

中国版本图书馆CIP数据核字（2006）第084746号

教育部人才培养模式改革和开放教育试点教材

信息系统测试

第二版

张茂林　等编

出版·发行：中央广播电视大学出版社

电话：营销中心：010-66490011　　总编室：010-68182524

网址：http://www.crtvup.com.cn

地址：北京市海淀区西四环中路45号

邮编：100039

经销：新华书店北京发行所

策划编辑：何勇军　　责任编辑：何勇军

印刷：三河市华成印务有限公司　　印数：12001~13000

版本：2006年7月第2版　　2017年12月第5次印刷

开本：787×1092　1/16　　印张：12.75　　字数：287千字

书号：ISBN 978-7-304-03617-1

定价：18.00元

第一版前言

自有软件以来，应该说与软件测试类似的概念就诞生了，只不过在软件开发早期并没有对测试进行严格的定义和规范罢了。作为软件界的普遍共识，一个软件必须经过测试，只有测试才是验证软件是否能达到期望功能的唯一有效的方法，由此可见软件测试在软件业健康发展中的地位。

从国外的情况来看，在软件业较发达的国家，如美国、印度等，软件测试不仅早已成为软件开发的一个有机组成部分，而且在整个软件开发的系统工程中占据着举足轻重的重要地位。与国外相比，我们国内的软件测试又是什么状况呢？在国内的IT企业中，各种各样的软件开发公司比比皆是，但软件测试公司却很鲜见。而在软件开发公司中，真正能够进行系统的软件测试或真正建立独立的测试部门的公司，更是如凤毛麟角。这说明人们对软件测试的重视程度是多么的缺乏。

好在近几年来，随着改革开放和技术的引进，以及国内外在软件开发、测试领域的合作的加强，软件测试受到越来越多的企业和公司的关注。国内也相继成立了若干个软件测试公司，国家也在制定软件测试方面的规范和激励政策。可以说，软件测试是一个新兴的和很有希望的产业。

信息系统作为软件的一个领域，随着互联网的发展，已经在软件产品中占有相当的比例，各类信息系统的开发建设已经形成了巨大的市场。如何进行信息系统测试，保证信息系统质量，是一个非常重要的课题。

作为我国最大的人才培养基地和没有围墙的大学，中央电大在人才培养上具有得天独厚的优势，而开设“信息系统测试”课程就是更好适应社会需求和市场需要进行人才培养的一个方面。通过本课程的学习，使学生了解信息系统的基本概念，掌握软件测试的基本原理和技术，学会使用测试工具和环境，为今后从事信息系统开发、管理工作打下基础。这就是我们开设这门课程的初衷。

本书共包括“概述”、“软件测试基础”、“软件测试技术”、“Web信息系统测试方法”、“信息系统测试的设计、组织与实施”和“课程实验”6章，第1章到第5章由张茂林执笔，第6章由杨玉坤执笔。

在本书的编写过程中，得到了中央电大领导和课程指导小组各位老师的大力帮助和耐心指导，特别要感谢清华大学的殷人昆教授，他在百忙当中对书稿提出了大量的建议和修改意见。在本书的成稿过程中，作者也参考了国内外软件工程界许多前辈和同仁的各种教材和资料，在此一并表示感谢。

由于作者水平有限，书中的错误和疏漏在所难免，希望读者不吝赐教。

作　者

2004.10.30

第二版前言

本书第一版出版以来，作为教材在中央广播电视大学软件开发与应用等专业使用，我们从授课教师和学生那里获得了一些反馈信息。同时，根据软件测试和测试管理技术的发展，本书的部分内容也需要作出调整和修改。

这是本书的第二版，一共包括“概述”、“软件测试基础”、“软件测试技术”、“Web信息系统测试方法”、“信息系统测试的设计、组织与实施”和“主流软件测试工具介绍”等6章。与第一版相比，主要对第5章的结构和内容进行了调整和补充，去掉了原第6章（另编实验教材），新增了第6章“主流软件测试工具介绍”和附录“测试相关术语”，旨在扩大读者的视角和提供一些参考信息。全书主要由张茂林执笔，袁薇参加了部分章节的编写工作，最后由张茂林和袁薇审阅了全书。

另外，我们还编写了一本配套实验教材《信息系统测试实验指南》，与该书第二版同时出版。在实验教材的编写过程中，张玉坤、邹磊、张懋和徐斐参加了工作。其中，邹磊和张懋完成了4个实验，并编写了主要部分。

在本书第二版完稿时，特别要感谢清华大学的殷人昆教授和北京航空航天大学的金茂忠教授，他们对本书的编写提供了许多帮助。

限于作者水平，书中一定还会存在一些错误和疏漏，希望读者给予指正。

编　者

2006.5.20

目　录

第1章　概　述 ………………………………………………………………（1）

1.1　信息系统的概念 ……………………………………………………（2）

1.1.1　信息和数据 ……………………………………………………（2）

1.1.2　信息系统 ………………………………………………………（3）

1.1.3　信息系统测试 …………………………………………………（4）

1.2　信息系统的分类 ……………………………………………………（5）

1.2.1　事务处理系统 …………………………………………………（6）

1.2.2　管理信息系统 …………………………………………………（7）

1.2.3　决策支持系统 …………………………………………………（8）

1.3　信息系统的开发过程 ………………………………………………（10）

1.3.1　系统调查 ………………………………………………………（11）

1.3.2　系统分析 ………………………………………………………（12）

1.3.3　系统设计 ………………………………………………………（13）

1.3.4　系统实施 ………………………………………………………（14）

1.3.5　系统维护 ………………………………………………………（15）

本章小结 ……………………………………………………………………（16）

习　题 ………………………………………………………………………（16）

第2章　软件测试基础 ……………………………………………………（17）

2.1　软件错误和软件缺陷 ………………………………………………（18）

2.1.1　程序正确性和软件错误 ………………………………………（18）

2.1.2　软件错误的类型 ………………………………………………（19）

2.1.3　描述软件错误的术语 …………………………………………（19）

2.1.4　软件缺陷的定义 ………………………………………………（20）

2.1.5　软件缺陷产生的原因 …………………………………………（21）

2.2 软件测试基本知识 …… (22)
2.2.1 软件测试的定义 …… (22)
2.2.2 软件测试的重要性 …… (23)
2.2.3 软件测试的目的和原则 …… (25)
2.2.4 软件测试的对象 …… (26)
2.2.5 对软件测试的错误认识 …… (27)
2.3 软件测试方法 …… (28)
2.3.1 人工测试和机器测试 …… (28)
2.3.2 黑盒测试和白盒测试 …… (30)
2.3.3 静态分析和动态测试 …… (33)
2.4 软件测试过程 …… (34)
2.4.1 单元测试 …… (35)
2.4.2 集成测试 …… (37)
2.4.3 确认测试 …… (39)
2.4.4 系统测试 …… (41)
本章小结 …… (42)
习 题 …… (43)

第3章 软件测试技术 …… (44)

3.1 结构化系统测试技术 …… (45)
3.1.1 人工测试技术 …… (45)
3.1.2 黑盒测试技术 …… (48)
3.1.3 白盒测试技术 …… (55)
3.1.4 静态分析技术 …… (62)
3.1.5 动态测试技术 …… (64)
3.2 面向对象系统测试技术 …… (64)
3.2.1 面向对象测试基础 …… (64)
3.2.2 面向对象分析的测试 …… (66)
3.2.3 面向对象设计的测试 …… (67)
3.2.4 面向对象编程的测试 …… (68)
3.2.5 面向对象的单元测试 …… (69)
3.2.6 面向对象的集成测试 …… (71)
3.2.7 面向对象的系统测试 …… (72)
本章小结 …… (73)

习　题 …………………………………………………………………………………… (74)

第 4 章　Web 信息系统测试方法 …………………………………………………… (75)

4.1　Web 信息系统的特点 ……………………………………………………………… (76)
4.1.1　Web 信息系统的概念 ……………………………………………………… (76)
4.1.2　Web 信息系统的特点 ……………………………………………………… (76)
4.2　Web 信息系统测试技术 …………………………………………………………… (77)
4.2.1　功能测试 …………………………………………………………………… (77)
4.2.2　性能测试 …………………………………………………………………… (79)
4.2.3　可用性测试 ………………………………………………………………… (82)
4.2.4　安全性测试 ………………………………………………………………… (84)
4.2.5　客户端兼容性测试 ………………………………………………………… (85)
4.2.6　接口测试 …………………………………………………………………… (87)
4.2.7　性能测试实例 ……………………………………………………………… (87)
4.3　Web 信息系统安全检测 …………………………………………………………… (93)
4.3.1　入侵检测 …………………………………………………………………… (93)
4.3.2　漏洞扫描 …………………………………………………………………… (96)
4.4　Web 信息系统安全策略 …………………………………………………………… (106)
4.4.1　物理安全策略 ……………………………………………………………… (107)
4.4.2　访问控制策略 ……………………………………………………………… (109)
4.4.3　信息加密策略 ……………………………………………………………… (112)
4.4.4　安全管理策略 ……………………………………………………………… (114)
本章小结 ……………………………………………………………………………… (116)
习　题 ………………………………………………………………………………… (116)

第 5 章　信息系统测试的设计、组织与实施 ………………………………………… (117)

5.1　测试计划 ………………………………………………………………………… (118)
5.1.1　测试计划的概念 …………………………………………………………… (118)
5.1.2　选择测试类型 ……………………………………………………………… (118)
5.1.3　确定测试策略 ……………………………………………………………… (120)
5.1.4　成立测试组织 ……………………………………………………………… (121)
5.1.5　建立测试配置 ……………………………………………………………… (124)
5.1.6　制定测试计划 ……………………………………………………………… (125)

5.1.7 举例：测试配置 …… (130)
5.2 测试设计 …… (135)
5.2.1 测试设计的概念 …… (135)
5.2.2 测试设计的类型 …… (135)
5.2.3 测试设计的步骤 …… (136)
5.2.4 设计测试用例 …… (136)
5.2.5 举例：测试设计 …… (138)
5.3 测试执行 …… (140)
5.3.1 测试执行的概念 …… (140)
5.3.2 创建测试任务 …… (141)
5.3.3 执行测试任务 …… (143)
5.3.4 处理软件问题报告 …… (144)
5.3.5 举例：软件问题报告处理过程 …… (147)
5.4 测试总结 …… (151)
5.4.1 测试完成的标准 …… (151)
5.4.2 测试结果的统计 …… (152)
5.4.3 测试结果的分析 …… (154)
5.4.4 测试总结报告 …… (154)
本章小结 …… (161)
习　题 …… (161)

第6章　主流软件测试工具介绍 …… (162)

6.1 软件测试工具概述 …… (163)
6.1.1 应用测试工具的目的 …… (163)
6.1.2 测试工具的分类 …… (163)
6.2 主流软件测试工具介绍 …… (164)
6.2.1 WinRunner 自动测试工具 …… (164)
6.2.2 LoadRunner 性能测试工具 …… (168)
6.2.3 TestDirector 测试管理系统 …… (173)
6.2.4 Pure Coverage 代码覆盖工具 …… (178)
6.3 软件测试工具的选择和使用 …… (182)
6.3.1 从功能角度 …… (182)
6.3.2 从价格角度 …… (182)
6.3.3 从实际效果角度 …… (182)

本章小结 …………………………………………………………………………………………… (183)
习　　题 …………………………………………………………………………………………… (184)

附　　录　测试相关术语 ……………………………………………………………………… (185)

参考文献 ………………………………………………………………………………………… (189)

第 1 章

概　　述

本章导读

[内容简介]

本章介绍信息系统的基础知识，包括信息系统的概念、信息系统的分类以及信息系统的开发过程。

具体包括以下内容：

信息系统的概念

- 信息和数据
- 信息系统
- 信息系统测试

信息系统的分类

- 事务处理系统
- 管理信息系统
- 决策支持系统

信息系统的开发过程

- 系统调查
- 系统分析
- 系统设计
- 系统实施
- 系统维护

[学习目标]

1. 理解信息系统的相关概念；
2. 了解信息系统的分类；
3. 了解信息系统的开发过程。

1.1　信息系统的概念

随着信息技术的飞速发展，人类已经进入了信息时代，信息对经济发展、社会进步起着巨大的推动作用。信息已被视为与物质、能源同等重要的宝贵资源，对信息的处理和利用已经深入到人类生产生活的各个层面。

人们对信息的处理和利用离不开信息系统。信息系统是集计算机技术、数据库技术、信息管理和分析技术、组织管理技术等学科于一体的综合应用。建立信息系统的目的在于及时、正确地收集、加工、存储、传输和输出决策所需要的信息，实现各级组织中各项活动的管理、调节和控制。

1.1.1　信息和数据

1. 信息和数据

虽然在日常生活中我们常常把数据和信息混为一谈，但事实上它们有着不同的含义。

数据是可以被记录、通信和识别的符号，用来描述客观事物的原始事实。

信息是经过处理的、按特定方式组织在一起的数据的集合，信息已经具有了超出客观事物原始事实本身的额外价值和含义。

在信息系统中，数据只是简单的原始事实，而信息则是人们对数据进行加工处理以后得到的结果，是人们作出决策的依据。例如，在一个学生班中某门课程每个学生所得的分数对教师来说是原始数据，而把这些数据进行统计和加工处理，就可以计算出每个班学生的平均成绩，平均成绩对教师来说就是信息，教师可以根据平均成绩来判断该班学生学习的总体情况。

2. 信息的特性

信息是经过加工的、有意义的数据，是一种资源，因此信息是有价值的，信息的价值主要体现在信息的特性上。

信息主要有以下几个特性：

(1) 正确性：正确的信息就是没有错误的信息。在有些情况下，不正确的信息是由于对不正确的数据进行加工处理而造成的。

(2) 完备性：完备的信息就是那些包含了所有重要事实的信息。在统计学生平均成绩的例子中，如果在计算平均成绩时漏掉了前 10 名学生的成绩，那么得出的结果显然就不能准确地反映出教师的教学水平。

(3) 相关性：相关的信息就是那些决策者用得着的信息。在统计学生平均成绩的例子中，要想衡量一位教师的教学水平，所有学生的平均身高显然就是与教师的教学水平不相关的信息。信息并不是越多越好，事实上，过多的、冗余的、不相关的信息会导致信息超载。如果决策者有太多的信息可供选择，反而会使作出判断变得更困难。

（4）及时性：及时的信息就是那些在需要的时候能够及时传送过来的信息。例如，上个星期的天气预报对于生活在这个星期的人们来说是没有价值的，因为它不够及时。再如火车票订票系统，如果系统不能够及时更新售票信息，就可能将已售出的火车票再次出售。

1.1.2 信息系统

1. 信息系统的组成

信息系统是由硬件、软件、数据库、远程通信部分和人员组成的信息处理的统一体。建立信息系统的目的是实现信息的管理、调节和控制。图 1－1 是信息系统的示意图。

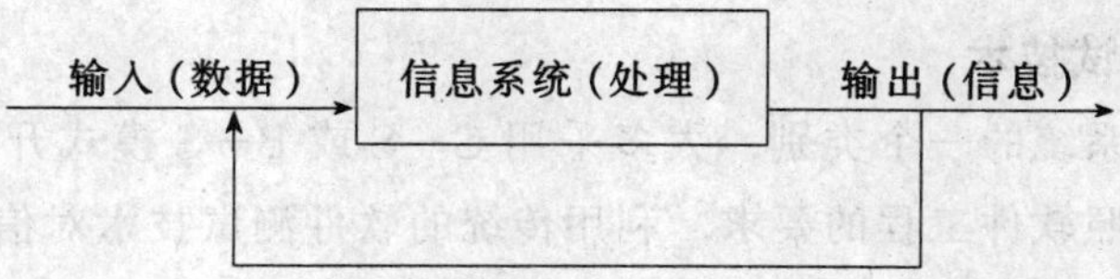

图 1－1 信息系统

（1）硬件：是用来进行输入、处理和输出数据或信息的计算机设备。

（2）软件：是计算机的各种程序、数据和文档的集合。软件分为系统软件和应用软件两类，系统软件控制计算机的基础操作，应用软件主要完成某些特定的信息处理的任务。

（3）数据库：是有组织的、可共享的数据和信息的集合。数据库中的数据按一定的数据模型进行组织、描述和存储，具有较小的冗余度、较高的数据独立性和易扩展性，并且可以为各种用户共享。

（4）远程通信部分：可以帮助人们通过电子邮件等技术来进行通信和交流，使人们能够相互交换信息，协调信息系统的工作。

（5）人员：包括信息系统的管理、运行、编码和维护人员等。

2. 信息系统的功能

信息系统的基本功能可以归纳为以下 5 个方面：

（1）信息收集：信息系统的首要任务是把分散的、零散的数据或信息收集起来并加以记录、整理，使之成为系统要求的格式，作为系统的输入。信息的正确性依赖于数据输入的正确性，因此信息的收集是完成信息系统其他功能的重要基础。

（2）信息处理：数据经过加工以后才能成为信息。信息处理就是对输入信息系统的数据进行加工处理的过程。例如，对财务数据进行统计、结算、预测分析等。信息处理的方式一般包括排序、分类、归并、查询、统计、预测、模拟以及各种数学运算。

(3) 信息存储：数据经过加工处理成为信息以后，需要由信息系统负责存储保存。信息的存储包括物理存储和逻辑组织两个方面。物理存储是将信息存储在适当的介质上；逻辑组织是指按信息的内在联系组织和使用数据，把大量的信息组织成合理的结构。

(4) 信息传输：在数据收集完成以后，需要将数据传送给信息处理系统，同样在数据加工成信息后，也需要将信息传送给用户，这就是信息传输的功能。

(5) 信息输出：开发信息系统的目的就是为管理人员作出决策提供依据。因此，信息系统的输出结果应当易读易懂，尽量符合用户的习惯。信息输出的格式可以多种多样。有时，可以把信息输出到某种存储介质（如磁带、磁盘、光盘）上，这些信息既可以做进一步处理，又可以传输给其他系统作为输入。

1.1.3　信息系统测试

1. 传统的软件测试技术

信息系统是软件系统的一个类别，大多采用C－S或B－S模式开发。在信息系统开发的过程中，首先要按照软件工程的要求，利用传统的软件测试技术对信息系统进行测试。

传统的软件测试技术包括：

- 人工测试技术
- 黑盒测试技术
- 白盒测试技术
- 静态和动态测试技术

2. 信息系统测试技术

对信息系统除了要进行传统的软件测试外，由于信息系统本身的特性，信息系统测试与传统的软件测试相比还有许多不同之处。信息系统测试不但需要检查和验证系统是否完成系统功能，而且还要从最终用户的角度进行安全性和可用性测试。信息系统一般都是基于网络的，由于网络的不可预见性使对信息系统的测试变得更加复杂。

根据信息系统的特性，我们可以把信息系统测试分为以下几个部分：

- 负载测试
- 压力测试
- 用户界面测试
- 兼容性测试
- 安全测试
- 接口测试

1.2　信息系统的分类

信息系统往往是十分复杂的，因为组织中使用的信息在数量、状态和类型上都是易变的和不可预知的。

从管理的角度来看，一个组织可以被分成 3 个管理层次：操作管理层（底层）、战术管理层（中间层）、战略管理层（顶层）。如图 1－2 所示。

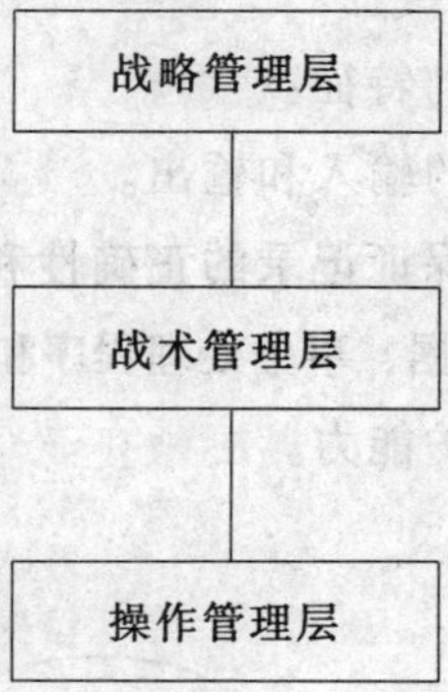

图 1－2　组织管理层次

● 操作管理层

操作管理层的人员主要管理普通员工和日常活动，他们主要关心的是组织的效率，确保组织能够出色地完成任务。

● 战术管理层

战术管理层的人员尽管承担一些与操作管理层相同的责任，但主要关心的是组织的效益，确保组织能够正确地完成任务。

● 战略管理层

战略管理层决定着组织的发展方向，负责分配资源以实现整个组织的目标。

信息的需求完全取决于管理的层次，要让一个系统满足组织中各个层次管理人员的信息需求，实际上是不可能的。为解决这一问题，大多数组织都需要建立不同类型的信息系统来满足不同管理层的需求。

在通常情况下，在一个组织中可以建立不同层次的信息系统，帮助组织中的工作人员完成日常工作和各种专门工作，从登记销售记录、处理工资单、支持各个管理部门的决策，一直到提供大型项目的方案等。

根据一个组织信息管理的层次，在一个组织中最常用的信息系统包括事务处理系统、管理信息系统和决策支持系统，它们分别服务于组织中的不同管理层次。

1.2.1　事务处理系统

事务处理系统（Transaction Processing System，TPS）主要用来支持操作管理层人员的日常活动。所谓事务，就是所有与企业有关的基本业务活动。如支付员工工资、向顾客销售商品、向供应商付款等。

事务处理系统包括记录企业交易的人员、过程、数据库及各种设备。事务处理系统的主要作用是收集、处理和存储数据以供将来使用，因此有时也称之为数据处理系统（Data Processing System，DPS）。

各种事务处理系统都有一些相似的特征：

(1) 能迅速有效地处理大量数据的输入和输出。

(2) 能进行严格的数据编辑，以保证记录的正确性和及时性。

(3) 能通过审核来保证所有输入数据、事务处理程序和输出的完整性、准确性和有效性。

(4) 提供有关系统安全问题的防护能力。

(5) 支持多点登录。

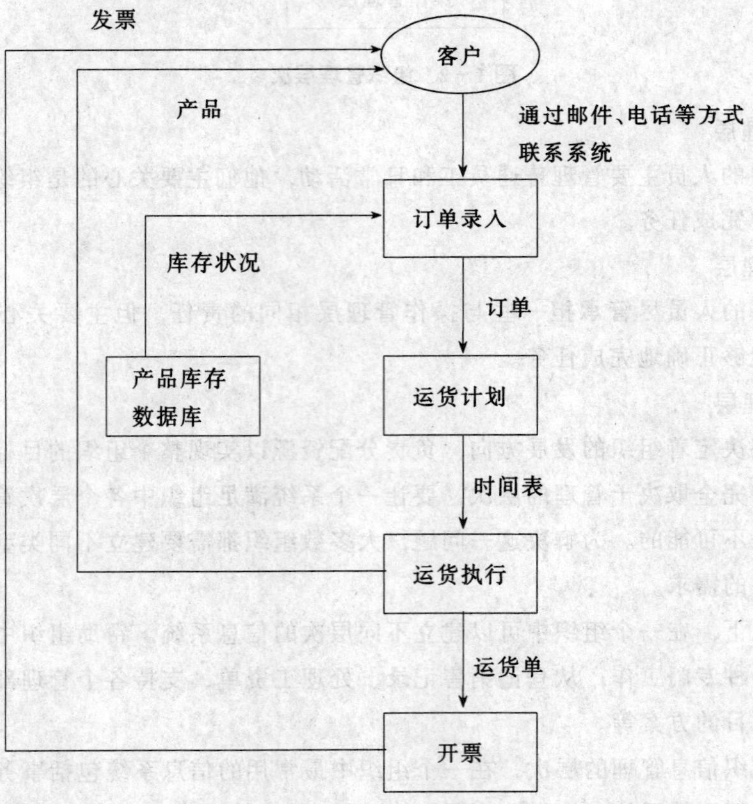

图 1－3　销售事务处理系统订单处理

事务处理系统在组织中发挥着重要的作用。它可以帮助企业降低成本，提高对客户的服务质量，从而增强企业的竞争力。例如，基于因特网的商务处理系统为客户提供了网上交易的机会，从而减少了销售成本并且形成有效的销售途径；医院的处方处理系统能够检查患者使用的不同药物的排他性，从而对医生在诊疗过程中使用有潜在危害和相互排斥的药物提出警告。

图 1-3 描述了一个销售事务处理系统对客户订单的处理过程。

在这个订单处理过程中，客户通过邮件、电话、因特网等方式与销售部门联系，订购商品。接到订单以后，订单录入模块记录订单数据（如客户姓名、地址、信用卡编号、商品项目编号等），并通过查询库存状况确认产品数量和当前存货数量。客户的订单一经输入并被接受，就成为有效订单，商品库存量就要作出相应的修改。运货计划在满足交货期限的前提下，以运输成本最小为原则选择装货地点，然后生成一张精确规定了时间和运输工具的运货计划作为运货执行模块的输入。运货执行模块调整组织的产品和商品流出，以保证向客户及时交付合格产品。最后，开票模块以运货执行模块输出的运货单为依据生成客户发票并交付客户。

事务处理系统的主要任务是支持操作层，但它对战术层和战略层的支持却是不够的。例如在上面介绍的销售事务处理系统中，程序只能完成数据的更新、统计、查询等功能，而没有任何预测和控制功能。针对以上问题，为了充分发挥信息系统的效益，人们对事务处理系统从各个角度进行了多方面的改进，从而产生了管理信息系统。

1.2.2 管理信息系统

从信息系统的发展过程来看，管理信息系统是在传统的数据处理系统的基础上发展起来的。在前面我们已经提到，事务处理系统的主要任务是支持操作层，但对战术层和战略层的支持不够。这些层次不仅需要组织内部综合形式的数据，同时也需要外部组织的一般范围和大范围内的数据。管理信息系统提供了这样的信息。

管理信息系统（Management Information System，MIS）可以为管理人员和决策者提供管理信息，包括人员、过程、数据库及各种设备几个部分。

管理信息系统主要支持战术层，能够帮助管理者实现企业目标，向管理者提供信息及其反馈，使他们能将现有结果与预定目标进行比较，确定问题所在，寻求改善的途径和机会。

管理信息系统的输入数据包括内部数据和外部数据两个数据源。事务处理系统是管理信息系统最重要的内部信息来源。例如，图 1-3 中介绍的订单处理在不断地更新库存数据库，以便管理者了解库存状况，而这些实时更新的数据库就是管理信息系统的主要内部数据源。外部数据源则主要包括客户、供应商、竞争对手等信息。

管理信息系统的输出通常是交给管理者的一系列报表，这些报表通过简单易用的界面支持管理者决策，向他们提供所需的数据和信息。例如，一个企业主管想要查询一名推销员的销售业绩，一份相应产生的报表就会提供所需信息。又如，当仓库库存量小于管理人员设置的临界点（如 50 件）时，系统就会相应地生成一张报表，提醒管理人员采取相应的行动。

图 1－4 所示是一个简单的管理信息系统的模型，它的功能是为决策者制定商品价格提供信息。通常定价决策所需的信息之一是产品制造过程中的成本。成本信息是根据事务处理系统中记录的制造材料的成本、相关劳动成本和企业管理费用综合计算后获得的。除了精确的内部综合信息之外，管理者还需要知道竞争对手及其产品销售定价。此外，还需要一些其他的信息，例如货品总需求量、销售量与促销费用之间的关系信息，以及销售量与定价间的关系信息等。

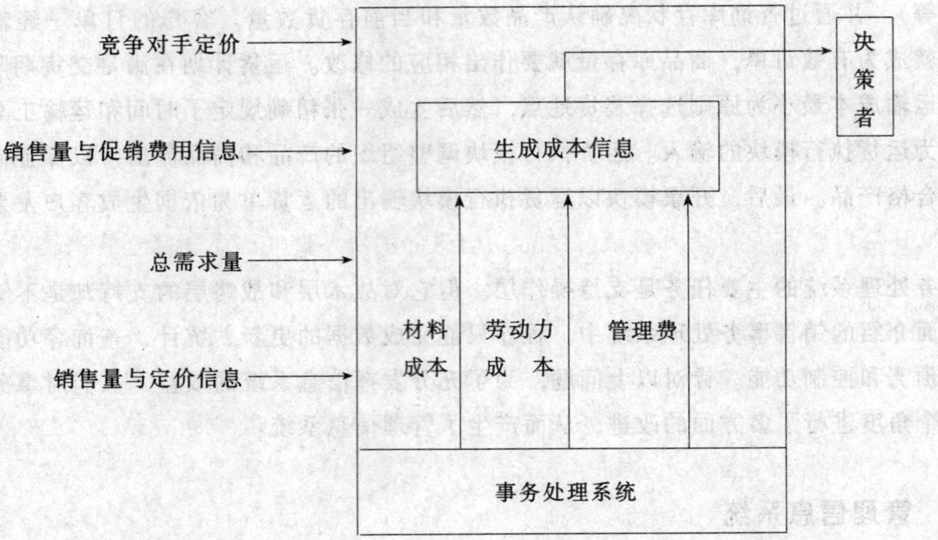

图 1－4　管理信息系统

管理信息系统负责信息的收集、处理、存储和其他相关需求信息的提供。严格说来，管理信息系统只是一种辅助管理系统，它所提供的信息需要由管理人员分析、判断和决策，所以当面对一些复杂的决策问题时，它往往显得无能为力。

管理决策的制定是一个包括确定目标、收集信息、探索方案以及对各种方案进行分析、预测、比较和选择的过程，而管理信息系统往往只是按照它在建立时所确定的模式来收集、存储和加工信息。因此，管理信息系统只能有效地支持那些目标明确、具有确定规则和信息需求的决策问题。管理信息系统的这些缺点导致了决策支持系统的产生。

1.2.3 决策支持系统

决策支持系统（Decision Support System，DSS）是管理信息系统的发展与深化。决策支持系统可以为企业的某些问题作出决策，包括人员、过程、数据库和各种设备几个部分。

决策支持系统具有一些共同的特点：例如，具有处理大量数据的功能，能从不同数据源获取并处理数据；提供报表和灵活的显示；完成复杂的统计分析；支持最优化、满意性、启发式方法；能执行“如果——怎样做”分析和“模拟执行”分析等。

有一些较为复杂的问题，例如，一个企业想要找一个理想的地点建立新工厂，或者一个采矿公司想要确定理想的开采地点，如果这类问题的数据关系不很清晰，并且数据格式多种多样，数据难于得到或者难于处理，对这类问题，我们称之为半结构化或非结构化问题。

决策支持系统的一个最基本的功能，就是能够把半结构化或非结构化问题的数据归结为一个简单的、有用的相关信息集合，建立数据模型，把复杂的问题结构化、直接化，并通过综合应用数据和模型为决策者提供支持。

决策支持系统的基本结构是3个子系统的有机结合，包括人机交互系统、模型库系统和数据库系统，如图1－5所示。

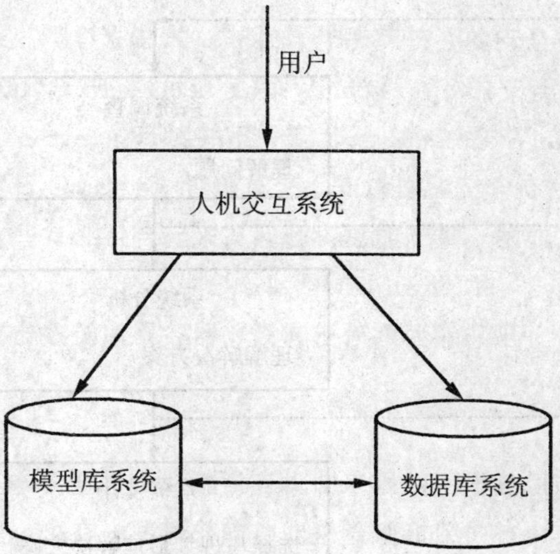

图1－5　决策支持系统

1．人机交互系统

人机交互系统是决策支持系统与用户之间的交互界面，它支持用户和系统之间的对话功能，是用户与系统联系的桥梁。

在决策支持系统中，用户通过人机交互系统输入必要的信息和数据，从而控制决策支持系统的实际运行。同时，系统通过人机交互功能向用户显示运行的情况以及最后的结果。

2．模型库系统

模型库系统是提供模型存储、生成和管理的系统。模型库系统按一定的结构形式将众多的模型组织起来，存储在计算机中，并对模型进行定义、组织、提取、访问、更新和合成等管理操作，从而对各个模型进行有效的管理和使用。

3．数据库系统

数据库系统是各类计算机信息系统的基础。数据库系统包括数据库和数据库管理系统。数据库是存储大量数据的数据集合。在数据库中，数据被组织成易于进行数据操作的形式。

数据库由数据库管理系统来管理和维护。

1.3 信息系统的开发过程

信息系统的开发是一项创建或修改现有业务系统的活动。它涉及该过程的所有方面——从确定系统需求到实施和修改选定的方案。信息系统开发的步骤可能因企业而异，但大多数开发方案都包括五个阶段：系统调查、系统分析、系统设计、系统实施和系统维护。

信息系统的开发过程如图 1－6 所示。

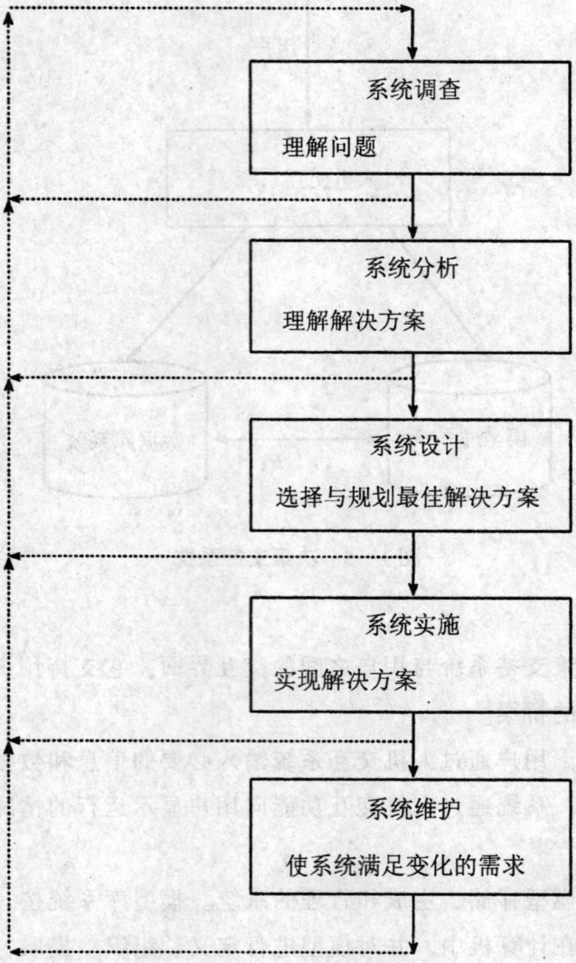

图 1－6 信息系统开发过程

有效的系统开发需要开发小组的共同努力。开发小组通常由投资者、用户、管理者、系统开发专家和各类支持人员组成。投资者是那些投资并最终能从系统开发项目中受益的个人或组织。用户是经常与系统交互的人，可以是雇员、管理者、客户或供应商等。

1.3.1 系统调查

系统调查阶段需要解决“问题是什么？它是否值得去解决？”这样的问题，系统调查阶段的任务是根据业务目标确认潜在的问题和机会。

系统调查的主要成果是制定一个详细定义的信息系统项目计划，包括对业务问题或机会的详尽表述，对需要的资源类型和数量的描述，以及对是否可以进入下一阶段（系统分析阶段）的建议等。

1. 启动系统调查

系统开发项目可能由于一些原因而启动，例如为解决现有系统存在的问题或利用机会获取竞争优势、提高竞争能力等。

系统需求单是一份系统调查启动前需要填写的文档，它通常包括如下信息：

(1) 现有系统中存在的问题或机会；

(2) 系统调查的目的；

(3) 新系统的概述；

(4) 新系统的期望成本和利润。

系统需求单中的信息帮助开发部门合理地安排它的活动，并定出优先级。基于整体的计划、组织的需要和目标及估计的项目价值和优先级，管理人员作出是否启动系统调查的决定。

2. 系统调查的参与者

启动系统调查后的第一步工作就是要确定有哪些人员参加系统调查。

理论上，职能管理者是调查阶段的主要参与者。其他成员包括用户或管理层以外的投资者、技术和财务专家。在调查阶段，技术和财务专家的任务是帮助开发小组确定该问题是否值得解决，参与调查的开发小组成员负责收集和分析数据，准备报表以表明系统开发的合理性，并向高层管理者汇报结果。

3. 可行性分析

可行性分析阶段是系统调查阶段的关键一步，它的任务主要是评定项目在技术上、经济上、操作上和进度上的可行性，如表 1－1 所示。

表 1－1　可行性分析调查

分　类	调　查　内　容
技术可行性	该项目是否可以通过购买或开发系统方法来解决问题？
经济可行性	该项目在财务上是否有意义？预计的利润是否能够与投入的成本相抵？
操作可行性	该项目能否实现或操作性如何？
进度可行性	该项目能否在合理的时间内完成？

4. 系统调查报告

系统调查报告是系统调查阶段的主要成果。系统调查报告汇总了系统调查和可行性分析过程的结果，并提出建议：进入系统分析阶段，或以某种形式修改项目，或放弃项目。

系统调查报告由高层管理者和用户进行审查，一旦系统调查阶段的成果被管理层和用户接受，系统开发就进入了系统分析阶段。

1.3.2 系统分析

系统分析阶段需要解决"信息系统该如何解决问题?"，系统分析阶段的任务是对现有系统和工作流程进行研究，确定其优点、缺点以及改进机会。系统分析的主要成果是确定一系列的系统需求及优先级别。

1. 系统分析的参与者

系统分析的参与者包括原始开发小组成员——从用户和投资者到开发人员和管理人员。召集系统分析的参与者后，这部分人员就开始确定一系列目标和行动，同时还形成与这些目标和行动相应的计划，确定每一阶段任务的截止日期和所需的资源，设定开发过程中的一些关键的里程碑，以帮助管理小组监控整个开发过程。

2. 数据收集和数据分析

数据收集的目的是寻找额外的信息，进一步确定系统调查报告中所定义的问题和需求。在这一过程中要重点突出现有系统的优点和缺点。

对于收集到的数据，仅仅停留在原始形式是不够的，因为这样并不能确定现有系统的有效性和效率水平，也不能确定新系统的需求。因此要进行数据分析。

数据分析的目标是把收集到的数据转化成对分析人员有用的形式。数据分析有数据建模、活动建模、使用数据流图和实体关系图等方式，能够显示数据流和各种对象、关系与活动之间的关系。

3. 需求分析

需求分析的目的是确定用户、投资者和组织的愿望和需要，弄明白他们到底期望从新系统或改进的系统中得到什么。

据各种公开报告估计，在所有应用系统项目中，有近1/4是失败的。其中一些大大超出预算，以致管理部门不得不提前终止。另一些项目虽然到达完成阶段，但这些项目太难于使用。不论哪种情况，只要开发者们多考虑一下用户、投资者和组织的愿望和需要，许多失败都是可以避免的。

4. 系统分析报告

系统分析阶段的最后需要总结出一份正式的系统分析报告。系统分析报告是系统分析的一个主要成果，它应使管理者能够充分了解现有系统存在的问题和优势。

如果现有系统比预料中的要好，或者项目所需费用与其可能获得的利益相比太过昂贵，则系统开发过程可能在该阶段就被终止，反之，系统开发过程就会进入到系统设计阶段。

1.3.3 系统设计

系统设计阶段的主要成果是一个技术设计报告，它详细描述系统的输入、输出和用户接口，硬件、软件、数据库、通信设施、工作人员和具体化的开发步骤，展示这些组成部分之间的联系。

1. 逻辑设计和物理设计

信息系统应从两方面进行设计：

(1) 逻辑设计：逻辑设计是指系统将做什么。也就是说，它将前期分析人员确定的系统需要解决的问题概念化。逻辑设计独立考虑硬件和软件，详细规划系统每个要素的目的。缺少这一步，系统技术方面的解决方案往往是模糊不清的。

(2) 物理设计：物理设计是指系统怎样实现任务。包括硬件设计、软件设计、数据库设计、远程通信设计、过程和控制设计。

在逻辑和物理系统设计中，应考虑一些特殊的设计事项。包括启动过程、交互处理和错误检测。

(1) 启动过程：启动过程由身份识别、口令和其他一些安全措施组成，其作用是授予个人访问计算机资源的权限。系统的启动过程可允许用户访问计算机，开始和使用一个特定的应用。

(2) 交互处理：如果开发的系统是交互式的，设计方法中必须考虑使用菜单、帮助工具、表格工具和重启动过程。优异的交互式对话应以清晰的方式询问信息，响应快速，所有应用应保持一致性，并使用具有吸引力的界面风格。同时，应避免使用计算机中的专用术语，应尊重用户习惯和风俗。

(3) 错误检测：错误检测应作为系统设计处理的一部分。人的操作、自然现象和技术问题都可能引起系统错误，另外，还有一些恶意的破坏，如病毒和黑客入侵等。

2. 灾难恢复

对那些支持关键业务操作的关键信息系统，组织通常要为其开发灾难恢复计划。所谓灾难，可能是天灾，如大火或地震，也可能是人祸，如操作人员严重的误操作等。灾难恢复计划要能够预测灾难并为灾难的可能发生做好准备。灾难恢复计划的主要目的是维护企业信息的完整性，保持信息系统的运行，直至常规工作恢复。

灾难恢复定义为灾难恢复计划的实施。灾难恢复中最主要的方法是软件和数据库的备份。

3. 系统控制

系统控制是维护数据安全性的过程。系统控制有助于防止工作人员和其他人员对计算机的误用、犯罪和欺诈。对于大多数信息系统，各个部门都有一套常规操作规程，用以保护系统。信息系统的一些部门是一个封闭的计算机站，只有被授权的操作人员才能进入和使用系统。另一些部门是开放的计算机站，所有被授权者，如程序员和系统分析员都可以使用系统。

4. 评估和选择方案

评估和选择方案是对各种设计方案进行评估，从中选择一个最佳方案。在评估中必须考虑系统的执行、成本、控制和复杂性，并加以平衡。依据它们的重要程度，任意一个目标都有可能使一种方案优于其他所有方案而被选中。

5. 设计报告

设计报告是系统设计的主要成果，设计报告详细描述了系统设计所做的决策，以及系统实施所做的准备工作。系统说明书是设计报告的一部分。系统说明书包括技术方面的描述，详细说明系统的输入、输出和用户接口，以及所有硬件、软件、数据库、远程通信、人员和过程的组成部分以及这些组成部分涉及到的方法。

6. 冻结设计说明书

冻结设计是指当设计接近结束时，对系统的设计不能再做较大的变动。这是因为，若在系统实施阶段还不断修改系统，可能会引起整个项目超预算，并拖延项目完成的日期。冻结设计说明书意味着用户认可并接受了设计说明书中所写的内容。

1.3.4 系统实施

系统实施是创建或购买在系统设计中详细列出的各种系统组成部分，进行装配，并让新系统或修改系统投入运行。系统实施的任务是为用户有效使用系统做好准备。系统实施的结果是产生一个安装完毕的，可操作的，满足业务需求的系统。

系统实施包括以下几个典型步骤：

1. 硬件获取

为了获取信息系统所需的组成部件，系统实施可能需要购买、租借或租用计算机硬件和其他资源。这就需要辨别和选择一家或多家硬件系统供应商。

2. 软件获取

对于所使用的硬件，可有多种方法获得相应的软件：

一种方法是从外部购买。由于某种原因，企业可能购买或租用外部开发软件，因为其成本低，软件包的功能部件和执行方面的风险较小，也容易安装。与自行开发相比，从外部购买软件所需工作量较少。

另一种方法是自行开发。内部开发软件的优点是能满足用户和组织的特殊需要，更具特色，增加了用户化的成分和变更的灵活性。

3. 获取数据库和远程通信系统

获取数据库和远程通信系统是系统开发工作中的重要步骤之一。因为数据库和远程通信系统涉及硬件与软件，所以前面介绍的关于获取硬件和软件的方法也适用于它们。

4. 用户准备

用户准备是指人员的准备处理，其中包括准备好新系统的管理人员、决策人员、使用人员、其他用户和投资者。

5. 人员的招聘和培训

根据新系统的规模，可以招聘信息系统人员，某些情况下也可进行培训。新系统所需的人员包括管理员、系统分析员、程序员、数据录入员和其他人员。

6. 场所准备

场所准备是指为新系统准备实际的工作场所。对于一个小系统，这可能意味着简单地为计算机布置一个房间，而一个大型系统可能需要特殊的布线和温度湿度条件等，甚至需要增加大功率的供电系统。

7. 数据准备

数据准备是指将所有的手工数据转换为计算机数据的过程。

8. 安　装

将计算机设备真正地放置到工作场所，安装系统，并使它运行。

9. 测　试

从传统的软件测试的角度，测试过程包括单元测试、系统测试、集成测试和验收测试。

根据信息系统的特性，可以包括负载测试、压力测试、用户界面测试、兼容性测试、安全测试和接口测试。

10. 试运行

试运行与信息系统的最后测试同时开始。试运行结束后系统便可开始正式运行。

11. 用户验收

用户验收后签署用户验收文档，这是在系统安装或系统实施阶段的工作被认可后，由用户签署的一种规范协议。

1.3.5 系统维护

系统维护涉及检查、修改和增强系统。系统维护的任务是维护及修改系统以使它可持续地满足不断变化的业务需求。

1. 维护的理由

一个程序编写完成以后，在理想的情况下，只需要对其进行少量维护或不需要进行维护。但实际上，常常需要对一个程序进行频繁的、局部的维护。进行程序维护的主要理由如下：

(1) 来自于投资者、用户和管理人员的新需求；

(2) 程序中出现故障或错误；

(3) 发现技术和硬件问题；

(4) 企业合并和吞并后需要修改某些功能；

(5) 政府的调节；

(6) 更换了系统运行环境，如改变操作系统或硬件。

每当必须进行系统变更时，大多数企业的做法不是开发一个新的系统，而是修改现有系统。也就是说，当新的系统需求确定后，通常，实现这些需求的大部分重担落在了现有的系统上。重新修改老程序，以满足不断提出的变化要求。但是，随着时间的推移，这些修改就会扰乱系统的整个结构，降低了系统的有效性，增加了进一步修改的负担。所以，如果变更巨大，可能就需要重新开发新的系统。

2. 维护的类型

软件公司和许多其他组织通常根据系统维护中的变更量来确定维护的类型。

(1) 微小改进：微小改进是一种很小的改进，不值得通报。若是做了这种改进，通常应对所有编码重新进行编译，因为它完全有可能产生新的错误。

(2) 修补 (Patch)：修补是一种纠正问题的小的更改或一种小的功能增强。通常是对现有系统的一种增补。也就是说，把描述系统增强功能的程序代码“修补到”现有的系统代码中。

(3) 版本发布 (Release)：一个新的版本发布是指一个重要的程序被更改了，这常常是一种需要修改软件文档的更改。

(4) 版本 (Version)：版本是指一个主要的程序被更改了，典型的例子是系统增添了许多新的功能。

本章小结

本章介绍了信息系统的基本概念，包括信息、信息系统、信息系统测试等概念；然后，讨论了有关信息系统的分类；最后介绍了信息系统开发过程的各个阶段。

本章配有 1 讲课程录像：

第 1 讲　概　述

习　　题

1. 什么是信息？信息与数据有什么区别？
2. 什么是信息系统？信息系统基本功能有哪些？
3. 信息系统开发过程包括几个阶段？

第2章

软件测试基础

本章导读

[内容简介]

本章介绍软件测试的基础知识，以及一些有关软件测试的重要概念和知识。

具体包括以下内容：

软件错误和软件缺陷定义

- 程序正确性和软件错误
- 软件错误的类型
- 描述软件错误的术语
- 软件缺陷的定义
- 软件缺陷产生的原因

软件测试基本知识

- 软件测试的定义
- 软件测试的重要性
- 软件测试的目的和原则
- 软件测试的对象
- 对软件测试的错误认识

软件测试方法

- 人工测试与机器测试
- 黑盒测试和白盒测试
- 静态分析与动态测试

软件测试过程

- 单元测试
- 集成测试
- 确认测试
- 系统测试

[学习目标]

1. 理解软件缺陷及其定义；2. 理解软件测试的定义；
3. 了解软件测试的重要性； 4. 理解软件测试基本方法；
5. 理解软件测试过程。

2.1　软件错误和软件缺陷

2.1.1　程序正确性和软件错误

在我们所开发的软件产品中，总会出现这样那样的异常现象，我们把它们统称为软件错误。

在软件测试过程中，通过对源程序进行测试和验证，以检验其能不能正确无误地工作。这就引出了软件正确性的概念。

实践表明，对软件正确性的描述可以划分为下列 6 种不同的情况。

1. 程序编写得无语法错误

要求程序编写得无语法错误是程序运行的最基本条件。我们知道，具有语法错误的程序在编译时，无法通过编译系统的语法检查。编译程序会列出程序中各种语法错误现象，然后停止编译。所以，程序中包含语法错误，导致无法通过编译和生成可执行程序，也就谈不到程序的运行。

2. 程序运行中未发现明显的运行错误

在程序运行过程中，没有出现因为使用过大或过小的数据而产生溢出，导致程序无法继续运行的情况，也没有因遇到死循环而阻碍运行等情况。

3. 程序中无不适当语句

程序尽管符合语法规则，也未出现上述运行错误，但有些语句是不适当的。例如，有的变量未经说明就被引用；有的变量虽已说明，却未曾被引用；或者有的变量未赋初值而被引用；以及有的变量被多次赋值，然而未被引用等。

4. 程序运行中能通过典型的有效测试数据，而得到正确的预期效果

程序能够接受程序规格说明书所规定的正常条件下的合理数据，并给出正确的结果。

5. 程序运行中能通过典型的无效测试数据，而得到正确的预期结果

程序运行中，可接受程序规格说明书所规定的异常条件下的不合理数据，并给出正确的结果。

6. 程序运行中能通过任何可能的输入数据，并给出正确的结果

程序运行中，可接受各种可能的数据，包括正常和异常数据，以及边界条件数据等，都能给出正确的结果。

以上给出的六种情况表明了程序正确性的级别。我们所开发的程序如果能达到第 6 级的要求是很不容易的，这一条要求意味着程序中没有任何隐含的缺陷或错误。这是我们编写程序希望达到的最高目标。实际上，要达到这个目标必须付出相当大的代价。十分明显，提高程序的正确性就是要尽可能发现和消除程序中隐藏的各种错误。

2.1.2 软件错误的类型

从软件错误的性质看，可以把软件错误分为以下 8 种类型：

1. 需求错误

需求定义得不合理或不正确，需求不完全，需求中含有逻辑错误，需求分析的文档有错误等。

2. 功能与性能错误

功能或性能规定得有错误，遗漏了某些功能，规定了某些冗余的功能，为用户提供的信息有错，信息不确切，对异常情况处理有错误等。

3. 程序结构错误

程序控制流或控制顺序有错误，处理过程有错误等。

4. 数据错误

数据定义或数据结构有错误，数据访问或数据操作有错误等。

5. 实现和编码错误

编码时违反编码风格要求或编码标准，包括语法错误，数据名错误，局部变量与全局变量混淆，或程序逻辑错误等。

6. 集成错误

程序的内部接口、外部接口有错误，程序各相关部分在时间配合、数据吞吐量等方面不协调。

7. 系统结构错误

操作系统调用错误或使用错误，系统恢复错误，系统诊断错误，内存分配及覆盖错误，以及环境变量引用错误等。

8. 测试定义与测试执行错误

测试的错误往往被人们忽视，它可能包括测试设计与测试执行的错误、测试文档的错误、测试用例不够充分等。

上述这些类型的软件错误中最受重视的是程序结构错误、数据错误以及功能与性能错误，因为这三种错误最为普遍。

2.1.3 描述软件错误的术语

如前所述，我们将软件中各种异常现象称为软件错误。在实际测试过程中，我们可以对软件错误的内容进行细化，把软件中一切不符合用户或系统需求的软件失败、失效、意外、偏差等都称为软件错误。

以下是一些描述软件错误的常用术语。

(1) 缺点(Defect)

(2) 故障(Fault)

(3) 问题(Problem)

(4) 错误(Error)

(5) 毛病(Incident)

(6) 异常(Anomaly)

(7) 偏差(Variance)

(8) 失效、失败(Failure)

(9) 矛盾、冲突、不一致(Inconsistency)

(10) 缺陷(Bug)

虽然这些术语在字典上的含义有些类似,但实际上,它们还是有着细微的差别的。

例如,缺点、故障、失效和失败都是指出现没有真正达到目标的情形,但可能不那么危险,或者不如异常、冲突那么严重。

异常、毛病和偏差不是那么尖锐,主要指未预料到的情况,而不是全面失败。

在实际测试过程中描述软件错误时,问题、错误和缺陷是最常用的术语。

2.1.4 软件缺陷的定义

在一些关键的系统中,出现软件错误时,其后果往往是灾难性的;而在另一些非关键的系统中,出现错误的后果并不像前一种情况那么明显,错误相对简单和细小,有些错误难以觉察。通常情况下,我们可以把所有的软件错误都统统归于软件缺陷,即使用软件缺陷这一概念描述各种软件错误。

为了准确地了解软件缺陷的定义,我们首先需要了解软件产品需求说明书的概念。软件产品需求说明书是对所开发的软件产品进行说明和定义的正式文档,是开发方和用户之间对产品的约定。在软件产品需求说明书中,包括对产品结构、操作方法、功能以及运行限制等的描述。

为了准确地定义和描述软件缺陷,我们把符合下列 5 种特征之一的软件错误认为是软件缺陷。

(1) 软件未达到软件产品需求说明书中指明的要求。

(2) 软件出现了软件产品需求说明书中指明不会出现的错误。

(3) 软件功能超出了软件产品需求说明书中指明的范围。

(4) 软件未达到软件产品需求说明书中虽未指明但应达到的要求。

(5) 测试人员认为难以理解、不易使用、运行速度缓慢或者最终用户认为不好的问题。

下面我们以一个文字处理程序为例来说明上述规则。

(1) 如果这个文字处理程序的产品说明书声称它能够按用户指定的路径保存用户的输

入，于是测试人员要求程序将输入的文档保存到C盘某个目录下，但程序毫无反应，或者程序将测试人员的输入保存到了D盘。那么根据第1条规则，这是一个软件缺陷。

(2) 产品说明书可能声称在任何情况下，程序都不会死机或者崩溃。假如我们盲打键盘，会使程序停止接受输入，那么根据第2条规则，这是一个软件缺陷。

(3) 假如测试人员在测试时发现，该文字处理程序允许用户以不同的字体输入，而这一功能没有在产品说明书中提到，那么根据第3条规则，这是一个软件缺陷。

(4) 假如用户在使用该程序输入的过程中忘记了存盘，而这时突然出现意外情况（如停电等）导致计算机关机。当用户重新启动系统后发现，刚才输入的文档既没有被系统保存，也无法恢复。那么根据第4条规则，这是一个软件缺陷。因为对灾难的处理是行业内默认的需求，软件应当具备这样的功能，而该软件未能做到。

(5) 第5条规则是全面的。测试人员是第一个真正使用软件的人。软件如果不进行测试，用户就会扮演此角色。如果测试人员发现程序某些地方不合适，例如界面不够友好，或者运行速度太慢等，那么根据第5条规则，这些都是软件缺陷。

2.1.5 软件缺陷产生的原因

有错是软件的属性，而且是无法改变的，问题在于我们如何去避免错误的产生和消除已经产生的错误。

我们从对无数项目的研究中得出这样的结论，大多数软件缺陷并非源自编码错误，导致软件缺陷的最大原因是产品说明书。图2-1说明软件缺陷产生的原因，从中我们可以看出各种原因所产生的软件缺陷的分布情况。

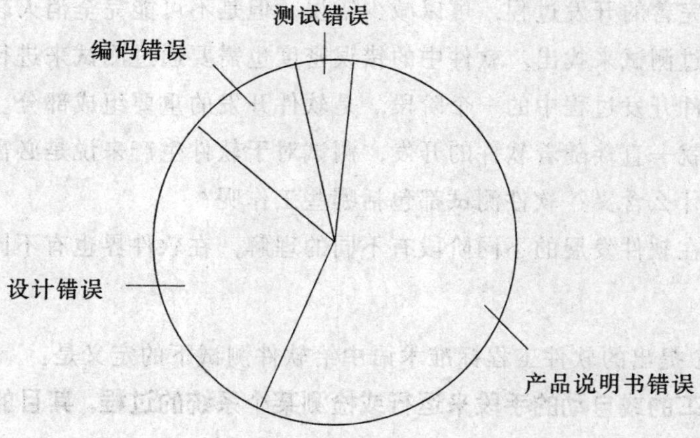

图2-1 软件缺陷产生的原因

1. 产品说明书错误

产品说明书成为软件缺陷的最主要因素，因为软件产品说明书是软件需求的反映。例如：说明书不够全面、经常更改，或者整个开发小组没有很好地沟通。在有些情况下，说明书甚至连写都没写。这些都会导致软件错误。为软件定义明确的需求是极其重要的，如果需求没有定义清楚，软件缺陷就会出现。

2. 设计错误

软件缺陷产生的第二大因素是设计方案。好比是建筑师为建筑物绘制蓝图，如果没有一个设计完美的设计蓝图，就不可能建成一个合格的大厦。在软件设计过程中产生软件缺陷的原因与产品说明书是类似的，例如设计不够全面、设计经常变更、与用户沟通不足等。

3. 编码错误

编码是软件缺陷产生的第三大因素。通常，编码错误可以归咎于软件的复杂性、说明文档不足（特别是经过升级或修订的代码）、进度压力或者一些低级错误等。值得注意的是，许多看上去是编程错误的软件缺陷实际上是由产品说明书和设计方案造成的。

4. 测试错误

某些软件缺陷产生的原因是在测试中被错误地认定。由于这个原因，就可能反复出现许多软件缺陷。因此，不少软件缺陷可以归咎于测试错误。

2.2 软件测试基本知识

2.2.1 软件测试的定义

对于软件来讲，不论采用什么样的技术和方法，错误总是难以避免的。采用新的语言、先进的开发方式、完善的开发过程，可以减少错误，但是不可能完全消灭软件中的错误。这些软件错误需要通过测试来找出，软件中的错误密度也需要通过测试来进行估计。

软件测试是软件开发过程中的一个阶段，是软件开发的重要组成部分。自从有了程序设计的那天起，测试就一直伴随着软件的开发，测试对于软件生产来说是必需的和重要的。那么软件测试究竟是什么含义？软件测试都包括哪些工作呢？

对软件测试，在软件发展的不同阶段有不同的理解，在软件界也有不同的定义。

定义 1：

1983 年，IEEE 提出的软件工程标准术语中给软件测试下的定义是：

测试是使用人工的或自动的手段来运行或检测某个系统的过程，其目的在于检验它是否满足约定的需求或是比较预期结果与实际结果之间的差别。

这就非常明确地提出了软件测试以检验是否满足需求为目标。

定义 2：

Glenford J. Myers 在其 1979 年《软件测试技巧》（The Art of Software Testing）一书中

对软件测试的定义是：

软件测试是为了发现错误而运行程序的过程。

这一定义明确指出“发现错误”是测试的目的。相对于“程序测试是证明程序中不存在错误的过程”，Myers 的定义是正确的。因为把证明程序无错当做测试的目的不仅是不正确的，而且对做好测试工作没有任何益处，甚至是十分有害的。

2.2.2 软件测试的重要性

在一些国外大型的软件公司中，在测试方面，不论是资金的投入，还是人员的数量，在整个软件开发成本中都占有相当大的比例。

例如，微软公司的统计资料显示，在某个软件的开发队伍中，测试人员占到了项目总人数的 64%，开发人员只占 31%，如图 2－2 所示。软件测试工作量往往占软件开发总工作量的 40%以上。在软件开发的总成本中，用在测试上的成本要占 30%到 50%。

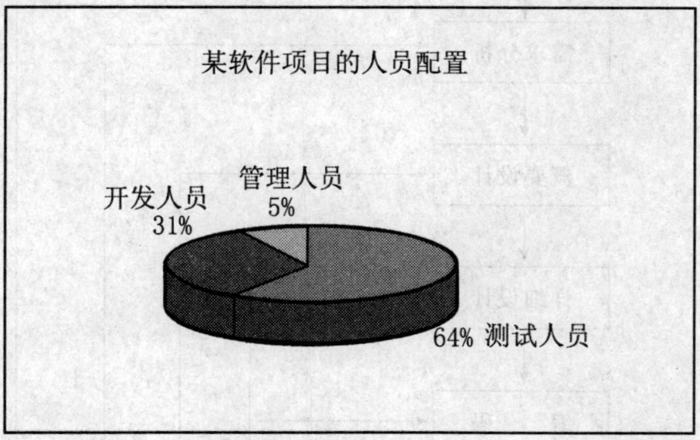

图 2－2　开发与测试人员比例关系

微软在开发 Windows 2000 的过程中，投入了 1 700 多个开发人员，在内部测试过程中，投入的测试人员就有 3 200 人，开发和测试人员之比约为 3:5。为什么软件测试如此受重视？其原因是多方面的。

1. 软件质量越来越受重视，而软件测试是保证软件质量的重要手段

在现代信息化社会中，软件产品已经应用到社会的各个领域，软件产品的质量自然成为人们共同关注的焦点。不论软件开发商还是软件用户，都生存在竞争的环境中。软件开发商为了占有市场，必须把产品质量作为企业的重要目标之一，以免在激烈的竞争中被淘汰。软件用户为了保证自己业务的顺利完成，当然希望选用优质的软件产品。质量不佳的软件不仅会使开发商的维护费用和用户的使用成本大幅增加，还可能产生其他的责任风险，造成公司信誉度下降，继而导致股票下跌，利润减少。在一些重要的软件应用系统（如民航订票系统、银行结算系统、证券交易系统、自动飞行控制软件、军事防御和核电站安全控制系统等）中使用质量有问题的软件，还可能造成灾难性的后果。

软件测试是保证软件质量的重要手段。根据 Boehm 的统计，软件开发总成本中，用在测试上的开销要占到 30％到 50％。如果我们把维护阶段也考虑在内，测试成本的比例还会有所增加。因为维护工作相当于二次开发，乃至多次开发，其中必定也包含有许多测试工作。因此，有人估计全部软件开发工作中大约有 50％的时间和 50％以上的成本花在测试工作上。由此可见，要成功开发出高质量的软件产品，必须重视并加强软件测试工作。

2. 据统计，约 60％的错误来自设计阶段以前，并且修正一个软件错误所需的费用随着软件生存周期的进展而上升

20 世纪 70 年代中期以来，形成了软件生存周期的概念。软件文档和程序都成为测试对象。很显然，程序中的错误并不一定是由编码所引起的，很可能是在详细设计、概要设计阶段，甚至是由需求分析阶段的问题引起的。

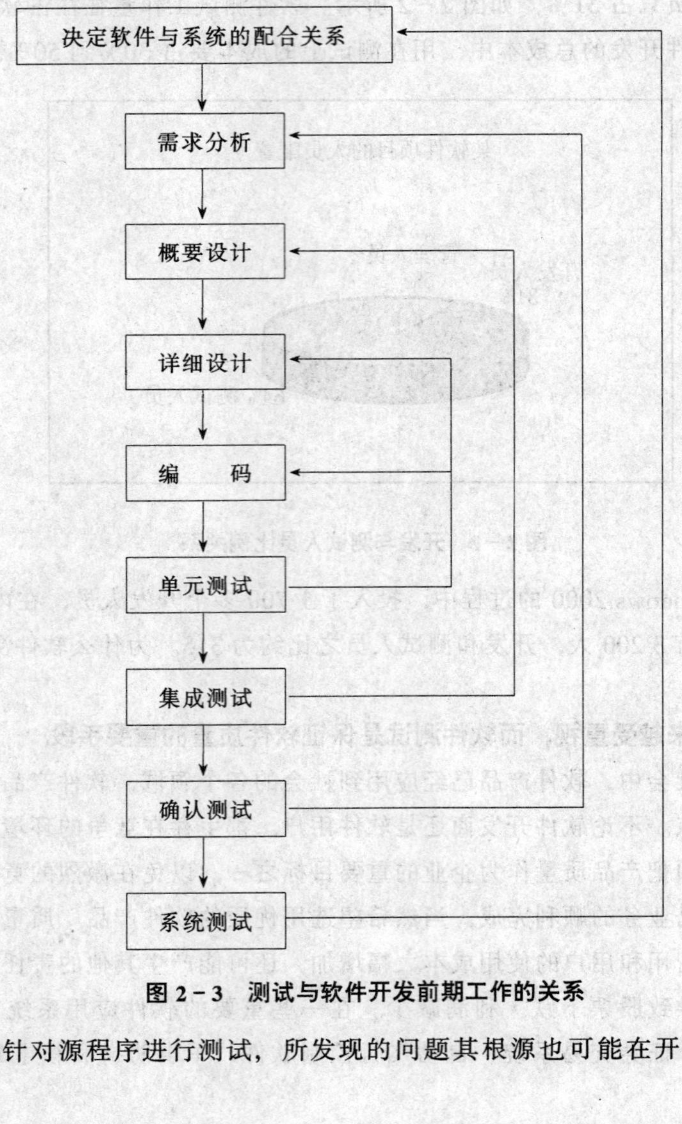

图 2－3　测试与软件开发前期工作的关系

因此，即使针对源程序进行测试，所发现的问题其根源也可能在开发前期的各个阶段。

解决问题、纠正错误也必须追溯到开发前期的工作。图 2－3 给出了测试与软件开发前期工作的关系。图中开发工作是自上而下地进行，而在不同阶段的测试都会涉及到前期开发工作。并且，随着软件开发工作的进展，在开发后期修复一个软件错误的成本是开发早期的几倍、甚至几十倍。也就是说，早期的一个错误，如果不及时修复，就可能导致后期的几十个、甚至几百个错误，修复成本也大大提高。

2.2.3　软件测试的目的和原则

1. 软件测试目的

Glenford J. Myers 就软件测试目的提出以下观点：

（1）测试是程序的运行过程，目的在于发现错误。

（2）一个好的测试用例在于能够发现至今未发现的错误。

（3）一个成功的测试是发现了至今未发现的错误的测试。

测试的目标是以最少的时间和人力找出软件中潜在的各种错误和缺陷。

2. 软件测试原则

基于这样的测试目的，软件测试的原则应该是：

（1）提早原则

作为项目管理人员，应当把“尽早地和不断地进行软件测试”作为软件开发者的座右铭。

错误发现得越早，修复它所需的费用就越少。反之，错误发现得越晚，修改它的费用就越高，而且是呈指数增长。

（2）IPO 原则

测试用例应由测试输入数据（I）、测试执行步骤（P）和预期输出结果（O）三部分组成。

（3）独立测试原则

开发人员应避免测试自己的程序。程序开发机构不应测试自己的程序。

由于心理学上的原因，开发人员难以客观、有效地测试自己的软件，而找出那些因为对问题的误解而产生的错误就更加困难。

软件产品的开发过程受到时间、成本和质量三者的制约，当时间、成本和质量三者发生矛盾时，质量最容易被开发商所忽视。而质量对于大型的、关键的软件系统来说是至关重要的。只有通过独立的测试机构才能够使软件得到公正而准确的测试，从而保证软件质量。

独立测试原则是指软件测试工作交给在经济上和管理上独立于开发机构的组织进行。独立测试能给客户带来如下好处：

- 客观性：经济上的独立性使测试工作有更充分的条件按测试要求去完成；
- 专业性：软件测试是技术含量很高的工作，需要有专业队伍加以研究，并进行工程实践。专业化分工是提高测试水平，保证测试质量，充分发挥测试效用的必然途径；

● 权威性：由于专业优势，独立测试工作形成的测试结果更具有信服力和权威性；

● 资源有保证：独立测试机构在经费、人力和计划方面更有保证，可以避免测试的随意性。

(4) 测试用例设计原则

在设计测试用例时，应当包括合法的输入数据，非法的输入数据，以及边界的数据等情况。

(5) 错误群集现象

充分注意测试中的软件错误群集现象。

经验表明，某程序段中剩余的错误数目与该程序段中已发现的错误数目成正比，应该对错误较多的程序段进行重点测试。

(6) 严格性原则

严格执行测试计划，排除测试的随意性。

测试计划应包括：被测软件的功能，输入数据和预期输出结果，测试内容，各项测试的进度安排，资源要求，测试文档，测试工具，测试用例，测试的控制方法和过程，系统的集成方式，错误跟踪规则，程序调试规则，质量评价标准，以及回归测试的规定等。

(7) 覆盖原则

应当对程序的每一个功能部分进行全面的测试。

(8) 全面测试原则

检查程序是否做了要做的事仅是成功的一半，另一半是看程序是否做了不要它做的事。

(9) 回归测试原则

应妥善保留好测试用例，可以用于回归测试，以及可以为以后的测试提供参考。

(10) 错误不可避免原则

在测试时不要假设程序中不会发现错误。

2.2.4 软件测试的对象

1. 测试的对象

软件测试并不等于程序测试。软件测试应该贯穿整个软件生存周期。因此需求分析、概要设计、详细设计以及编码等各阶段所得到的各种文档，包括需求规格说明书、概要设计说明书、详细设计说明书以及源程序代码，都应该是软件测试的对象。

在对需求理解与表达的正确性、设计与表达的正确性、实现的正确性以及运行的正确性的验证中，任何一个环节发生了问题都可能在软件测试中表现出来。

2. 确认和验证

为了保证各个环节的正确性，需要进行各种确认和验证工作。

(1) 确认（Validation）

确认是软件开发过程中的一系列活动和过程，其目的是想证实在一个给定的外部环境中软件的逻辑正确性。例如，编写出的程序是否符合软件需求和用户提出的要求，或者说程序输出的信息是用户所要的信息吗？这个程序在整个系统的环境中能够正确稳定地运行吗？这里自然包含了对软件需求满足程度的评价。在软件产品开发完成以后，为了在功能、性能、接口以及限制条件等方面对程序是否满足需求作出切实的评价，需要在开发阶段的初期，在软件需求规格说明书中明确地规定确认的标准。

(2) 验证（Verification）

验证是软件开发过程中的一系列活动，试图证明程序在软件生存周期各个阶段，以及各阶段间的逻辑协调性、完备性和正确性，以确保软件能够正确无误地实现软件的需求。

(3) 验证和确认的差别

Boehm 在 1981 年是这样来描述两者差别的：

确认要回答的是：我们在开发一个正确无误的软件产品吗？

验证要回答的是：我们正在开发的软件产品是正确无误的吗？

2.2.5 对软件测试的错误认识

在软件开发实践中，软件测试的困难常常使人对其望而却步或敷衍了事，这是由于对测试仍然存在一些不正确的看法和错误的态度，具体包括：

(1) 认为测试工作不如设计和编码那样容易取得进展，难以给测试人员带来成就感。这是由于没有真正认识到软件测试的意义，如果以这种认识指导工作，是非常有害的。

(2) 认为以发现软件错误为目标的测试是非建设性的，甚至是破坏性的。认为测试中发现错误是对开发人员的一种否定。其实，建设性与破坏性之间存在着辩证关系，并且追究错误的个人责任通常无益于问题的根本解决。

(3) 认为测试工作枯燥无味，不能引起人们的兴趣。持这种观点的人常常缺乏耐心，也没有认清软件测试的重要意义。

(4) 认为测试工作是费力不讨好的工作，不愿在这上面花力气，指望靠碰运气过关，这当然不会做好测试工作。

(5) 某些开发人员对自己编写的程序盲目自信，在发现错误后，顾虑别人对自己的开发能力的看法。这常常是开发与测试人员之间配合不好而影响工作开展的原因。人不犯错误是不可能的，要允许别人犯错误，也要允许别人改正错误。这才是我们对待错误的正确态度。

实践表明，软件测试仍然是最现实、最有效的质量保障手段，而以上各种对软件测试的错误认识对提高软件产品质量是十分有害的。

我们认为，软件测试是一项非常复杂的、有创造性的和需要高度智慧的挑战性任务。对一个成功的软件来说，只有经过“编码——测试——再编码（改错或增加新功能）——再测试”这样一个不断的循环过程，才能获得较高的产品质量。

2.3　软件测试方法

2.3.1　人工测试和机器测试

人们往往有这样一种错误的认识：软件测试必须通过在机器上运行程序才能进行。实际上，人们在软件测试实践中，会经常使用一种或多种人工测试技术。

机器测试，顾名思义，是一种依赖于计算机的测试技术，它主要是通过在计算机上运行被测程序来完成测试。而人工测试主要是相对于机器测试而言的，人工测试是不依赖于计算机，不需要运行被测程序而是通过人工手段进行测试的技术。

经验表明，使用人工测试方法能够有效地发现 30%～70% 的逻辑设计和编码错误。IBM 代码审查会的查错效率更高，竟能查出全部错误的 80%。由于人工测试技术在检查某些编码错误时有着特殊的功效，它常常能够找出机器测试不易发现的错误，所以人工测试至今仍是一种行之有效的测试方法。

人工测试的主要方法包括软件审查（Software Review）、代码审查（Code Inspections）和人工走查（Walkthroughs）。

软件审查的对象是各开发阶段的文档，例如，需求分析、概要设计、详细设计和编码等阶段的文档及代码、测试计划和测试用例等。如图 2-4 所示。软件审查通常有以下几个步骤：制定计划、预审、准备、审查会、返工、终审。

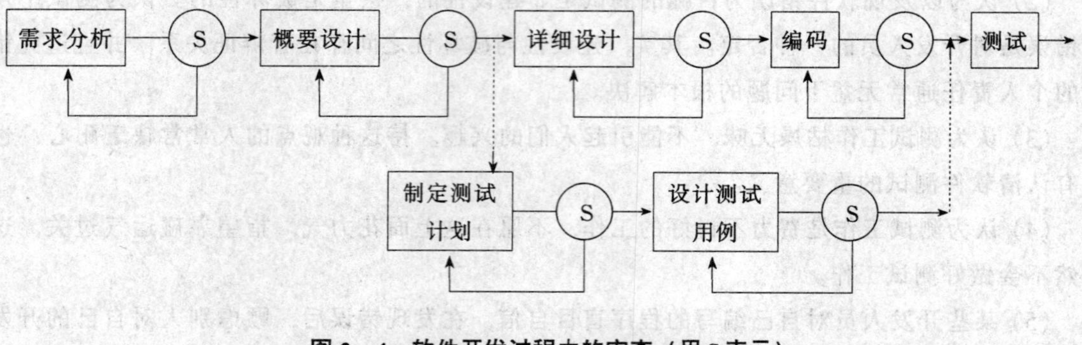

图 2-4　软件开发过程中的审查（用 S 表示）

软件审查小组通常由一个主持人和 4～5 个其他人员（包括被评审对象的开发者）组成。软件审查发现的问题主要有 3 种表现形式：

（1）遗漏

在需求规格说明书或标准中指明应该有的内容，在送审资料中被漏掉了。

（2）多余

超出需求规格说明书和标准的内容，多给出的信息。

(3) 错误

应该有的内容，在文档中也的确有，但是相关内容有错误。

软件审查中发现的问题可归纳成13类：

(1) 接口问题

程序的内部和外部接口的数据定义是否正确，数量和类型是否符合设计要求。

(2) 数据问题

数据定义的数量、类型、初始值是否正确。

(3) 逻辑问题

根据程序算法，检查编码是否存在逻辑错误。

(4) 输入和输出问题

输入/输出变量个数、类型、格式是否正确。

(5) 功能问题

功能描述是否正确和完备，是否符合需求。

(6) 性能问题

性能指标是否明确，是否可测试。

(7) 人为因素问题

根据经验和历史数据，判断是否存在一些可能会出现的问题。

(8) 标准问题

设计是否符合设计标准和规范，编码是否符合编程规范或约定标准。

(9) 文档问题

文档内容是否正确，程序说明或数据描述是否详细、准确，程序中关键算法注释是否完整。

(10) 语法问题

程序中出现的语法、拼写或标点方面的问题。

(11) 测试环境问题

对测试环境的描述是否正确。

(12) 测试覆盖问题

对测试覆盖准则和指标的描述是否明确。

(13) 其他问题

其他上述未包括的问题。

代码审查和人工走查的内容我们将在3.1.1人工测试技术一节中讨论。

2.3.2　黑盒测试和白盒测试

测试成功的关键是测试用例的设计，而测试用例设计所采用的技术和方法是与测试类型密切相关的。在一般情况下，对任何软件产品都可采用下列两种类型的测试：

- 黑盒测试：基于产品的外部功能来规划测试，检查程序各个功能是否实现，并检查其中的错误。
- 白盒测试：基于产品的内部结构来规划测试，检查程序内部操作是否按规定运行，各部分代码是否被充分覆盖。

1. 黑盒测试（Black Box Testing）

黑盒测试又称功能测试、数据驱动测试或基于规格说明书的测试，是一种从用户观点出发的测试。用这种方法进行测试时，把被测程序当做一个黑盒，在不考虑程序内部结构和内部特性，测试者只知道该程序输入和输出之间的关系或功能的情况下，依靠能够反映这一关系的规格说明书，来确定测试用例和推断测试结果的正确性。软件的黑盒测试被用来证实软件功能的正确性和可操作性。这一方法的主要缺点是它依赖于规格说明书的正确性。图 2-5 所示为黑盒测试的示意图。

图 2-5　黑盒测试

如上所述，黑盒测试是功能测试，是一种重要的测试方法，它根据规格说明书设计测试用例，并不涉及程序的内部构造。它是一种传统的测试方法，有严格的规定和系统的方式可供参考。应该说黑盒测试不仅能够找到大多数其他测试方法无法找到的错误，而且一些外购软件、参数化软件包以及某些生成的软件，由于无法得到源程序，用其他方法进行测试是完全不可能的，只能依靠黑盒测试。

任何软件作为一个系统都是有层次的，在软件的总体功能之下可能有若干个层次的功能，而且软件开发总是从把原始问题变换成计算机能处理的形式开始的，接着进行一系列变换，最后得到程序编码，在这一系列变换的过程中，每一步都得到不同形式的中间结果，生成相应的功能。因而，测试人员常常面临的一个实际问题是在哪个层次上进行测试，如果仅在高层次上进行测试，就可能忽略一些细节，测试可能是不完全的和不充分的；若是在低层次上展开测试，又可能忽视各功能之间存在的相互作用和相互依赖的关系。

此外，如果想通过黑盒测试发现程序中所有的错误，则必须输入数据的所有可能值来检查程序是否都能产生预期的结果，这显然是做不到的。一方面在于输入和输出的结果是否正确本身无法全部事先知道，另一方面，要穷举所有可能的输入更是天方夜谭。还需说明的是，黑盒测试的测试数据是根据规格说明书决定的，但实际上，我们并不能保证规格说明书是完全正确的，因而也就可能存在问题。例如，在规格说明书中规定了多余的功能，或是遗漏掉了某些功能，这对于黑盒测试来说是完全无能为力的。

具体的黑盒测试方法包括等价类划分、边界值分析、因果图、判定表驱动法等。

2. 白盒测试（White Box Testing）

白盒测试又称结构测试、逻辑驱动测试或基于代码的测试。它依赖于对程序细节的严密检验，针对特定条件设计测试用例，对软件的逻辑路径进行测试。在程序的不同点检验“程序的状态”以判定其实际情况是否和预期的状态相一致。图 2-6 所示为白盒测试的示意图。

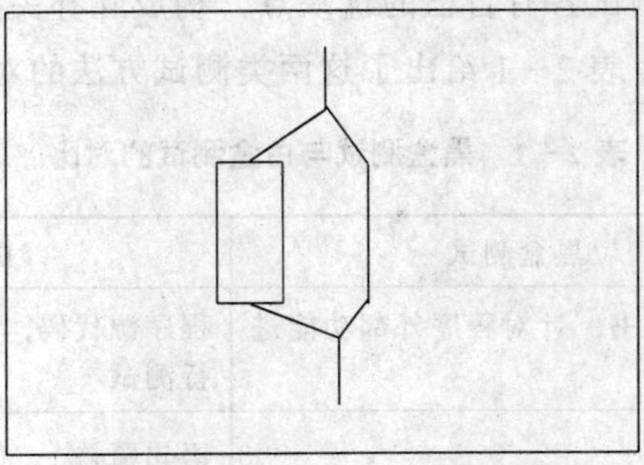

图 2-6 白盒测试

由于白盒测试是根据被测程序的内部结构设计测试用例的一类测试。有人可能会认为全面的白盒测试只要保证程序中所有的路径都执行一次，就将产生“百分之百正确的程序”。这实际上是不可能的。即使是一个非常小的控制流程，如一个循环次数是 20 次的循环语句内又嵌套 4 个 IF-THEN-ELSE 语句，则该程序的可能路径数达 5^{20} 个。如果进行穷举测试，假设每一毫秒内开发一个测试用例进行测试，并评估结果，每天运行 24 小时，每年运行 365 天，则需要 3 170 年的时间才能完成这个程序的测试。

因此，白盒测试要求对某些程序的结构特性做到一定程度的覆盖，或者说是“基于覆盖的测试”，并以此为目标，引导我们通过提高程序覆盖率，找出那些被忽视的程序错误。

最为常见的程序结构覆盖方式包括以下几种：

- 语句覆盖：它要求被测程序的每一条可执行语句在测试中尽可能都执行过，这是最弱的逻辑覆盖准则；
- 分支覆盖或判定覆盖：要求程序中所有判定的分支尽可能得到执行；
- 条件覆盖：当判定式中含有多个条件时，要求每个条件的取值均得到执行；
- 判定/条件覆盖：同时考虑条件的组合值及判定结果的执行；
- 路径覆盖：只考虑对程序路径的全面执行。

为取得被测程序的覆盖情况，最为常用的办法是在测试前对被测程序进行预处理。预处理的主要工作是在其重要的控制点插入“探针”，即进行程序插装。

必须说明，无论哪种测试覆盖，即使其覆盖率达到 100%，都不可能保证把所有的隐藏程序缺陷都揭露出来。

3. 黑盒测试与白盒测试的比较

黑盒测试是以用户的观点，根据输入数据与输出数据的对应关系，也就是程序外部特性进行的测试，而不考虑内部结构。黑盒测试技术注重于软件的信息域，通过划分程序的输入和输出域来确定测试用例。很明显，如果外部特性本身有问题或规格说明书有错误，用黑盒方法是不能发现的。反之，白盒测试是根据程序的内部结构进行测试，测试用例的设计要保证测试时程序的所有语句至少执行一次，而且要检查所有的逻辑条件。如果程序结构本身有问题，例如程序逻辑有错误，或是有遗漏，这种错误用白盒方法也是无法发现的。

所以，黑盒测试和白盒测试各有自己的优缺点，构成互补关系，在规划测试时需要把黑盒测试和白盒测试结合起来。表 2－1 给出了这两类测试方法的对比。

表 2－1　黑盒测试与白盒测试的对比

	黑盒测试	白盒测试
测试依据	规格说明书，针对程序外部功能进行测试	程序源代码，针对程序内部结构进行测试
测试方法	等价类划分 边界值分析 因果图	语句覆盖 分支覆盖 条件覆盖 判定/条件覆盖 路径覆盖
优　　点	能够站在用户立场上进行测试	能够对程序内部的特定部位进行覆盖测试
缺　　点	不能测试程序内部特定部位； 如果规格说明书有错误，则无法发现错误	无法检验程序的外部特性； 无法对未实现的程序部分进行测试

图 2－7 为黑盒测试与白盒测试能够发现的错误的示意图。

其中：

A 代表只能用黑盒测试发现的错误。

B 代表只能用白盒测试发现的错误。

C 代表用黑盒测试和白盒测试都能发现的错误。

D 代表黑盒测试和白盒测试均无法发现的错误。

A＋C 代表能用黑盒测试发现的错误。

B＋C 代表能用白盒测试发现的错误。

A＋B＋C 代表用黑盒测试和白盒测试能发现的错误。

A＋B＋C＋D 代表软件中的全部错误。

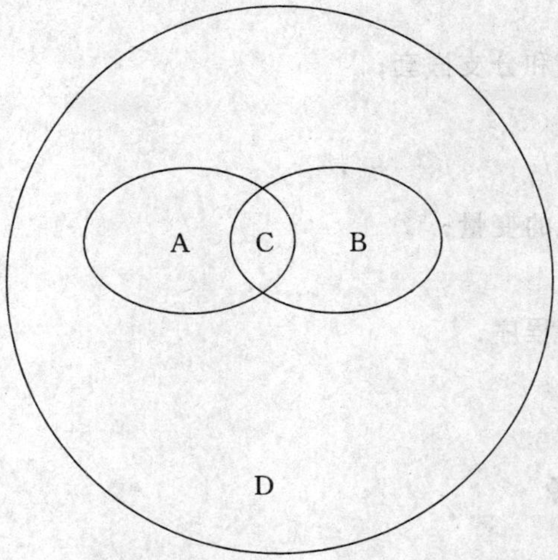

图 2-7 黑盒测试与白盒测试能够发现的错误

黑盒测试和白盒测试这两类测试方法是从完全不同的起点出发，并且是两个完全对立的出发点，可以说反映了事物的两个极端。两类测试方法各有侧重，在测试的实践中都是有效和实用的。一般地说，在进行单元测试时大都采用白盒测试，而在确认测试或系统测试中大都采用黑盒测试。

2.3.3 静态分析和动态测试

静态分析和动态测试都是白盒测试实施过程中所采用的常用技术。

静态分析的主要特征是利用计算机作为工具分析源程序，而不是运行程序。在静态分析过程中，计算机并不需要真正运行被测程序。虽然静态分析也不需要运行程序，但要利用计算机作为对被测程序进行特性分析的工具，所以静态分析与人工测试有着根本的区别；另一方面，静态分析并不真正运行被测程序，只进行特性分析，这又和动态测试是不同的。

动态测试的主要特征是计算机必须真正运行被测程序，通过输入测试用例，对其运行结果（输入/输出的对应关系）进行分析。

对于大多数测试人员来说，静态分析只是进行动态测试的预处理工作。他们认为，静态分析并不是要找出程序中的错误，因为编译系统已经能够做到这一点了。实际上，这种看法是片面的。虽然编译系统也能发现某些程序错误，但这些错误远远少于软件中存在的错误，静态分析的查错和分析功能是编译程序所不能代替的。所以说，静态分析并不等同于编译系统。目前已经开发出一些静态分析工具，静态分析已经被当做是一种自动化的代码校验方法。

下面列出静态分析可以做到的一些工作：

1. 发现以下一些程序缺陷

(1) 用错的局部变量和全程变量；

(2) 不匹配的参数；

(3) 不适当的循环嵌套和分支嵌套；

(4) 不适当的处理顺序；

(5) 无终止的死循环；

(6) 未定义和未初始化的变量；

(7) 不允许的递归；

(8) 调用并不存在的子程序；

(9) 遗漏了标号或代码；

(10) 不适当的连接。

2. 找到隐藏问题的根源

(1) 未使用过的变量；

(2) 不会执行到的代码；

(3) 未引用过的标号；

(4) 可疑的计算；

(5) 潜在的死循环。

3. 提供间接涉及程序错误的信息

(1) 每一类型语句出现的次数；

(2) 所用变量和常量的交叉引用表；

(3) 标识符的使用方式；

(4) 过程的调用层次；

(5) 违背编码规则。

4. 为进一步查错做准备

通过静态分析，可以得到程序结构、分支和数据定义信息，能够为以后进行系统结构划分和测试用例设计提供参考。

5. 帮助选择测试用例

静态分析得到的程序各个模块接口参数的个数、类型、取值范围等信息，可以帮助设计和选择测试用例。

6. 进行符号测试

静态分析得到的数据交叉引用表，可以指导符号测试。

2.4　软件测试过程

我们可以用瀑布模型来描述软件开发过程，软件开发是一个自顶向下，逐步细化的过程，包括需求分析、设计和编码几个阶段。而测试过程是依相反顺序安排的自底向上，逐步集成的过程。软件开发和软件测试的关系可以用一个“V”型图来表示，如图 2－8 所示。

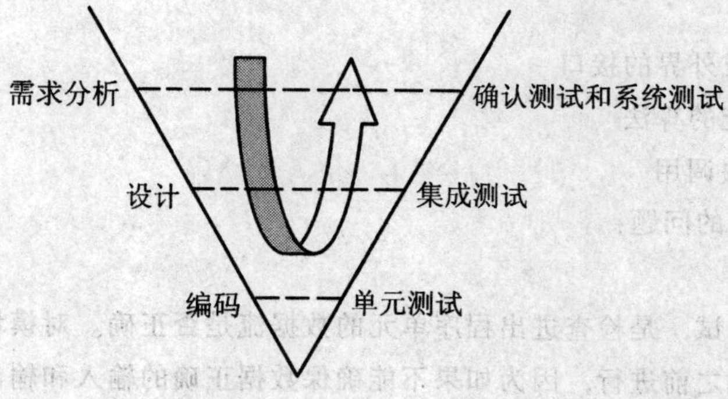

图 2－8　软件开发和软件测试的关系

一般来说，我们可以把软件测试过程按测试的先后次序分成 4 个阶段进行：单元测试、集成测试、确认测试和系统测试，如图 2－9 所示。

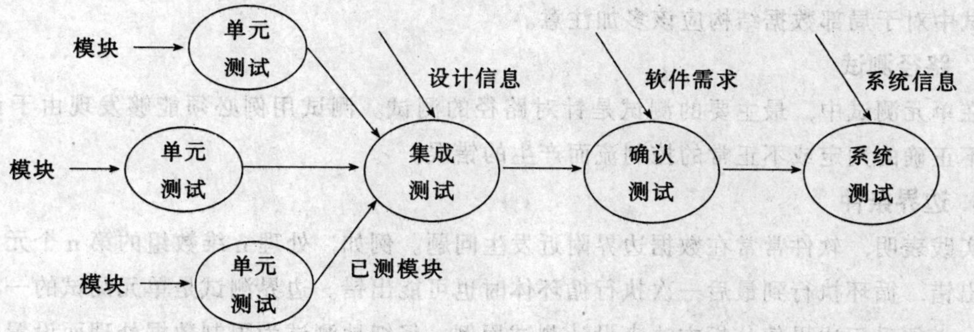

图 2－9　软件测试过程

2.4.1　单元测试

单元测试是分别针对每个程序单元进行测试，以确保每个单元都能正常工作。在单元测试中，大量采用白盒测试方法，以便尽可能发现程序单元内部的错误。

单元是程序的最小组成单位，它具有以下特征：

- 通常可分配给某个程序员开发；
- 单元可接受输入，并可经过加工，产生输出或发生状态的改变；
- 原则上，每个程序单元都应有规格说明。

程序单元通常与程序模块相对应，所以单元测试又称为模块测试。单元测试通常采用白盒测试方法，由开发人员来完成，因而一般把单元测试放在编码阶段。

单元的基本属性有：

- 名字

- 明确的功能
- 局部数据
- 与其他模块或外界的接口
- 实现特定功能的算法
- 可被其他模块调用

单元测试要解决的问题：

1. 模块接口

对模块接口的测试，是检查进出程序单元的数据流是否正确。对模块接口数据流的测试必须在任何其他测试之前进行，因为如果不能确保数据正确的输入和输出的话，所有的测试都是没有意义的。

2. 局部数据结构

在模块工作过程中，必须测试其内部的数据能否保持完整性，包括内部数据的内容、形式及相互关系不发生错误。应该说模块的局部数据结构是经常发生错误的错误源，所以在单元测试中对于局部数据结构应该多加注意。

3. 路径测试

在单元测试中，最主要的测试是针对路径的测试。测试用例必须能够发现由于计算错误、不正确的判定或不正常的控制流而产生的错误。

4. 边界条件

实践表明，软件常常在数据边界附近发生问题。例如，处理 n 维数组的第 n 个元素时很容易出错，循环执行到最后一次执行循环体时也可能出错。边界测试是单元测试的一项重要内容，必须采用边界值分析方法来设计测试用例，仔细地测试为限制数据处理而设置的边界值，检查模块能否正常工作。

5. 出错处理

测试出错处理的要点是模块在工作中发生了错误，其中的出错处理措施是否有效。程序运行中出现了异常现象并不奇怪，良好的软件设计应该预先估计到程序运行时可能发生的错误，并给出相应的处理措施，而不至于使得用户束手无策或导致程序崩溃。

6. 驱动模块

用于模拟被测模块的上层模块。驱动模块在单元测试中接受测试数据，把相关的数据传送给被测模块，调用被测模块，并输出相应的结果。

7. 桩模块

用于模拟被测模块工作过程中所调用的尚未开发好的下层模块。桩模块由被测模块调用，它们一般只进行很少的数据处理，例如显示模块入口和返回被测模块，以便于检验被测模块与其下层模块的接口。

图 2－10 为单元测试环境示意图。

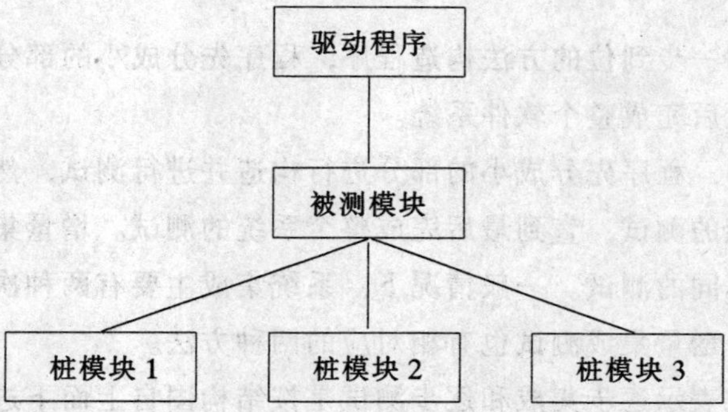

图 2－10 单元测试的环境

2.4.2 集成测试

在集成测试过程中，首先把已经通过单元测试的模块组装起来，构成一个在设计阶段所定义的程序结构，然后通过集成测试发现与接口有关的问题。

软件系统一般采用两种方式进行集成，非增量集成和增量集成。

1. 非增量集成

非增量集成是采用一步到位的方法构造完整程序。

非增量集成测试是所有的模块都预先组装在一起，把整个程序作为一个整体来进行测试。

图 2－11 表示采用这种非增量的集成测试方法的一个例子。被测程序的结构由图 2－11 (a) 表示，它由五个模块构成。在进行单元测试时，根据各模块在结构图中的地位，对模块 B 配备了驱动模块和桩模块，对模块 C，D，E 只配备了驱动模块。对主模块 A，由于它处在结构图的顶端，无其他模块调用它，因此仅为它配备了三个桩模块，以模拟被它调用的三个模块 B，C，D。如图 2－11 (b)，(c)，(d)，(e) 所示。分别进行单元测试以后，再按 (a) 图连接起来进行集成测试。

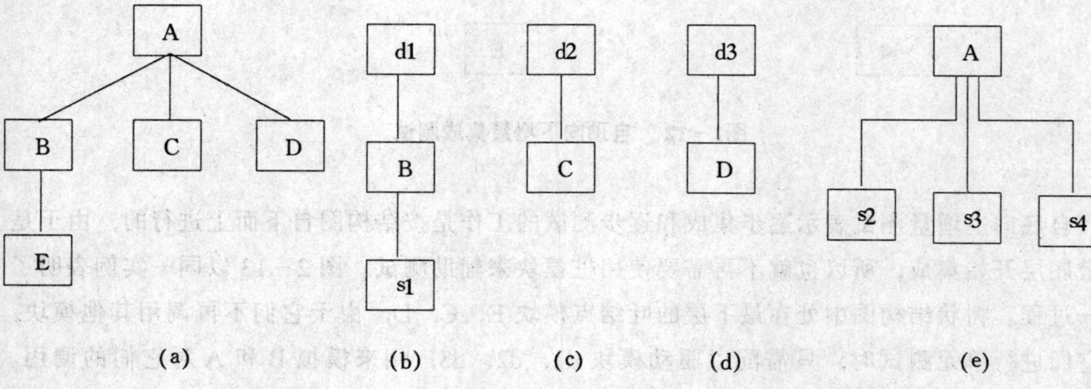

图 2－11 非增量集成测试

2. 增量集成

增量集成不是采用一步到位的方法构造程序，程序先分成小的部分进行构造，然后逐步增加程序功能，直到最后完成整个软件系统。

在增量集成测试中，程序先分成小的部分进行构造并进行测试，然后随着程序功能的增加，同步进行新增功能的测试，直到最后完成整个系统的测试。增量集成测试可根据系统集成的不同次序来实施不同的测试。一般情况下，系统集成主要有两种次序，即自顶向下集成和自底向上集成，因而增量集成测试也有相对应的两种方法。

自顶向下增量测试表示逐步集成和逐步测试是按结构图自上而下进行的，即模块集成的顺序是首先集成主控模块（主程序)，然后按照系统层次结构向下进行集成。从属于主控模块的模块按照深度优先方式或者广度优先方式集成到结构中去。图 2－12 描述了按广度优先方式进行集成测试的例子。首先，对顶层的主模块 A 进行单元测试，这时需配以桩模块 s1，s2 和 s3，以模拟被它调用的模块 B，C 和 D。其后，把模块 B，C，D 与顶层模块 A 连接起来，再对 B 配以桩模块 s4 以模拟其对模块 E 的调用。最后，去掉桩模块 s4，把模块 E 连上即形成完整的系统结构，并对其进行测试。

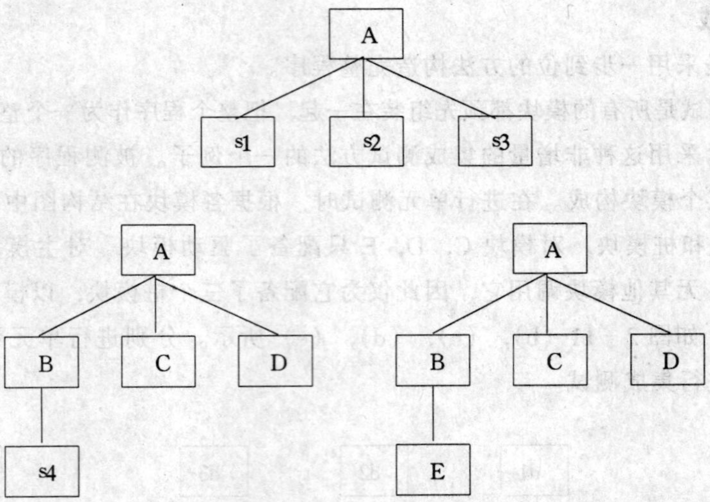

图2－12　自顶向下增量集成测试

自底向上增量测试表示逐步集成和逐步测试的工作是按结构图自下而上进行的，由于是从最底层开始集成，所以也就不再需要使用桩模块来辅助测试。图 2－13 以同一实例表明了这一过程。树状结构图中处在最下层的叶结点模块 E，C，D，由于它们不再调用其他模块，对它们进行单元测试时，只需配以驱动模块 d1，d2，d3，用来模拟 B 和 A 对它们的调用。完成这三个单元测试以后，再按结构图中的形式，将模块 B，E 连接起来，在配以驱动模块 d4 的条件下实施部分集成测试。最后完成整体的集成测试。

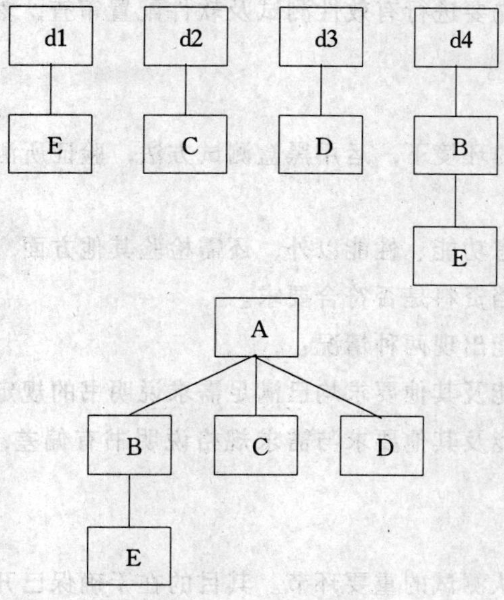

图 2-13 自底向上增量集成测试

不同集成测试策略的比较：

● 非增量测试的做法是先分散测试，再集中起来一次完成集成测试。如果在模块的接口处存在错误，只会在最后的集成测试时一下子暴露出来。与此相反，增量测试的逐步集成和逐步测试的办法，把可能出现的错误分散暴露出来，便于找出问题和修改。并且一些模块在逐步集成的测试中，得到了较为频繁的考验，因而可能取得较好的测试效果。总的说来，增量测试比非增量测试具有一定的优越性。

● 自顶向下测试的主要优点在于它可以自然地做到逐步求精，一开始便能让测试者看到系统的框架。它的主要缺点是需要提供桩模块，并且在输入/输出模块接入系统以前，在桩模块中表示测试数据有一定困难。由于桩模块不能模拟数据，如果模块间的数据流不能构成有向的非环状图，一些模块的测试数据难于生成。同时观察和解释测试输出往往也是困难的。自底向上测试的优点在于，由于驱动模块模拟了所有调用参数，即使数据流并未构成有向的非环状图，生成测试数据也没有困难。如果关键的模块是在结构图的底部，自底向上测试是有优越性的。其缺点在于，直到最后一个模块被加进去之后才能看到整个系统的框架。

2.4.3 确认测试

简单地说，确认测试就是检验所开发的软件是否能按用户提出的需求运行。若能达到这一要求，则认为开发的软件是合格的。因而有时又将确认测试称为合格性测试。所谓用户需求指的是软件规格说明书中确定的软件功能和技术指标，或是专门为测试所规定的确认准则。

在确认测试阶段，首先要进行有效性测试及软件配置审查，然后进行验收测试和 Alpha－Beta（α－β）测试。

1. 有效性测试

有效性测试是在模拟的环境下，运用黑盒测试方法，验证所测软件是否满足需求规格说明书列出的要求。

在有效性测试中除考虑功能、性能以外，还需检验其他方面，如可移植性、兼容性、用户界面及系统所提供的文档资料是否符合要求。

经过有效性测试，可能出现两种情况：

(1) 软件的功能、性能及其他要求均已满足需求说明书的规定，软件可以被接受。

(2) 软件的功能、性能及其他要求与需求规格说明书有偏差，得到一个各项缺陷清单，软件被拒绝。

2. 软件配置审查

软件配置审查也是确认测试的重要环节。其目的在于确保已开发软件的所有文档资料均已编写齐全，足以支持投入运行以后的软件维护工作。这些文档资料包括：用户所需资料（如用户手册、操作手册等）、设计资料（如设计说明书等）、源程序以及测试资料（如测试说明书、测试报告等）。图 2－14 详细地说明了软件配置审查和有效性测试的关系。

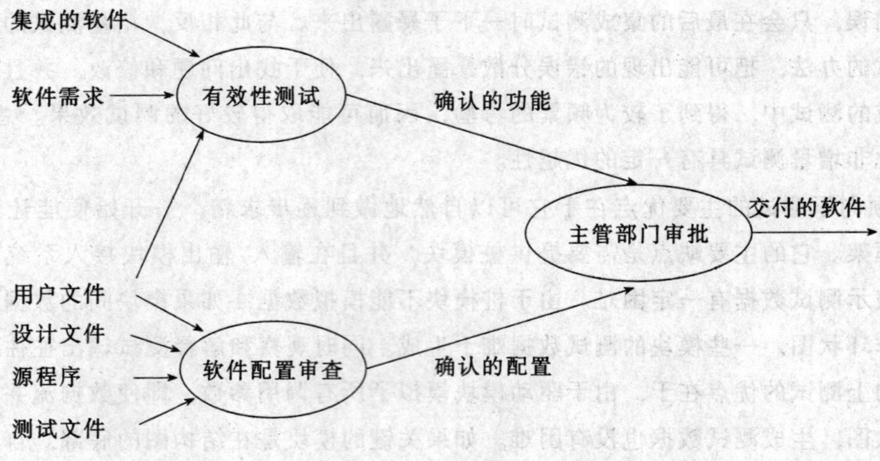

图 2－14　软件配置审查与确认测试

3. 验收测试

在通过了系统的有效性测试及软件配置审查之后，就应开始系统的验收测试。验收测试是以用户为主的测试，软件开发人员和质量保证人员也应参加，并由用户参加设计测试用例和分析测试的输出结果。除考虑功能、性能以外，还应对软件的可移植性、兼容性、可维护性、错误的恢复功能等进行确认。

4. α测试与β测试

对于为多个用户开发的软件通常还采用α测试与β测试。

α测试是由用户在开发环境下进行的测试，也可以是开发机构内部的用户在模拟实际操作环境下进行的测试。α测试的目的是评价软件产品的FLURPS（即功能、局域化、可用性、可靠性、性能和支持）。α测试可以在软件编码结束时开始，或在单元测试完成后开始，也可在确认测试过程中软件达到一定的稳定和可靠程度之后再开始。α测试需要开发人员参与。

β测试是由软件用户在实际使用环境下进行的测试。这些用户通常是与公司签订了一定合同的外部用户，用户在使用该产品时愿意将有关错误信息返回给开发者。β测试时，开发人员不在测试现场。β测试主要衡量产品的FLURPS，着重于产品的支持性，包括文档、客户培训和支持产品生产能力。只有当α测试达到一定的可靠程度时，才能开始β测试。β测试通常由主持产品发行的人员来管理。

2.4.4 系统测试

系统测试的目的是将系统已实现的功能与其设计目标进行比较，力图证明程序与其设计目标不相符。系统测试通常是在用户真实的环境下所进行的测试，如测试是否能和其他软件和硬件配套运行。

Glenford J. Myers 在《The Art of Software Testing》一书中，列出了15种系统测试的类型：

（1）机能测试（Facility Testing）

这是对系统功能的验证，其目的是验证系统的每一项功能是否实现、是否正确、是否完整。

（2）容量测试（Volume Testing）

测试系统处理大批量数据的能力，企图证明程序不能处理目标中的大批量数据。

（3）强度测试（Stress Testing）

又称为压力测试，在最短的时间内给程序加载最大数据量，目的是测试程序在高负载情况下的表现。

（4）易用性测试（Usability Testing）

又称为可用性测试，关注最终用户对系统的接受程度，特别是界面友好性、功能简截性、信息准确性和易理解性，以及系统操作的方便性等。

（5）安全性测试（Security Testing）

包括系统的用户注册和密码机制、数据库系统的完整性和抗破坏性，以及系统或运行环境的安全漏洞检查等。

（6）性能测试（Performance Testing）

关注的是系统的时间或效率指标，如在一定的负载和环境下，系统的响应时间和处理速度等。

(7) 存储测试（Storage Testing）

试图测试系统对内存或外存的处理指标，包括系统的最小或最大的内存或外存的处理容量、内存或外存的释放能力、内存溢出处理能力和临时文件占用内存情况等。

(8) 配置测试（Configuration Testing）

关注的是在各种不同的软硬件配置环境下系统的稳定性和表现能力。

(9) 兼容性测试（Compatibility Testing）

主要是指系统在不同操作系统平台上的功能和性能的转换能力。

(10) 安装性测试（Installability Testing）

主要测试系统的可安装性和可卸载性，包括安装/卸载程序的易用性和可靠性、安装后系统的完整性、卸载后系统相关内容的清理程度等。

(11) 可靠性测试（Reliability Testing）

关注系统在长时间、大数据、不同环境、不同配置、不同操作步骤等情况下运行的正确性和稳定性。

(12) 恢复测试（Recovery Testing）

指系统在遇到一些故障后的自恢复能力。

(13) 可维护性测试（Serviceability Testing）

系统能够提供详尽的说明文档资料和联机帮助信息，有助于系统的日常管理和维护。

(14) 文档资料测试（Documentation Testing）

主要测试文档资料和联机帮助信息的正确性、完整性和完备性。

(15) 过程测试（Procedure Testing）

系统的执行步骤是有序的，这些步骤组成过程来完成一定的功能，实际反映的是用户的原始需求。过程测试就是要验证系统过程是否能够正确、完整地执行，并获得预期的结果。

本章小结

本章全面介绍了软件测试的基础知识，首先我们从引入程序正确性的概念出发，讨论了软件错误和软件缺陷的概念，然后介绍了软件测试的基本知识和软件测试方法。最后，我们讨论了软件测试过程及其各个阶段。

本章配有 4 讲课程录像：

第 2 讲　软件错误和软件缺陷

第 3 讲　软件测试基本知识

第 4 讲　软件测试方法

第 5 讲　软件测试过程

✍习 题

1. 什么是软件缺陷？软件缺陷的5种特征是什么？
2. 什么是软件测试？软件测试的目的是什么？
3. 在软件开发过程中软件测试处于什么地位？
4. 软件测试过程分为哪几个阶段？各个阶段的主要任务是什么？

第 3 章 软件测试技术

本章导读

[内容简介]

本章介绍结构化系统测试技术和面向对象系统测试技术等内容。

具体包括以下内容：

结构化系统测试技术

- 人工测试技术
- 黑盒测试技术
- 白盒测试技术
- 静态分析技术
- 动态测试技术

面向对象系统测试技术

- 面向对象测试基础
- 面向对象测试内容

[学习目标]

1. 掌握结构化系统测试技术；
2. 了解面向对象系统测试技术。

3.1 结构化系统测试技术

3.1.1 人工测试技术

早在20世纪70年代温伯格（Weinberg）在《计算机程序设计心理学》一书中就指出采用人工方法阅读程序的必要性。经验表明，人工测试能相当有效地查找错误，因此，为了有效地保证软件质量，在一个软件的开发过程中应至少使用一种或多种人工测试技术。

代码审查和人工走查是两种基本的人工测试技术，两者有许多相似之处，但也有区别。代码审查和人工走查技术都需要召开一个审查会，在会中由一组人员来阅读程序。并且，两者也都要求参加者做一些预备工作。会议的目的是发现错误，但不寻找纠错的方法。

代码审查和人工走查不但对测试一个新程序有很大作用，而且对测试一个程序的修改方案是否正确也具有同样，甚至更高的作用。

1. 代码审查（Code Inspections）

代码审查以通过召开代码审查会的方式进行。代码审查小组通常由4人组成，其中有一个是组织者，一般是由能力较强的程序员担任，但他不能是被审查程序的作者。组织者负责为代码审查会分发材料，安排并主持会议，记录所有已查出的错误，并且保证这些错误随之得以改正。小组的其余成员通常是被审查程序的设计者或程序员。另外，审查小组还需要一个测试领域的专家。

代码审查会召开的过程如下：

在会议开始之前，组织者把被审查的程序清单和设计规范分发给小组的其他成员，要求他们在会议之前熟悉这些材料。

会议期间的工作：

● 请程序员逐个语句地讲述程序的逻辑结构。其间大家提出问题加以追究，以断定是否存在错误。经验表明：实际上有许多错误是在程序员本身的叙述过程中被自己发现的，而不是小组其他成员发现的。

● 根据常见程序错误检查清单分析程序。

● 组织者要确保讨论有效地进行，并使参加者集中精力发现错误，而不是改正错误。

会议之后的工作：

把已查出的错误清单交给程序员。如果发现的错误很多，或如果发现有一个错误需要对程序做重大更改，那么组织者就应作出安排，以便在这些错误得到修复之后重新召开会议审查这个程序。

代码审查会的时间和地点要安排好，以免受外界干扰。审查会每次开会的时间最好是90～120分钟，由于审查会很消耗精力，时间太长效率不高。

此外，程序员的态度很重要，如果程序员把审查会看成是对他的人格攻击，那么审查过程就不会有什么效果。程序员一定要用正确的和建设性的眼光看待代码审查，即审查会的目的在于发现程序中的错误，从而改进他的程序质量。

使用错误检查清单来发现程序的一般性错误是审查会的一个重要环节。常见程序错误检查清单应包括如下方面的错误：

数据引用错误：

- 用了未赋值的变量吗？
- 数组下标越界吗？
- 有悬挂引用问题吗？
- 指针运算正确吗？
- 字符串越界吗？
- 地址或下标运算中有“差 1”错误吗？

数据说明错误：

- 所有变量都被说明了吗？
- 缺省属性使用得正确吗？
- 数组与字符串的初始化正确吗？
- 变量的长度、类型、存储类指定得正确吗？
- 初始化与存储类一致吗？
- 有相似的变量名吗？

计算错误：

- 有对非算术变量进行运算的吗？
- 有混合运算吗？
- 有不同长度的变量之间的运算吗？
- 运算的中间结果有无上溢或下溢？
- 有用零做除数的情况吗？
- 变量值是否超过有效范围？
- 运算符优先级用得是否正确？
- 整数除法运算是否正确？

比较错误：

- 有不同类型变量之间的比较吗？
- 有混合类型变量的比较吗？
- 比较关系正确吗？
- 布尔表达式正确吗？
- 运算符优先级使用得是否正确？
- 能否正确处理布尔表达式？

控制流错误：

- 多路转移越界吗？
- 每一个循环是否终止？
- 程序能否终止？
- 由于入口条件的原因，是否有循环不被执行的情况？
- 可能的“循环失败”处理是否正确？
- 有“差 1”迭代错误吗？
- 有非穷举的判断吗？

接口错误：

- 实参与形参的个数是否相同？
- 实参与形参的属性是否匹配？
- 实参与形参的单位是否匹配？
- 调用库函数所用的参数的个数、属性和次序是否正确？
- 引用了与当前入口无关的参数吗？
- 只读变量被修改了吗？
- 全程变量在各模块中定义一致吗？

输入/输出错误：

- 文件属性是否正确？
- 文件打开是否正确？
- 格式说明与 I/O 语句是否一致？
- 缓冲区大小与记录大小是否匹配？
- 使用了未打开的文件吗？
- 文件结束条件处理了吗？
- I/O 错误处理了吗？

其他检查：

- 是否遗漏了功能？
- 有错误警告和提示信息吗？

2．人工走查（Walkthroughs）

人工走查与代码审查一样，采用召开审查会的方式，在会中由小组成员阅读程序，以发现程序错误。

人工走查小组由 3～5 人组成，其中一人为组织者，另外一人为会议秘书（负责记录所发现的程序错误），第三个人负责进行测试，称为测试员。小组成员应该包括程序的编写者，其他最好为一个具有丰富实践经验的程序员，一个程序语言专家，一个新程序员（以便提供无偏见的意见），最终将维护这个程序的人，以及被审查程序所在项目组中的另一个程序员。

人工走查与代码审查的不同之处在于，在人工走查会上除了阅读程序外，还需要由测试员利用测试数据人工运行程序并得出输出结果，然后由参加者对结果进行审查，以达到测试的目的。

3.1.2　黑盒测试技术

在前面我们已经介绍了黑盒测试的基本概念。黑盒测试是根据规格说明书设计测试用例，并不涉及程序内部构造的一种测试方法。黑盒测试有一套严格的测试用例生成的规定和系统的方法。下面我们介绍黑盒测试技术中设计测试用例的几种基本方法。

1. 等价类划分

等价类划分是一种典型的黑盒测试方法。使用这一方法时，完全不考虑程序的内部结构，只依据程序的需求规格说明书来设计测试用例。我们必须仔细分析和推敲说明书的各项需求，特别是功能需求。把说明书中对输入和输出的要求区分开来并加以分解。由于采用穷举测试方法测试数据数量过于庞大，给测试带来困难，促使我们从大量的可能测试数据中选取一部分作为测试用例。问题在于如何选取测试数据。等价类划分方法把所有可能的输入数据，即程序的输入域划分成若干部分，然后从每一部分中选取少数有代表性的数据作为测试用例。使用这一方法设计测试用例要经历划分等价类（列出等价类表）和选取测试用例两个步骤。

（1）划分等价类

首先把数目极多的输入数据划分成若干个等价类。等价类是指某个输入域的子集，在这个集合中每个输入数据对于发现程序中的错误都是等效的。并且我们假定，测试某个等价类中的代表数据就等价于对这一等价类其他数据的测试。即，如果用集合中的一个输入条件作为测试数据进行测试不能发现程序中的错误，那么使用集合中的其他输入条件进行测试也不可能发现错误，反之亦然。

在考虑划分等价类时应该注意区分两种不同的情况：有效等价类和无效等价类。

①有效等价类：指对于程序的规格说明来说，是合理的、有意义的输入数据所构成的集合。在具体问题中，有效等价类可以是一个，也可以是多个。

②无效等价类：指对于程序的规格说明来说，是不合理的、无意义的输入数据所构成的集合。在具体问题中，无效等价类至少应有一个，也可能是多个。

如何确定等价类，这是使用等价类划分的一个重要问题。以下我们给出等价类划分六条原则：

①如果输入条件规定了取值范围，或值的个数，则可以确立一个有效等价类和两个无效等价类。如：输入从 1 到 99，则有效等价类为：1＜＝n＜＝99，两个无效等价类为：n<1 和 n>99。

②如果输入条件规定了输入值的集合，或者规定了“必须如何”的条件，这时可确立一个有效等价类和一个无效等价类。如：输入为 a，b，c，则有效等价类为 a，b，c，无效等价类为非 a，b，c。

③如果输入条件是一个布尔量，则可以确定一个有效等价类和一个无效等价类。

④如果规定了输入数据的一组值，而且程序要对每个输入值分别处理，这时可为每个输入值

确立一个有效等价类，此外针对这组值确立一个无效等价类，它是所有不允许的输入的集合。

⑤如果规定了输入数据必须遵守的规则，则可以确立一个有效等价类（符合规则的数据）和若干无效等价类（从不同角度违反规则的数据）。

⑥如果确知已划分的等价类中各个元素在程序中的处理方式不同，则应将此等价类进一步划分成更小的等价类。

(2) 选取测试用例

首先建立等价类表，列出所有划分出的等价类（见表3-1）。

表3-1 等价类表

输入条件	有效等价类		无效等价类	
	编 号	意 义	编 号	意 义
……	……	……	……	……
……	……	……	……	……
……	……	……	……	……

然后，从等价类中按以下原则选择测试用例：

①为每一个等价类规定一个唯一的编号；

②设计一个测试用例，使其尽可能多地覆盖尚未覆盖的有效等价类。重复这一步，直到所有的有效等价类都被覆盖为止。

③设计一个测试用例，使其仅覆盖一个尚未被覆盖的无效等价类，重复这一步，直到所有的无效等价类都被覆盖为止。

(3) 实例：某程序“输入三个数作为三角形的三边，判断此三角形为合法三角形”。表3-2为该实例的等价类表。

表3-2 合法三角形等价类表

输入条件	有效等价类		无效等价类	
	编 号	意 义	编 号	意 义
三个数	P1	a，b，c	N1-01	只给一个数：a或b或c；
			N1-02	给两个数：a，b或a，c或b，c；
			N1-03	给出多于三个数
三个正数	P2	a>0&&b>0&&c>0	N2-01	a>0，b<0，c<0
			N2-02	a<0，b>0，c<0
			N2-03	a<0，b<0，c>0
			N2-04	a>0，b>0，c<0
			N2-05	a>0，b<0，c>0
			N2-06	a<0，b>0，c>0
			N2-07	a<0，b<0，c<0

续表

输入条件	有效等价类		无效等价类	
	编　号	意　义	编　号	意　义
三个非零正数	P3	a! = 0&&b! = 0&&c! = 0	N3 - 01 N3 - 02 N3 - 03 N3 - 04 N3 - 05 N3 - 06 N3 - 07	a = 0，b! = 0，c! = 0 a! = 0，b = 0，c! = 0 a! = 0，b! = 0，c = 0 a = 0，b = 0，c! = 0 a = 0，b! = 0，c = 0 a! = 0，b = 0，c = 0 a = 0，b = 0，c = 0
三个非零正数，且任意两边之和大于第三边	P4	a + b>c&&a + c>b&&b + c>a	N4 - 01 N4 - 02 N4 - 03	a + b< = c a + c< = b b + c< = a

根据表 3 - 2，如果我们选择三个边长为 10，10，25，则覆盖了有效等价类 P1，P2，P3，同时覆盖了无效等价类 N4 - 01，因为其中两边之和小于第三边长。依此类推，我们可以设计多个测试用例达到覆盖所有等价类的目的。

2. 边界值分析

边界值分析也是一种黑盒测试方法，是对等价类划分方法的补充。在软件设计和程序编写中，对于规格说明书中的输入域或输出域的边界常常不够注意，以致形成一些差错。长期的测试工作经验告诉我们，大量的错误都是发生在输入或输出范围的边界上，而不是发生在输入输出范围的内部。因此，针对各种边界情况设计测试用例，可以查出更多的错误。

例如，在做三角形的计算时，需要输入三角形的三个边长：a，b 和 c。我们知道这三个数值要满足 a + b>c，a + c>b 及 b + c>a 才能构成三角形。如果把三个不等式中的任何一个大于号>错写成大于等于号> =，都无法构成三角形。问题恰恰出现在那些容易被忽略的边界上。这里所说的边界是指，相对于输入等价类和输出等价类而言，稍高于其边界值或稍低于其边界值的一些特定情况。

使用边界值分析方法设计测试用例，首先应确定边界情况。通常输入和输出等价类的边界值，就是应着重测试的边界情况。应当选取正好等于，刚刚大于或刚刚小于边界的值作为测试数据，而不是选取等价类中的典型值或任意值作为测试数据。

在选择测试用例时，应遵循以下几条原则：

(1) 如果输入条件规定了值的范围，则应取刚达到这个范围的边界值，以及刚刚超过这个范围边界的值作为测试输入数据。例如，某个数据的取值范围是 - 1.0～1.0，则测试数据选取 - 1.1，- 1.0，1.0，1.1。

(2) 如果输入条件规定了值的个数，则用最大个数，最小个数，比最大个数多 1，比最小个数少 1 的数作为测试数据。例如，某个文件有 256 个记录，记录编号为 1～256，则测试数据选取 - 1，1，256，257。

(3) 根据规格说明和每个输出条件，使用前面的原则 (1)。

(4) 根据规格说明和每个输出条件，使用前面的原则 (2)。

(5) 如果程序的规格说明给出的输入域或输出域是有序集合（如有序表、顺序文件等），则应选取集合的第一个元素和最后一个元素作为测试用例。

(6) 如果程序中使用了一个内部数据结构，则应当选择这个内部数据结构的边界上的值作为测试用例。

(7) 分析规格说明，找出其他可能的边界条件。

3. 错误推测法

错误推测法是一种基于经验和直觉推测程序中可能存在的各种错误，从而有针对性地设计测试用例的方法。

错误推测方法的基本思想是，列举出程序中所有可能有的错误和容易发生错误的特殊情况，根据它们选择测试用例。例如，在讨论人工测试技术时，我们曾经介绍过一个常见程序错误检查清单，其中列出程序中许多常见的错误。另外，以前类似产品测试中曾经发现的错误等，都是经验的总结，都可以作为错误推测法的参考。还有，输入数据和输出数据为 0 的情况，输入表为空或输入表只有一行的情况，这些都是容易发生错误的地方，可选择这些情况下的例子作为测试用例。

4. 因果图

等价类划分方法并没有考虑到输入情况的各种组合，也没有考虑到各个输入情况之间的相互制约关系。这样做尽管考虑到各个输入条件可能出错的多种情况，但多个输入条件组合起来出错的情况却被忽略了。

采用因果图方法（Cause-Effect Graphing）能够高效地选择测试用例，同时还能指出程序规格说明中存在着什么问题。

(1) 使用因果图的基本步骤

①分析需求规格说明中，哪些是原因（即输入条件或输入条件的等价类），哪些是结果（即输出条件），并赋予每个原因和结果一个标识符。

②分析需求规格说明中的语义，找出原因与结果之间对应的关系，根据这些关系，画出因果图。

③由于语法或环境限制，有些原因与结果的组合情况不可能出现，可在因果图上用一些记号标明约束或限制条件。

④把因果图转换成判定表。

⑤从判定表中选择测试用例。

(2) 因果图中的基本符号

通常在因果图中用 Ci 表示原因，用 Ei 表示结果，各结点表示状态，可取值 0 或 1。0 表示某状态不出现，1 表示某状态出现。

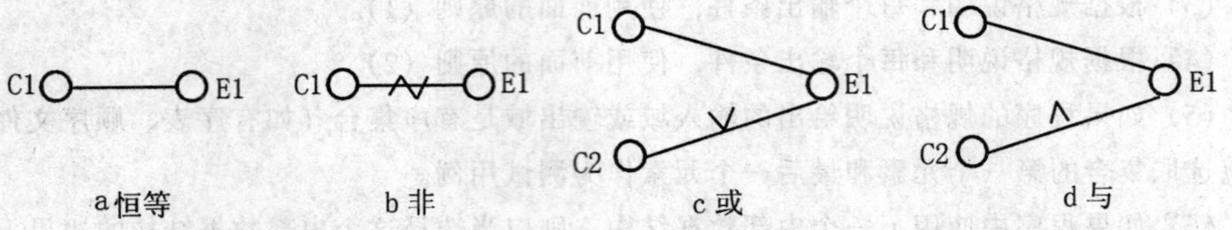

图 3-1　因果图的图形符号

①恒等：表示原因与结果之间一对一的对应关系。若原因出现，则结果出现；若原因不出现，则结果也不出现。

②非：表示原因与结果之间的一种否定关系。

③或：表示若几个原因中有一个出现，则结果出现；只有当这几个原因都不出现时，结果才不出现。

④与：表示若几个原因都出现，结果才出现；若几个原因中有一个不出现，结果就不出现。

(3) 输入的约束条件

E (异)：表示 a，b 两个原因不会同时成立，两个中最多有一个可能成立。

I (包含)：表示 a，b，c 三个原因中至少有一个必须成立。

O (唯一)：表示 a，b 当中必须有一个，且仅有一个成立。

R (要求)：表示当 a 出现时，b 必须也出现。不可能 a 出现，b 不出现。

M (屏蔽)：表示当 a 是 1 时，b 必须是 0，而当 a 为 0 时，b 值不定。

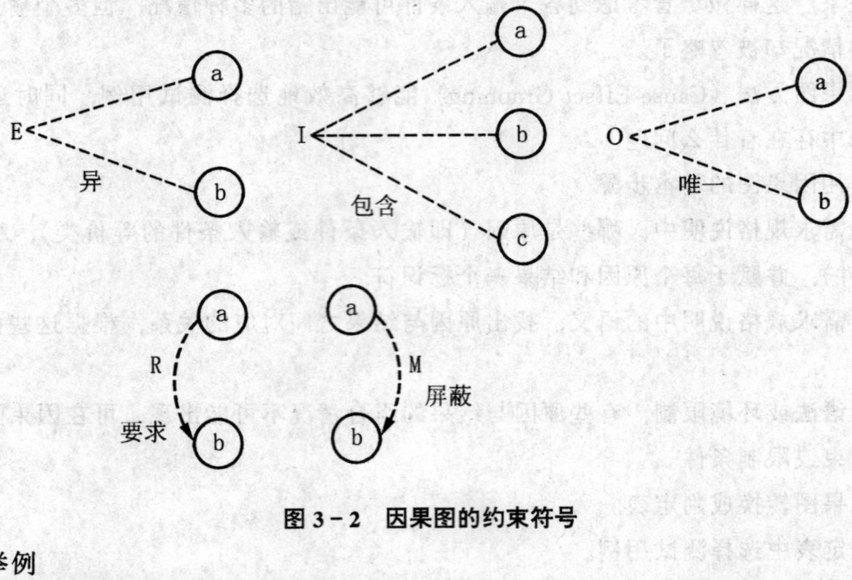

图 3-2　因果图的约束符号

(4) 举例

有一个处理单价为 5 角钱饮料的自动售货机，投入 5 角或 1 元钱硬币，并按下［橙汁］或［啤酒］按钮，则相应的饮料就送出来。若没有零钱找，则［零钱找完］红灯亮，这时投入 1 元硬币并按下饮料按钮后，饮料不送出来，且退还 1 元硬币；若有零钱找，则［零钱找完］红灯灭，送出饮料的同时退还 5 角硬币。

①列出原因和结果（见表3－3）。

表3－3 自动饮料售货机原因和结果

原　因	中间结点	结　果
1. 售货机有零钱找 2. 投入1元硬币 3. 投入5角硬币 4. 按下［橙汁］按钮 5. 按下［啤酒］按钮	11. 投入1元硬币且按下饮料按钮 12. 按下［橙汁］或［啤酒］的按钮 13. 应当找5角零钱并且售货机有零钱找 14. 钱已付清	21. 售货机［零钱找完］灯亮 22. 退还1元硬币 23. 退还5角硬币 24. 送出橙汁饮料 25. 送出啤酒饮料

②画出因果图（见图3－3）。

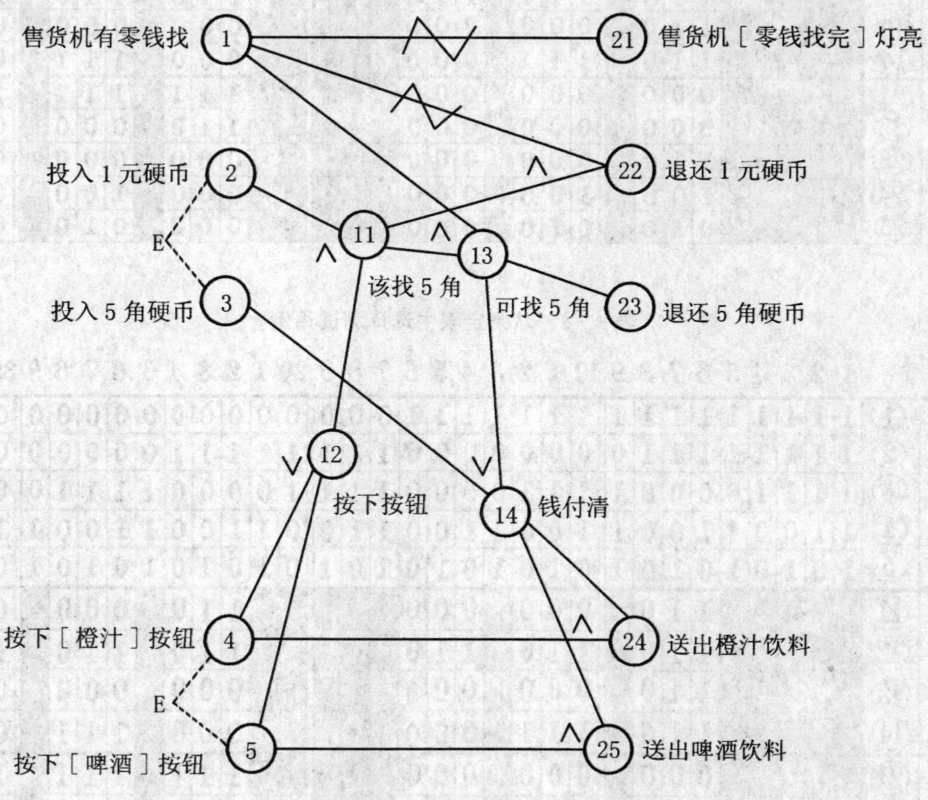

图3－3 自动饮料售货机因果图

③因果图转换成判定表

在自动饮料售货机这个例子中，由于一共有5个条件，所以在判定表中，一共有32列，表示32种输入条件可能性，我们再根据各种条件和结果之间的关系，以及一些约束条件，就得到了如表3－4所示的判定表，一共有18种条件组合可以得到结果。

④从判定表中选择测试用例

分析一下这个判定表，从可以得到结果的18种条件组合中我们可以看出，第16列和

32 列条件组合是无意义的，所以我们从判定表中去掉各种不可能和无意义的情况以后，就得到了测试所需要的测试用例。也就是说，在总共 32 个输入条件组合的可能性中，我们只要设计 16 个测试用例就可以满足自动饮料售货机的测试需求了。

表 3－4　自动饮料售货机判定表

序号		1	2	3	4	5	6	7	8	9	10	1	2	3	4	5	6	7	8	9	20	1	2	3	4	5	6	7	8	9	30	1	2
条件	①	1	1	1	1	1	1	1	1	1	1	1	1	1	1	1	1	0	0	0	0	0	0	0	0	0	0	0	0	0	0	0	0
	②	1	1	1	1	1	1	1	1	0	0	0	0	0	0	0	0	1	1	1	1	1	1	1	1	0	0	0	0	0	0	0	0
	③	1	1	1	1	0	0	0	0	1	1	1	1	0	0	0	0	1	1	1	1	0	0	0	0	1	1	1	1	0	0	0	0
	④	1	1	0	0	1	1	0	0	1	1	0	0	1	1	0	0	1	1	0	0	1	1	0	0	1	1	0	0	1	1	0	0
	⑤	1	0	1	0	1	0	1	0	1	0	1	0	1	0	1	0	1	0	1	0	1	0	1	0	1	0	1	0	1	0	1	0
中间结果	⑪						1	1	0		0	0	0		0	0	0						1	1	0		0	0	0		0	0	0
	⑫						1	1	0		1	1	0		1	1	0						1	1	0		1	1	0		1	1	0
	⑬						1	1	0		0	0	0		0	0	0						0	0	0		0	0	0		0	0	0
	⑭						1	1	0		1	1	1		0	0	0						0	0	0		1	1	1		0	0	0
结果	㉑						0	0	0		0	0	0		0	0	0						1	1	1		1	1	1		1	1	1
	㉒						0	0	0		0	0	0		0	0	0						1	1	0		0	0	0		0	0	0
	㉓						1	1	0		0	0	0		0	0	0						0	0	0		0	0	0		0	0	0
	㉔						1	0	0		1	0	0		0	0	0						0	0	0		1	0	0		0	0	0
	㉕						0	1	0		0	1	0		0	0	0						0	0	0		0	1	0		0	0	0

表 3－5　从判定表中选择测试用例

序号		1	2	3	4	5	6	7	8	9	10	1	2	3	4	5	6	7	8	9	20	1	2	3	4	5	6	7	8	9	30	1	2
条件	①	1	1	1	1	1	1	1	1	1	1	1	1	1	1	1	1	0	0	0	0	0	0	0	0	0	0	0	0	0	0	0	0
	②	1	1	1	1	1	1	1	1	0	0	0	0	0	0	0	0	1	1	1	1	1	1	1	1	0	0	0	0	0	0	0	0
	③	1	1	1	1	0	0	0	0	1	1	1	1	0	0	0	0	1	1	1	1	0	0	0	0	1	1	1	1	0	0	0	0
	④	1	1	0	0	1	1	0	0	1	1	0	0	1	1	0	0	1	1	0	0	1	1	0	0	1	1	0	0	1	1	0	0
	⑤	1	0	1	0	1	0	1	0	1	0	1	0	1	0	1	0	1	0	1	0	1	0	1	0	1	0	1	0	1	0	1	0
中间结果	⑪						1	1	0		0	0	0		0	0	0						1	1	0		0	0	0		0	0	0
	⑫						1	1	0		1	1	0		1	1	0						1	1	0		1	1	0		1	1	0
	⑬						1	1	0		0	0	0		0	0	0						0	0	0		0	0	0		0	0	0
	⑭						1	1	0		1	1	1		0	0	0						0	0	0		1	1	1		0	0	0
结果	㉑						0	0	0		0	0	0		0	0	0						1	1	1		1	1	1		1	1	1
	㉒						0	0	0		0	0	0		0	0	0						1	1	0		0	0	0		0	0	0
	㉓						1	1	0		0	0	0		0	0	0						0	0	0		0	0	0		0	0	0
	㉔						1	0	0		1	0	0		0	0	0						0	0	0		1	0	0		0	0	0
	㉕						0	1	0		0	1	0		0	0	0						0	0	0		0	1	0		0	0	0
测试用例							Y	Y	Y		Y	Y	Y		Y	Y							Y	Y	Y		Y	Y	Y		Y	Y	

3.1.3 白盒测试技术

与黑盒测试不同，白盒测试检查软件内部的逻辑结构，所以又称为结构测试。白盒测试是以仔细检查程序的细节为基础，通过提供一组指定条件和循环的测试用例，对软件中的逻辑路径进行测试，可以在不同的检查点检查程序的状态，以确定实际运行状态与预期状态是否一致。

具体的白盒测试方法有程序控制流分析、数据流分析、逻辑覆盖、域测试、符号测试、路径分析、程序插装等。

一个良好的测试准则对软件的测试是至关重要的，测试准则不仅可以指导测试数据的选择生成，也可以衡量整个软件测试完成的水平。例如，当分支覆盖率达到85%以后，若想继续提高分支覆盖的一个百分点，就需要投入更多的人力物力。事实上，要寻找一个测试准则，使得在任意被测软件上，测试数据成功运行并满足该准则之后保证软件无错误，如同证明程序正确性一样困难，但一个良好的测试准则对软件的测试是至关重要的。

1. 程序结构分析

程序结构是白盒测试的重要依据。我们将从控制流分析、数据流分析的不同方面讨论几种分析程序结构的方法。

(1) 控制流分析

由于非结构化程序给测试、查错和程序维护带来许多不必要的困难，人们有理由要求写出的程序是结构良好的。20世纪70年代以来，结构化的概念逐渐为人们所接受。如C，Java语言都是结构化程序设计语言。编程人员要注意不能忽视结构化的要求。

控制流图是人们最熟悉，也是最容易接受的一种程序控制结构的图形表示。在这种图上的框内常常标明了处理条件或要求，这些在做路径分析时是不重要的。图3－4是一个简单的控制流图。

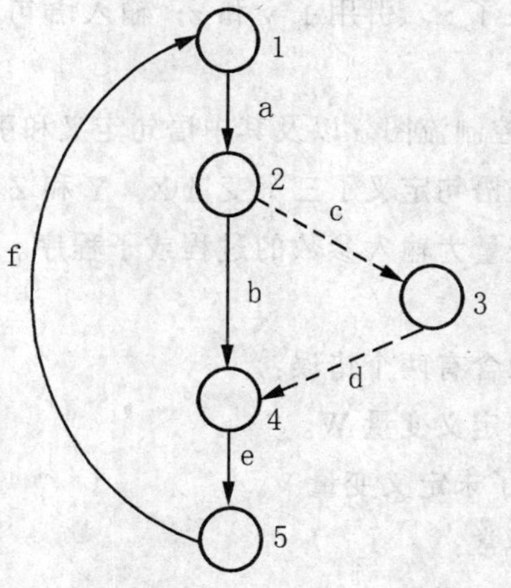

图3－4 控制流图

在控制流图中只有两种符号：

①结点：以标有编号的圆圈表示。它代表了程序流程图中矩形框所表示的处理、菱形框所表示的条件判断以及分支相交的汇合点。如图 3－4 中的 1，2，3 等。

② 控制流线：以带箭头的弧线表示。它与程序流程图中的流线是一致的，表明了控制的顺序。为讨论方便，通常控制流线都标有名字，如图 3－4 中的 a，b，c 等。

有时，为了实现上的方便，可以把控制流图表示成矩阵形式，称为控制流矩阵。例如：在表 3－6 所表示的控制流图矩阵中，每个单元格中的字母分别代表了从原始结点到目的结点的控制流线。

表 3－6　控制流图矩阵

原始结点 \ 目的结点	1	2	3	4	5
1		a			
2			c	b	
3				d	
4					e
5	f				

(2) 数据流分析

数据流分析最初是随着编译系统需要生成有效的目标代码而出现的，这类方法主要用于代码优化。数据流分析在确认系统中也得到成功的运用，可以用于查找如使用了未定义的变量等程序错误。找出这些错误是很重要的，因为这常常是程序错误的表现形式，如拼错变量名字、变量名混淆或是丢失语句。

下面介绍在数据流分析中，变量定义和变量引用的概念。

①如果某一个语句的执行改变了变量 V 的值，则称变量 V 是被该语句定义的。

②如果某一个语句的执行使用了变量 V 的值，则称变量 V 是被该语句引用的。

例如，语句 x＝y＋z 定义了 x，引用了 y 和 z；输入语句 READ x 定义了 x；输出语句 WRITE x 引用了 x。

图 3－5 给出一个程序的控制流图，以及其中语句定义和引用的变量。

从图中可以看出，第一个语句定义了三个变量 X，Y 和 Z。这表明它们的值是在程序外部赋给的。该程序是以此三变量为输入参数的过程或子程序。同样，出口语句引用 Z 表明，Z 的值被送给外部环境。

从图中可以看出，程序中含有两个错误：

①在语句 2 中，引用了未定义变量 W。

②在语句 5，6 中，引用了未定义变量 V。

此外，程序中还有两个异常：

①语句 6 对 Z 的定义从未被引用过。

②语句 8 对 W 的定义也从未被引用过。

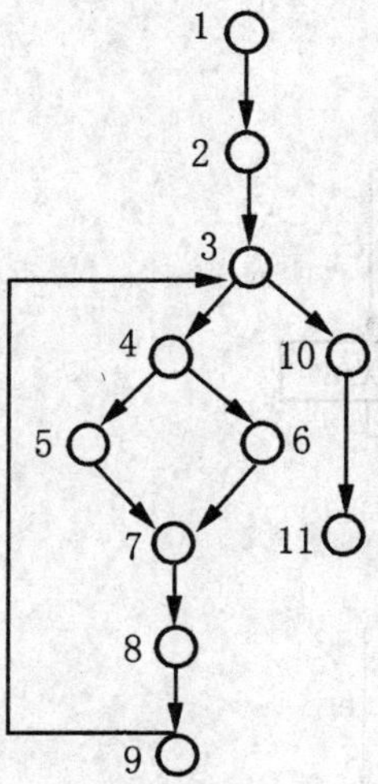

结点	被定义变量	被引用变量
1	X, Y, Z	
2	X	W, X
3		X, Y
4		Y, Z
5	Y	V, Y
6	Z	V, Z
7	V	X
8	W	Y
9	Z	V
10	Z	Z
11		Z

图 3-5　控制流图及其定义和引用的变量

2. 逻辑覆盖

由于覆盖测试的目标不同，逻辑覆盖包括下列几种常用的覆盖方法：

● 语句覆盖：语句覆盖就是设计若干个测试用例，运行被测程序，使得每一个可执行语句至少执行一次。

● 分支覆盖（又称为判定覆盖）：分支覆盖就是设计若干个测试用例，运行被测程序，使得程序中每个判断的取真分支和取假分支至少经历一次。

● 条件覆盖：条件覆盖就是设计若干个测试用例，运行被测程序，使得程序中每个判断的每个条件的可能取值至少执行一次。

● 判定—条件覆盖：判定—条件覆盖就是设计足够的测试用例，使得程序中每个判断中每个条件的可能取值至少执行一次，每个判断中的每个分支至少执行一次。

● 路径覆盖：路径测试就是设计足够的测试用例，使程序中所有可能的路径都执行一次。

白盒测试中一个重要的问题是，测试进行到什么程度就达到了要求，可以结束测试了。也就是说需要给出白盒测试的覆盖标准。一种可能的白盒测试的覆盖标准是：

● 语句覆盖率要求达到 100%；

● 分支覆盖率要求达到 85%。

下面给出一个程序段：

```
if ((A>1) && (B==0))
    X=X/A;
if ((A==2) || (X>1))
    X++;
```

其控制流程图如图 3-6 所示。

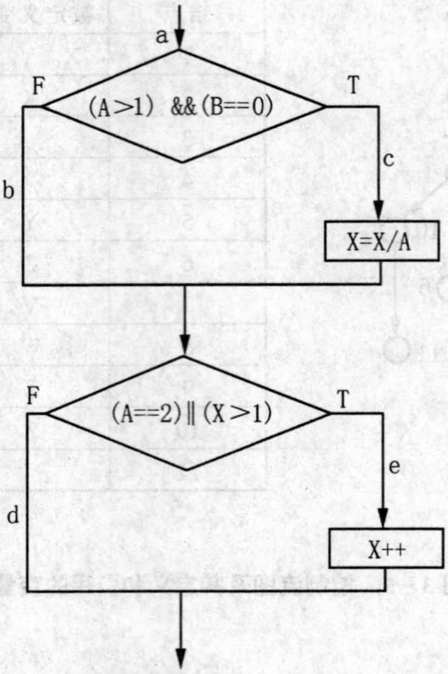

图 3-6　被测程序段流程图

(1) 语句覆盖

在测试时，设计测试用例，然后运行被测试程序，使程序中的每个可执行语句至少执行一次。

对于上面的程序段，我们可以选取下面的测试用例进行语句覆盖测试。

CASE 1：

A=2

B=0　　执行路径为 ace，程序中四个语句都得到执行，语句覆盖率为 100%。

X=3

CASE 2：

A=2

B=1　　执行路径为 abe，语句 X=X/A 未得到执行。

X=3

同其他几种逻辑覆盖相比，语句覆盖是比较弱的覆盖准则。

(2) 分支覆盖（判定覆盖）

在测试时，设计测试用例，然后运行被测试程序，使程序中的每个判断的真假分支至少经历一次。

对于上面的程序段，我们可以选取下面两组测试用例进行分支覆盖测试。

CASE 1：

A=2

B=0　　执行路径为 ace。

X=3

CASE 3：

A=1

B=0　　执行路径为 abd。

X=1

CASE 1 和 CASE 3 的组合，使两个判断中的四个分支 c，e 和 b，d 分别得到覆盖。

当然，我们也可以选取另外两组测试用例达到同样的目的：

CASE 4：

A=3

B=0　　执行路径为 acd。

X=3

CASE 5：

A=1

B=0　　执行路径为 abe。

X=2

对于分支覆盖来说，无法确定判断内部条件的错误。因此，需要有更强的逻辑覆盖准则去检验判断内的条件。

(3) 条件覆盖

在测试时，设计测试用例，然后运行被测试程序，使程序中的每个条件的可能取值至少满足一次。

对于上面程序段：

● 第一个判断应考虑：

A>1 为真，记为 T1

A>1 为假，即 A≤1，记为~T1

B==0 为真，记为 T2

B==0 为假，即 B≠0，记为~T2

● 第 2 个判断应考虑：

A==2 为真，记为 T3

A==2 为假，即 A≠2，记为~T3

X>1 为真，记为 T4

X>1 为假，即 X≤1，记为~T4

如表 3-7 所示为一组测试用例及其执行的覆盖结果。

表 3-7　条件覆盖 1

测试用例	A　B　X	所走路径	覆盖条件
CASE 1	2　0　3	ace	T1，T2，T3，T4
CASE 3	1　0　1	abd	~T1，T2，~T3，~T4
CASE 6	2　1　1	abe	T1，~T2，T3，~T4

从上表可以看出，三个测试用例把四个条件的八种情况都做了覆盖。

如表 3-8 所示，我们来考虑另外一组测试用例及其执行的覆盖结果。

表 3-8　条件覆盖 2

测试用例	A　B　X	所走路径	覆盖分支	覆盖条件
CASE 7	1　0　3	abe	be	~T1，T2，~T3，T4
CASE 6	2　1　1	abe	be	T1，~T2，T3，~T4

从上表可以看出，这两个测试用例只覆盖了四个分支中的两个，说明覆盖了条件的测试用例不一定覆盖了分支。

(4) 判定—条件覆盖

判定—条件覆盖要求设计足够的测试用例，使得判断中每个条件的所有可能至少出现一次，并且每个判断本身的判定结果也至少出现一次。

对于上例，两个判断中各包含两个条件，四个条件在两个判断中可能有八种组合：

①A>1，B=0，记为 T1，T2

②A>1，B≠0，记为 T1，~T2

③A≤1，B=0，记为~T1，T2

④A≤1，B≠0，记为~T1，~T2

⑤A=2，X>1，记为 T3，T4

⑥A=2，X≤1 记为 T3，~T4

⑦A≠2，X>1，记为~T3，T4

⑧A≠2，X≤1，记为~T3，~T4

如表 3-9 所示，我们设计了四个测试用例，执行的结果覆盖了上述八种条件组合，同时也覆盖了四个分支。

表 3-9　判定—条件覆盖

测试用例	A　B　X	所走路径	覆盖条件
CASE 1	2　0　3	ace	T1，T2，T3，T4
CASE 6	2　1　1	abe	T1，~T2，T3，~T4
CASE 7	1　0　3	abe	~T1，T2，~T3，T4
CASE 8	1　1　1	abd	~T1，~T2，~T3，~T4

但是，从上表可知，这四个测试用例虽然满足了判定—条件覆盖要求，但仅覆盖了程序段中四条路径（ace，abd，abe，acd）中的三条（ace，abd，abe），漏掉了路径 acd。

(5) 路径覆盖

路径覆盖要求设计足够多的测试用例，要求覆盖程序中所有可能的路径。

上例中共有四条可能路径：ace 记为 L1，abd 记为 L2，abe 记为 L3，acd 记为 L4。

我们给出如表 3-10 所示四个测试用例覆盖这四条路径。

表 3-10 路径覆盖

测试用例	A B X	覆盖路径
CASE 1	2 0 3	ace（L1）
CASE 3	1 0 1	abd（L2）
CASE 6	2 1 1	abe（L3）
CASE 9	3 0 1	acd（L4）

但在实际问题中，即使一个不太复杂的程序，其路径数都是一个庞大的数字。为解决这一难题只得把路径数压缩到一定限度内，如程序中的循环体只执行一次。

3. 程序插装

程序插装（Program Instrumentation）是一种基本的测试手段。借助于插装手段，可以了解程序执行时的结构覆盖情况，如语句覆盖、分支覆盖及路径覆盖等信息。

程序插装方法简单地说是借助向被测程序中插入操作（语句）来达到测试的目的。有时把插入的语句称为“探测器”或“探针”。在程序特定部位插入“探针”的目的是为了把程序执行过程中发生的一些重要事件记录下来，如语句执行次数、某些变量值的变化情况等。

设计插装程序时需要考虑的问题：

(1) 探测哪些信息？

(2) 在程序的什么部位设置探测点？

(3) 需要设置多少个探测点？

其中第一个问题取决于具体要求，对于后两个问题取决于插装方案。一般情况下，在没有分支的程序段中只需一个插装语句。

以 C 程序为例，考虑到程序结构往往十分复杂，下列部位应考虑设置探测点：

(1) 语句块的第一个可执行语句前；

(2) 带标号的语句处；

(3) if，for，while 和 do，while，switch 语句的开始处；

(4) if，for，while 和 do，while，switch 语句结束之后；

(5) 标号处；

（6）switch 中每个 case 语句处；

（7）break，continue，return 和 exit 语句前；

3.1.4　静态分析技术

静态分析是借助工具进行白盒测试的一种技术。静态分析并不要求在计算机上执行所测试的程序，而是通过运行静态分析工具对程序进行分析和测试。静态分析的结果可以对需求和设计文档以及编码进行检查，主要进行程序逻辑和编码检查、一致性检查、接口分析、I/O规格说明分析、数据流和变量类型检查以及模块分析等。静态分析结果可以作为动态测试和其他测试的必要准备。

程序静态分析的对象是源程序，所以我们通常用以下几种方法来对源程序进行静态分析。

1. 生成引用表

在完成静态分析后，我们可以生成各种引用表。引用表有以下几种：

● 直接从表中查出说明、使用错误。

例如循环层次表、变量交叉引用表、标号交叉引用表。

● 为用户提供辅助信息。

例如子程序引用表、等价表、常数表。

● 用来做错误预测和程序复杂度的计算。

例如操作符和操作数的统计表。

下面我们对常用的引用表做一些介绍：

（1）标号交叉引用表

列出各模块出现的全部标号。其顺序可以是按标号出现的先后顺序，也可以按字典顺序。在表中标出标号的属性：已说明、未说明、已使用、未使用。在表中还可以包括模块外的全局标号、计算标号。

（2）变量交叉引用表

即变量定义与引用表。在表中，变量的顺序可以是按变量出现的先后顺序，也可以按字典顺序，还可以按它们的类型排序。表中应标明各个变量的属性：已说明、未说明、私有/公有说明，以及类型和使用情况。

（3）子程序、宏和函数表

在表中列出各个子程序、宏和函数的属性：已定义、未定义、类型信息；参数表、输入参数的个数、类型、顺序，输出参数的个数、类型、顺序信息；已引用、未引用、引用次数信息等。

（4）等价表

在表中列出在等价语句或等值语句中出现的全部变量和标号。

(5) 常数表

在表中列出全部的数字常数和字符常数，并指出它们在哪些语句中首先被定义。

2. 程序错误分析

静态错误分析用于确定在源程序中是否有某类错误或危险结构。它有以下几种：

(1) 变量类型和单位分析

为了强化对源程序中数据的检查，在程序设计语言中扩充一些新的数据类型，例如，仅能在数组中使用的“下标”类型及在循环语句中当做控制变量使用的“计数器”类型。这样就可以静态预处理程序，分析程序中的类型错误。

(2) 引用分析

在静态错误分析中，使用最广泛的技术就是发现引用异常。如果沿着程序的控制路径，变量在赋值以后未被引用，这就发生了引用异常。

为了检测引用异常，我们需要检查通过程序的每一条路径。可以用类似深度优先算法的方法来遍历程序流程中的每一条路径。也可以建立引用异常的探测工具。这种工具包括两个表：定义表和引用表。每张表中都包含一组变量名。未引用的表中包括已被赋值，但未被引用的一些变量。

(3) 表达式分析

对表达式进行分析，以便发现和纠正在表达式中出现的错误。这些错误包括以下几种：

● 由于在表达式中不正确使用括号造成的错误。

● 数组下标越界造成的错误。如果数组的维数是常量，而下标的引用也是常量，则检查越界很容易；如果数组的维数是常量，而数组下标的引用是变量，例如用循环控制变量做数组下标，则要对这个变量的变化做分析。

● 除数为零造成的错误。为了检查这些错误，必须要能够从表达式反向追踪到需求，确认除数为零的变量不属于输入空间。

● 对负数开平方，可用类似于除数为零的方式进行处理。

● 最复杂的一类表达式分析是对浮点数计算的误差进行检查。由于使用二进制数不能精确地表示十进制浮点数，常常使计算结果出乎意料。

3. 接口分析

接口的一致性分析是检查模块之间接口的一致性和模块与外部数据库之间接口的一致性。

程序关于接口的静态错误分析检查过程、函数过程之间接口的一致性。因此要检查形参与实参在类型、数量、维数、顺序、使用上的一致性，检查全局变量和公共数据区在使用上的一致性。

3.1.5　动态测试技术

动态测试也是借助工具进行白盒测试的一种技术。动态测试就是通过运行动态测试工具，选择适当的测试用例，实际运行被测程序，比较实际运行结果和预期结果，以便找出错误。在动态测试中可以进行语句覆盖测试、分支覆盖测试和路径覆盖测试。动态测试工具应该能使被测程序有控制地运行，自动地监视、记录、统计程序的运行情况。典型的方法就是在所测试的程序中插入检测各语句的执行次数、各分支点、各路径的探针，以便统计各种覆盖情况。有些程序设计语言的源程序清单中没有标号，在进行动态测试时，还要重新对语句进行编号，以便能标识各个分支和路径。在有些程序的测试中，往往要统计各个语句执行的 CPU 时间，以便对花费时间最多的语句或程序段进行优化。

总的来说，动态测试包括功能确认与接口测试、覆盖率分析、性能分析、内存分析等。

(1) 功能确认与接口测试：这部分的测试包括各个单元功能的正确执行、单元间的接口测试，包括：单元接口、局部数据结构、重要的执行路径、错误处理的路径和影响上述几点的边界条件等内容。

(2) 覆盖率分析：覆盖率分析主要对代码的执行路径覆盖范围进行评估，包括语句覆盖、判定覆盖、条件覆盖、条件/判定覆盖、修正条件/判定覆盖、基本路径覆盖。从不同要求出发，为设计测试用例提出依据。

(3) 性能分析：代码运行缓慢是开发过程中一个重要问题。一个应用程序运行速度较慢，程序员不容易找到是在哪里出现了问题。如果不能解决应用程序的性能问题，将极大地影响应用程序的质量，于是查找和修改性能瓶颈成为优化整个代码性能的关键。

(4) 内存分析：内存泄漏会导致系统运行的崩溃，尤其对于嵌入式系统这种资源比较匮乏，应用非常广泛，而且往往又处于重要部位的程序，内存泄漏将可能导致无法预料的重大损失。通过测量内存使用情况，我们可以了解程序内存分配的真实情况，发现对内存的不正常使用，在问题出现前发现征兆，在系统崩溃前发现内存泄露错误；发现内存分配错误，并精确显示发生错误时的上下文情况，指出发生错误的原因。

3.2　面向对象系统测试技术

3.2.1　面向对象测试基础

传统程序设计方法是面向过程的，近些年来，面向对象程序设计技术得到了迅猛的发展。为了讨论面向对象技术，我们首先要明确“面向对象”的概念。为什么一个方法被认为是面向对象的？很多年来，存在关于这个问题的许多不同观点。Coad 和 Yourdon 给出了一个定义“面向对象＝对象＋类＋继承＋通信”。如果一个软件系统是使用这样四个概念设计和实现的，则可以认为这个软件系统是面向对象的。

对象是面向对象开发模式的基本成分。每个对象可以用其一组属性和它可以执行的一组操作来定义。属性一般只能通过执行对象的操作来改变。操作又称为方法或服务，在C++中称为成员函数，它描述了对象执行的功能。若通过消息传递，还可以为其他对象所使用。而消息是一个对象与另一个对象之间通信的手段，是要求另一个对象执行类中定义的某个操作的规格说明。发送给一个对象的消息定义了一个操作名和一个参数表，并指定一个接收对象。当一个对象接收到给自己的消息时，则调用消息中指定的操作，并将形式参数与参数表中的相应值结合起来。接受消息的对象对消息的处理可能会改变对象的状态，即改变接受对象的属性，并发送一个消息给自己或另一个对象。可以认为这种消息的传递大致等价于传统面向过程的程序设计方法中函数的调用。

面向对象技术是一种全新的软件开发技术，正逐渐代替被广泛使用的面向过程开发方法，被看成是解决软件危机的新兴技术。面向对象技术产生更好的系统结构，更规范的编程风格，优化了数据使用的安全性，提高了程序代码的重用，一些人就此认为面向对象技术开发出的程序无须进行测试。应该看到，尽管面向对象技术的基本思想使软件应该有更高的质量，但实际情况却并非如此，因为无论采用什么样的编程技术，编程人员的错误都是不可避免的，而且由于面向对象技术开发的软件代码重用率高，更需要严格测试，以避免错误的繁衍。因此，软件测试并没有因为面向对象编程的兴起而丧失掉它的重要性。

传统的软件测试技术对面向对象技术开发的软件显得有些力不从心。尤其是面向对象技术所独有的多态、继承、封装等新特点，产生了传统语言程序设计所不存在的错误可能性，或者使得传统软件测试中的重点不再突出，或者使原来测试经验认为和实践证明的次要方面成为了主要问题。例如：

在传统的面向过程程序中，对于函数 y＝Function（x），你只需要考虑一个函数（Function（））的行为特点，而在面向对象程序中，你不得不同时考虑基类函数（Base:：Function（））的行为和派生类函数（Derived:：Function（））的行为。

面向对象程序的结构不再是传统的功能模块结构，作为一个整体，原有集成测试所要求的，逐步将所开发的模块搭建在一起进行测试的方法已不可能实现。而且，面向对象软件抛弃了传统的开发模式，对每个开发阶段都有不同以往的要求和结果，已经不可能用功能细化的观点来检测面向对象分析和设计的结果。因此，传统的测试模型对面向对象软件已经不再适用。针对面向对象软件的开发特点，应该有一种新的测试模型。

面向对象的开发模型突破了传统的瀑布模型，将开发分为面向对象分析（OOA）、面向对象设计（OOD）和面向对象编程（OOP）3个阶段。面向对象分析阶段产生整个问题空间的抽象描述。在此基础上，进行面向对象设计，进一步归纳出适用于面向对象编程语言的类和类结构。最后进行面向对象编程，形成代码。由于面向对象的特点，采用这种开发模型能有效地将分析设计的文本或图表代码化，不断适应用户需求的变动。

对应上述 3 个开发阶段，面向对象测试也分别对应为面向对象分析的测试（OOA Test）、面向对象设计的测试（OOD Test）和面向对象编程的测试（OOP Test）。在编码完成后，还要进行面向对象单元测试（OO Unit Test），面向对象集成测试（OO Integrate Test），面向对象系统测试（OO System Test）。

OOA Test 和 OOD Test 是对分析结果和设计结果的测试，主要是对分析设计产生的文本进行测试，是软件开发前期的关键性测试。OOP Test 主要针对编程风格和程序代码实现进行测试，其主要的测试内容在 OO Unit Test 和 OO Integrate Test 中体现。OO Unit Test 是对程序内部具体单一的功能模块的测试，如果程序是用 C++ 语言实现的，主要就是对类成员函数的测试。OO Unit Test 是进行 OO Integrate Test 的基础。OO Integrate Test 主要对系统内部的相互服务进行测试，如成员函数间的相互作用，类间的消息传递等。OO Integrate Test 不但要基于 OO Unit Test，更要参见 OOD 或 OOD Test 结果。OO System Test 是基于 OO Integrate Test 的最后阶段的测试，主要以用户需求为测试标准，需要借鉴 OOA 或 OOA Test 结果。

3.2.2 面向对象分析的测试

传统的面向过程分析是一个功能分解的过程，是把一个系统看成可以分解的功能的集合。这种传统的功能分解分析法的着眼点在于一个系统需要什么样的信息处理方法和过程，以过程的抽象来对待系统的需要。而面向对象分析（OOA）是“把 E－R 图和语义网络模型，与面向对象程序设计语言中的重要概念结合在一起而形成的分析方法”，最后通常是得到问题空间的图表的形式描述。

OOA 直接映射问题空间，全面地将问题空间中实现功能的现实抽象化。将问题空间中的实例抽象为对象（不同于 C++ 中的对象概念），用对象的结构反映问题空间的复杂实例和复杂关系，用属性和服务表示实例的特性和行为。对一个系统而言，与传统分析方法产生的结果相反，面向对象系统的行为是相对稳定的，而它的结构是相对不稳定的，这更充分反映了现实的特性。OOA 的结果是为后面阶段类的选定和实现、类层次结构的组织和实现提供平台。因此，OOA 对问题空间分析抽象的不完整，最终会影响软件的功能实现，导致软件开发后期大量可避免的修补工作；而一些冗余的对象或结构会影响类的选定、程序的整体结构或增加程序员不必要的工作量。

根据 Coad 方法所提出的 OOA 实现步骤，对 OOA 阶段的测试划分为以下 5 个方面：

(1) 对认定的对象的测试

OOA 中认定的对象是对问题空间中的结构、其他系统、设备、被记忆的事件、系统涉及的人员等实例的抽象。

(2) 对认定的结构的测试

在 Coad 方法中，认定的结构指的是多个对象的组织方式，用来反映问题空间中的复杂实例和复杂关系。认定的结构分为两种：分类结构和组装结构。分类结构体现了问题空间中实例的一般与特殊的关系，组装结构体现了问题空间中实例整体与局部的关系。

(3) 对认定的主题的测试

主题是在对象和结构的基础上更高一层的抽象，是为了提供 OOA 分析结果的可见性，如同文章对各部分内容的概要。

(4) 对定义的属性和实例关联的测试

属性是用来描述对象或结构所反映的实例的特性。而实例关联是反映实例集合间的映射关系。

(5) 对定义的服务和消息关联的测试

定义的服务，就是定义的每一种对象和结构在问题空间所要求的行为。由于问题空间中实例间需要必要的通信，所以在 OOA 中需要定义消息关联。

3.2.3 面向对象设计的测试

通常的结构化的设计方法，用的是面向作业的设计方法，它把系统分解以后，提出一组作业，这些作业是以过程实现系统的基础构造，把问题域的分析转化为求解域的设计，分析的结果是设计阶段的输入。

而面向对象设计（OOD）采用“造型的观点”，以 OOA 为基础归纳出类，并建立类结构或进一步构造成类库，实现分析结果对问题空间的抽象。OOD 归纳的类，可以是对象简单的延续，可以是不同对象的相同或相似的服务。由此可见，OOD 是对 OOA 的进一步细化和更高层的抽象。所以，OOD 与 OOA 的界限通常是难以严格区分的。OOD 确定类和类结构不仅是满足当前需求分析的要求，更重要的是通过重新组合或加以适当的补充，能方便实现功能的重用和增加，以不断适应用户的要求。因此，对 OOD 的测试，针对功能的实现和重用以及对 OOA 结果的拓展，可以从如下 3 方面考虑：

(1) 对认定的类的测试

OOD 认定的类可以是 OOA 中认定的对象，也可以是对象所需要的服务的抽象，对象所具有的属性的抽象。

需要测试如下方面：是否涵盖了 OOA 中所有认定的对象，是否能体现 OOA 中定义的属性，是否能实现 OOA 中定义的服务，是否对应着一个含义明确的数据抽象，是否尽可能少地依赖其他类。

(2) 对构造的类层次结构的测试

为能充分发挥面向对象的继承共享特性，OOD 的类层次结构，通常基于 OOA 中产生的分类结构的原则来组织，着重体现父类和子类之间的一般性和特殊性。在当前的问题空间，对类层次结构的测试主要要求是能在解空间构造实现全部功能的结构框架。

需要测试如下方面：类层次结构是否涵盖了所有定义的类，是否能体现 OOA 中所定义的实例关联，是否能实现 OOA 中所定义的消息关联，子类是否具有父类没有的新特性，子类间的共同特性是否完全在父类中得以体现。

(3) 对类库的支持的测试

对类库的支持虽然也属于类层次结构的组织问题，但其强调的重点是软件重用。由于它并不直接影响当前软件的开发和功能实现，因此，将其单独提出来测试，也可作为对高质量类层次结构的评估。

需要测试如下方面：一组子类中关于某种含义相同或基本相同的操作，是否有相同的接口（包括名字和参数表），类中方法（C++：类的成员函数）功能是否较单纯，相应的代码行是否较少，类的层次结构是否是深度大、宽度小。

3.2.4　面向对象编程的测试

典型的面向对象程序具有继承、封装和多态的新特性，这使得传统的测试策略必须有所改变。封装是对数据的隐藏，外界只能通过被提供的操作来访问或修改数据，这样减少了数据被任意修改和读写的可能性，减少了传统程序中对数据非法操作的测试。继承是面向对象程序的重要特点，继承使得代码的重用率提高，同时也使错误传播的概率提高。多态使得面向对象程序对外呈现出强大的处理能力，但同时却使得程序内“同一”函数的行为复杂化，测试时不得不考虑不同类型具体执行的代码和产生的行为。

面向对象程序是把功能的实现分布在类中。能正确实现功能的类，通过消息传递来协同实现设计要求的功能。正是这种面向对象程序风格，能将出现的错误精确地确定在某一具体的类。因此，在面向对象编程（OOP）阶段，忽略类功能实现的细节，将测试的目光集中在类功能的实现和相应的面向对象程序风格，主要包括以下两个方面（假设编程使用 C++语言）。

(1) 数据成员是否满足数据封装的要求

数据封装是数据和与数据有关的操作的集合。检查数据成员是否满足数据封装的要求，基本原则是数据成员是否被外界（数据成员所属的类或子类以外的调用）直接调用。更直观地说，当改变数据成员的结构时，是否影响了类的对外接口，是否会导致外界相应必须改动。值得注意的是，有时强制的类型转换会破坏数据的封装特性。例如：

```
class Hiden
{private:
int a=1;
char *p= "hiden";}
class Visible
{public:
int b=2;
```

```
char *s="visible";}
…
…
Hiden pp;
Visible *qq=(Visible *)&pp;
```

在上面的程序段中，pp 的数据成员可以通过 qq 被随意访问。

(2) 类是否实现了要求的功能

类所实现的功能，都是通过类的成员函数执行。在测试类的功能实现时，应该首先保证类成员函数的正确性。单独地看待类的成员函数，与面向过程程序中的函数或过程没有本质的区别，几乎所有传统的单元测试中所使用的方法，都可在面向对象的单元测试中使用。具体的测试方法在面向对象的单元测试中介绍。类函数成员的正确行为只是类能够实现要求的功能的基础，类成员函数间的作用和类之间的服务调用是单元测试无法确定的。因此，需要进行面向对象的集成测试。具体的测试方法在后面介绍。需要着重声明，测试类的功能，不能仅满足于代码能无错运行或被测试类提供的功能无错，还应该以所做的 OOD 结果为依据，检测类提供的功能是否满足设计的要求，是否有缺陷。必要时（如通过测试的 OOD 结果仍不清楚明确的地方）还应该参照 OOA 的结果。

3.2.5　面向对象的单元测试

传统的单元测试是针对程序的函数、过程或完成某一特定功能的程序块的测试。沿用单元测试的概念，实际测试类成员函数。一些传统的测试方法在面向对象的单元测试中都可以使用，如等价类划分法、因果图法、边界值分析法、逻辑覆盖法、路径分析法、程序插装法等。

用于单元级测试的测试分析（提出相应的测试要求）和测试用例（选择适当的输入，达到测试要求），规模和难度等均远小于后面将介绍的用于整个系统测试的分析和测试用例，而且强调对语句应该有 100% 的执行代码覆盖率。在设计测试用例选择输入数据时，可以基于以下两个假设：

(1) 如果函数（程序）对某一类输入中的一个数据正确执行，对同类中的其他输入也能正确执行。

(2) 如果函数（程序）对某一复杂度的输入正确执行，对更高复杂度的输入也能正确执行。例如需要选择字符串作为输入时，基于本假设，就无须计较字符串的长度。除非要求字符串的长度是固定的。

在面向对象程序中，类成员函数通常都很小，功能单一，函数间的调用频繁，容易出现一些不宜发现的错误。例如：

- if (write (fid, buffer, amount) == -1) error_out ();

该语句没有全面检查 write () 的返回值，断然假设了只有数据被完全写入和没有写入两种情况。如果测试也忽略了数据部分写入的情况的话，就给程序遗留了隐患。

● 按程序的设计，使用函数 strrchr () 查找最后的匹配字符，但程序中写成了函数 strchr ()，使程序功能实现时查找的是第一个匹配字符。

● 程序中将 if (strncmp (str1, str2, strlen (str1))) 误写成了 if (strncmp (str1, str2, strlen (str2)))。如果测试用例中使用的数据 str1 和 str2 长度一样，就无法检测出这一错误。

因此，在做测试分析和设计测试用例时，应该注意面向对象程序的这个特点，仔细地进行测试分析和设计测试用例，尤其是针对以函数返回值作为条件判断选择，以及字符串操作等情况。

面向对象编程的特性使得对成员函数的测试，又不完全等同于传统的函数或过程测试。尤其是继承特性和多态特性，使子类继承或重载的父类成员函数出现了传统测试中未遇见的问题。需要考虑以下两方面的问题：

(1) 继承的成员函数是否都不需要测试

对父类中已经测试过的成员函数，有两种情况需要在子类中重新测试：①继承的成员函数在子类中做了改动；②成员函数调用了改动过的成员函数的部分。

例如，假设父类 Bass 有两个成员函数：Inherited () 和 Redefined ()，子类 Derived 只对 Redefined () 做了改动。Derived::Redefined () 显然需要重新测试。对于 Derived::Inherited ()，如果它有调用 Redefined () 的语句（如：x = x/Redefined ()），就需要重新测试，反之，无此必要。

(2) 对父类的测试是否能照搬到子类

按照上面的假设，Base::Redefined () 和 Derived::Redefined () 是不同的成员函数，它们有不同的服务说明和执行。因此，照理应该对 Derived::Redefined () 重新进行测试分析和设计测试用例。但由于面向对象的继承使得两个函数有相似之处，故只需在 Base::Redefined () 的测试要求和测试用例上添加对 Derived::Redefined () 新的测试要求和增补相应的测试用例。

例如，Base::Redefined () 含有如下语句：

```
If (value<0) message ("less");
else if (value==0) message ("equal");
else message ("more");
```

Derived::Redefined () 中定义为：

```
If (value<0) message ("less");
else if (value==0) message ("It is equal");
else
{message ("more");
if (value==88) message ("luck");}
```

在原有的测试上，对 Derived：：Redefined（）的测试只需做如下改动：修改 value＝＝0 的测试期望结果；增加 value==88 的测试。

多态有几种不同的形式，如参数多态、包含多态、重载多态。包含多态和重载多态在面向对象语言中通常体现在子类与父类的继承关系上，对这两种多态的测试参见上述对父类成员函数继承和重载的论述。包含多态虽然使成员函数的参数可有多种类型，但通常只是增加了测试的复杂性。对具有包含多态的成员函数进行测试时，只需要在原有的测试分析基础上增加测试用例中输入数据的类型即可。

下面来测试这个类 refrigerator。

```
class refrigerator
{
public:
    void set_desired_temperature (int temp);
    int get_temperature ();
    void calibrate ();
private:
    int temperature;
};
```

set_desired_temperature 使温度保持在 5 度和 20 度之间。calibrate 使实际冰箱与各种冷却循环装置联系起来，并通过传感器读数调整冷却单元。

可以此制造出功能更强的新冰箱模型，其温度可以冷却到－5 度。better_refrigerator 类从 refrigerator 中导出。set_desired_temperature 能够接受更低的温度，calibrate 不变。显然，需要测试 better_refrigerator：：set_desired_temperature，因为它是新代码。问题是 better_refrigerator：：calibrate 也需要测试吗，是否可以假设其运行正常，因为在调用 refrigerator：：calibrate 时运行完全一样的代码。

不幸的是，这样做不行。假设 calibrate 一部分要靠用 temperature 除传感器读数进行控制。如果 temperature 是 0 会出现什么情况？在 better_refrigerator 中这是可能的。

3.2.6 面向对象的集成测试

传统的集成测试，是由底向上或自顶向下通过集成完成的功能模块进行测试，一般可以在部分程序编译完成的情况下进行。而对于面向对象程序，相互调用的功能是散布在程序的不同类中，类通过消息相互作用请求和提供服务。类的行为与它的状态密切相关，状态不仅仅体现在类数据成员的值上，而且还包括其他类中的状态信息。由此可见，类相互依赖得极其紧密，根本无法在编译不完全的程序上对类进行测试。所以，面向对象的集成测试通常需要在整个程序编译完成后进行。此外，面向对象程序具有动态特性，程序的控制流往往无法确定，因此通常的集成测试也只是对编译后的整个程序做基于黑盒方法的集成测试。

面向对象的集成测试能够检测出相对独立的单元测试无法检测出的那些类相互作用时才会产生的错误。基于单元测试对成员函数行为正确性的保证，集成测试只关注于系统的结构和内部的相互作用。面向对象的集成测试可以分成两步进行：①静态测试，②动态测试。

静态测试主要针对程序的结构进行，检测程序结构是否符合设计要求。现在流行的一些测试软件都能提供一种称为“逆向工程”的功能，即通过原程序得到类关系图和函数功能调用关系图，例如 International Software Automation 公司的 Panorama－2 for Windows95，Rational 公司的 Rose C++ Analyzer 和北京航空航天大学软件工程研究所的 QESAT C++/JAVA 等，将“逆向工程”得到的结果与 OOD 的结果相比较，检测程序结构和实现上是否有缺陷。换句话说，通过这种方法检测 OOP 是否达到了设计要求。

动态测试设计测试用例时，通常需要上述的功能调用结构图、类关系图或者实体关系图作为参考，确定不需要被重复测试的部分，从而优化测试用例设计，减少测试工作量，使得进行的测试能够达到一定覆盖标准。

具体设计测试用例，可参考下列步骤：

(1) 先选定检测的类，参考 OOD 分析结果，分析出类的状态和相应的行为，类或成员函数间传递的消息，输入或输出的界定等。

(2) 确定覆盖标准。

(3) 利用结构关系图确定待测类的所有关联。

(4) 根据程序中类的对象构造测试用例，确认使用什么输入激发类的状态、使用类的服务和期望产生什么行为等。

在设计测试用例时，不但要设计确认类功能满足的输入，还应该有意识地设计一些被禁止的例子，确认类是否有不合法的行为产生，如发送与类状态不相适应的消息，要求不适当的服务等。根据具体情况，动态地集成测试，有时也可以通过系统测试完成。

3.2.7 面向对象的系统测试

通过单元测试和集成测试，仅能保证软件开发的功能得以实现，但不能确认在实际运行时，它是否满足用户的需要，是否存在大量实际使用条件下会被诱发产生错误的隐患。为此，完成开发的软件必须经过规范的系统测试。换个角度说，开发完成的软件仅仅是实际投入使用的系统的一个组成部分，需要测试它与系统其他部分配套运行的表现，以保证其在系统各部分协调工作的环境下也能正常工作。

系统测试应该尽量搭建与用户实际使用环境相同的测试平台，应该保证被测系统的完整性，对临时没有的系统设备部件，也应有相应的模拟手段。系统测试时，应该参考 OOA 分析的结果，对应描述的对象、属性和各种服务，检测软件是否能够完全“再现”问题空间。系统测试不仅是检测软件的整体行为表现，从另一个侧面看，也是对软件开发设计的再确认。

系统测试的具体测试内容包括：

（1）功能测试：测试是否满足开发要求，是否能够提供设计所描述的功能，是否用户的需求都得到满足。功能测试是系统测试最常用的和必需的测试，通常还会以正式的软件说明书为测试标准。

（2）强度测试：测试系统的能力最高实际限度，即软件在一些超负荷的情况下，功能的实现情况。如要求软件某一行为的大量重复、输入大量的数据或大数值数据、对数据库大量复杂的查询等。

（3）性能测试：测试软件的运行性能。这种测试常常与强度测试结合进行，需要事先对被测软件提出性能指标，如传输连接的最长时限、传输的错误率、计算的精度、记录的精度、响应的时限和恢复时限等。

（4）安全测试：验证安装在系统内的保护机构确实能够对系统进行保护，使之不受各种异常的干扰。安全测试时需要设计一些测试用例，试图突破系统的安全保密措施，检验系统是否有安全保密的漏洞。

（5）恢复测试：采用人工的干扰使软件出错，中断使用，检测系统，特别是通信系统的恢复能力。进行恢复测试时，应该参考性能测试的相关测试指标。

（6）可用性测试：测试用户是否能够满意地使用。具体体现为操作是否方便，用户界面是否友好等。

（7）安装/卸载测试。

（8）其他测试。

本章小结

本章首先讨论了传统的结构化系统测试技术中关于人工测试、黑盒测试、白盒测试等的主流技术，然后介绍了面向对象系统的测试技术的基本概念和方法。本章概念较多、难点也不少，希望大家能够用心学习并掌握。

本章配有5讲课程录像：

第6讲　人工测试技术

第7讲　黑盒测试技术

第8讲　黑盒测试实验

第9讲　白盒测试技术（1）

第10讲　白盒测试技术（2）

✍ 习　题

1. 人工测试有什么作用？是否可以完全用机器测试代替人工测试？

2. 什么是 α 和 β 测试？它们主要应用于软件测试过程的哪个阶段？分别由谁来完成 α 和 β 测试？

3. 黑盒测试的主要目的是什么？黑盒测试主要应用于软件测试过程的哪个阶段？

4. 黑盒测试中测试用例的设计方法有哪几种？各自的特点是什么？

5. 白盒测试中都有哪几种覆盖方法？各自的作用是什么？

第 4 章 Web 信息系统测试方法

本章导读

[内容简介]

本章介绍基于 Web 的信息系统的特点和基本测试技术，以及 Web 信息系统安全检测等方面的内容。

具体内容包括：

Web 信息系统测试技术

- 功能测试
- 性能测试
- 可用性测试
- 安全性测试
- 客户端兼容性测试
- 接口测试

Web 信息系统安全检测

- 入侵检测
- 漏洞扫描

Web 信息系统安全策略

- 物理安全策略
- 访问控制策略
- 信息加密策略
- 安全管理策略

[学习目标]

1. 了解 Web 信息系统的概念和特点；
2. 掌握 Web 信息系统测试的基本技术和方法；
3. 了解网络安全测试和性能测试的知识。

4.1　Web 信息系统的特点

4.1.1　Web 信息系统的概念

目前市场上绝大多数信息系统都是采用 B－S 结构，也就是说，大量的信息系统实际上都是一种基于 Web 的应用信息系统。因此在下面，我们就只对通用的 Web 应用系统进行讨论。

Web 应用系统交付一组复杂的内容和功能给大量的终端用户。简单地说，就是在一台服务器上运行 Web 应用的服务器端程序，从而使与服务器建立连接的所有客户机都能共享使用 Web 应用系统提供的内容和功能。

Web 测试是用于测试高质量 Web 应用系统的过程。它不是软件测试或是系统测试的完全克隆，但是，它借用了许多软件测试和系统测试的概念和原理。

4.1.2　Web 信息系统的特点

绝大多数 Web 应用系统都可能拥有下列 6 种属性：

1. 网络集约性

就本质而言，一个 Web 应用系统是网络集约的。它可以驻留在网络上，并且服务于变化多样的客户群的需要。例如时下流行的网络游戏或者网络聊天器。它们都可以看成一个完善的大型 Web 应用系统，服务于各种客户群，但其本身只需要一个服务器端，用各式各样的客户端满足不同要求的客户。

2. 内容驱动性

一般来说，Web 应用系统不是为了某个或某些特定用户量身定做的，它们一般都拥有一个广大的服务群体，其服务的内容，往往由这些群体的要求所决定。在大多数情况下，一个 Web 应用系统的主要功能是使用 HTML（超文本标记语言）来表示文本、图形、音频、视频内容给终端用户。

3. 持续演化性

不同于传统的、按一系列规律发布进行演化的应用软件（如微软每隔 1～2 年发布新的 Office 办公软件），Web 应用系统一般是采取持续演化的模式。对于某些 Web 应用而言，以小时为单位进行更新都是司空见惯的。

4. 即时性

Web 应用系统具有其他任何软件类型都没有的即时性，或者称为快速性。对于某些较大规模的 Web 应用系统，开发时间往往也只有几周或者几天，适度复杂的 Web 页面可以仅在几小时内完成。这要求开发者必须十分熟练开发 Web 应用所需的压缩时间进度的规划、分析、实现以及测试方法。

5. 安全性

Web 应用系统通过网络访问，为了提高系统效率，需要限制访问终端的用户的数量。为了保护敏感内容，必须提供安全的数据传输模式。因此要求 Web 应用系统必须有一定的安全性保障。

6. 美观性

良好的观感会使一个 Web 应用系统锦上添花。在某种应用已经被市场广泛接受或者定义为标准时，美观性可能和技术一样，在同样程度上影响该应用的成功。

在上述六种特性中，即时性无疑占据核心地位。但不能仅仅为了快速完成任务，就开发出一个糟糕的 Web 应用系统。一个好的 Web 应用系统需要满足各方面的要求。

4.2 Web 信息系统测试技术

系统测试（System Test）倾向于把整个系统作为一个整体来查找问题，对于 Web 应用系统而言，需要弄清 Web 服务作为系统的一部分怎样运作，以及 Web 服务相互之间如何交互。由于系统测试是在软件开发生命周期快结束时才进行，所以通常不能给它分配足够的时间来完成。又因为紧张的软件发布日程安排以及开发的各个重要阶段的后移，系统测试阶段经常被忽略，并且一些通常都可以发现的、少见的错误都不能被检测到。即使发现了这种错误，这时也来不及确定错误的原因并设法修复它们了。因此，在查找代码错误时，必须把系统测试应用设计得尽可能高效。

Web 应用系统测试通常由下列部分组成：功能测试、性能测试、可用性测试、安全性测试、系统兼容性测试和接口测试。

4.2.1 功能测试

功能测试包括以下内容：链接测试、表单测试、数据校验、Cookies 测试、数据库测试、应用程序特定的功能需求测试以及设计语言测试。

1. 链接测试

链接是 Web 应用系统的一个主要特征，它是在页面之间切换和引导用户去一些未知地址页面的主要手段。链接测试可分为三个方面：首先，测试所有链接是否按指示的那样确实链接到了应该链接的页面；其次，测试所链接的页面是否存在；最后，保证 Web 应用系统上没有孤立的页面。所谓孤立页面是指没有链接指向该页面，只有知道正确的 URL 地址才能访问。

链接测试可以自动进行，现在已经有许多工具可以采用。链接测试必须在集成测试阶段完成，也就是说，在整个 Web 应用系统的所有页面开发完成之后进行链接测试。

采取的措施：采用自动检测网站链接的软件来进行。

可以选择使用的软件：

- Xenu Link Sleuth 免费绿色免安装软件
- HTML Link Validator 共享（30 天试用）

2. 表单测试

当用户通过表单提交信息的时候，都希望表单能正常工作。

如果使用表单来进行在线注册，要确保提交按钮能正常工作，当注册完成后应返回注册成功的消息。如果使用表单收集配送信息，应确保系统能够正确处理这些数据，最后能让顾客收到数据包。要测试这些程序，需要验证服务器能正确保存这些数据，而且后台运行的程序能正确解释和使用这些信息。

当用户使用表单进行用户注册、登录、信息提交等操作时，我们必须测试提交操作的完整性，以校验提交给服务器的信息的正确性。例如：用户填写的出生日期与职业是否恰当，填写的所属省份与所在城市是否匹配等。如果使用了默认值，还要检验默认值的正确性。如果表单某个字段只能接受指定的某些值，则对这个字段也要进行测试。例如：某个字段只能接受某些特定字符，测试时可以跳过这些字符，看系统是否会报错。

3. 数据校验

如果系统根据业务规则，需要对用户输入进行校验，则要保证这些校验功能正常工作。例如，省份的字段可以用一个有效列表进行校验。在这种情况下，需要验证列表完整而且程序正确调用了该列表（例如在列表中添加一个测试值，确定系统能够接受这个测试值）。在测试表单时，数据校验测试和表单测试可能会有一些重复。

采取的措施：第一个完整的版本采用手动检查，同时利用 WinRunner 工具形成 WinRunner（QTP）脚本；在回归测试以及升级版本测试时主要依靠 WinRunner（QTP）自动回放测试。

可以选择使用的软件：WinRunner。

4. Cookies 测试

Cookies 通常用来存储用户信息和用户在某些应用系统上的操作序列，当一个用户使用 Cookies 访问了某一个应用系统时，Web 服务器将发送关于用户的信息，并把该信息以 Cookies 的形式存储在客户端计算机上，这可用来创建动态和自定义页面或者存储登录等信息。

如果 Web 应用系统使用了 Cookies，就必须检查 Cookies 是否能正常工作。测试的内容可包括 Cookies 是否起作用，是否按预定的时间进行保存，刷新对 Cookies 有什么影响等。如果在 Cookies 中保存了注册信息，应确认该 Cookie 能够正常工作而且已对这些信息进行加密。如果使用 Cookies 来统计次数，需要验证次数累计正确。

采取的措施：采用黑盒测试，用上面提到的方法进行测试。

可以选择使用的软件：

- IECookiesView v1.50
- Cookies Manager v1.1

5. 数据库测试

在 Web 应用技术中，数据库起着重要的作用，数据库为 Web 应用系统的管理、运行、查询和实现用户对数据存储的请求等提供空间。在 Web 应用中，最常用的数据库类型是关系型数据库，可以使用 SQL 对信息进行处理。

在使用了数据库的 Web 应用系统中，一般情况下，可能发生两种错误，分别是数据一致性错误和输出错误。数据一致性错误主要是由于用户提交的表单信息不正确而造成的，而输出错误主要是由于网络传输速度或程序设计问题等引起的。针对这两种情况，可分别进行测试。

6. 应用程序特定的功能需求测试

最重要的是，测试人员需要对应用程序特定的功能需求进行验证。尝试用户可能进行的所有操作：下订单、更改订单、取消订单、核对订单状态、在货物发送之前更改送货信息、在线支付等等。这是用户之所以使用网站的原因，一定要确认网站能像产品广告宣传那样工作。

采取的措施：深刻理解需求说明文档。

7. 设计语言测试

Web 设计语言版本的差异可以引起客户端或服务器端严重的问题，例如使用的 HTML 版本等。当在分布式环境中开发时，开发人员都不在一起，这个问题就显得尤为重要。除了 HTML 的版本问题外，使用不同的脚本语言，例如 Java，JavaScript，ActiveX，VBScript 或 Perl 等开发的应用程序也要在不同的版本上进行验证。

4.2.2 性能测试

性能测试包括以下内容：压力测试、连接速度测试和负载测试。

1. 压力测试

Web 服务处于分布式计算的核心位置，它们之间的交互通常很难测试。分布式开发、大型的开发者团队以及对代码日益组件化的期望都有可能使 Web 服务的开发变得越来越容易隐藏错误。这些类型的错误极难测试出来。压力测试是检测这类代码错误的一种有效方法，但是只有在压力测试系统设计得比较有效的情况下才能发挥作用。

在设计对 Web 服务进行压力测试的测试系统时，要让它们以某种特定的方式运行代码。这种做法超越了功能验证，目的是要弄清楚被测试的 Web 服务是不是不仅能做我们认为它能做的事，而且在被施加了某些高强度压力的情况下仍然继续正常运行。压力测试必须对 Web 服务应用以下四个基本条件进行有效的压力测试。

重复（Repetition）：测试的重复就是一遍又一遍地执行某个操作或功能，比如重复调用一个 Web 服务，确定一个操作能否正常执行，并且能否在每次执行时都正常。

并发（Concurrency）：并发是同时执行多个操作的行为。换句话说，就是在同一时间执行多个测试，例如在同一个服务器上同时调用许多 Web 服务。

量级（Magnitude）：压力测试系统应该应用于产品的另一个条件，需要考虑每个操作中的负载量。压力测试可以重复执行一个操作，但是操作自身也要尽量给产品增加负担。例如，改变数据的大小、改变时间延迟的长度、资金数量的转移、输入速度以及输入的变化等等。

随机变化：任何压力系统都多多少少具有一些随机性。随机使用前面的压力原则中介绍的无数变化形式，就能够在每次测试运行时应用许多不同的代码路径。

表 4－1 所示是一种压力测试用例的参考模板。

表 4－1　压力测试用例参考模板

1. 被测试对象的介绍
2. 测试范围与目的
3. 测试环境与测试辅导工具的描述
4. 测试驱动程序的设计
5. 压力测试用例

<table>
<tr><td>极限名称 A</td><td colspan="2">如“最大并发用户数量”</td></tr>
<tr><td>前提条件</td><td colspan="2"></td></tr>
<tr><td>输入/动作</td><td>输出/响应</td><td>是否能正常运行</td></tr>
<tr><td>如 10 个用户并发操作</td><td></td><td></td></tr>
<tr><td>如 20 个用户并发操作</td><td></td><td></td></tr>
</table>

……

下面介绍一个压力测试实例。

（1）测试名称

测试名称为“某公司人员管理信息系统测试”。

（2）测试对象

本测试中的压力测试是指模拟某公司人员管理信息系统实际应用的软硬件环境及用户使用过程的系统负荷，通过长时间运行被测软件来测试被测系统的可靠性，同时还要测试被测系统的响应时间。

不被测试的特性：系统的客户端应用程序的内部功能；数据库中的数据量对程序性能的影响。

用户的实际使用环境：由四台 IBM XSeries250 PC Server 组成的 Microsoft Cluster；数据库管理系统采用 Oracle8.1.6；应用服务器程序和数据库管理系统同时运行在 Microsoft Cluster 上；有 100 个用户使用客户端软件进行业务处理，每年通过软件进行处理的总业务量为 50 万笔。

（3）测试计划

①测试压力估算

测试压力估算时采用如下原则：全年的业务量集中在8个月完成，每个月20个工作日，每个工作日8个小时；采用80—20原理，每个工作日中80%的业务在20%的时间内完成，即每天80%的业务在1.6小时内完成。

测试压力的估算结果：去年全年处理业务约100万笔，其中在15%的业务处理中，每笔业务需对应用服务器提交7次请求；在70%的业务处理中，每笔业务需对应用服务器提交5次请求；其余15%的业务处理中，每笔业务向应用服务器提交3次请求。根据以往的统计结果，每年的业务增量为15%，考虑到今后三年业务发展的需要，测试需按现有业务量的2倍进行。

则经过估算后的测试压力结果为：

每年总的请求数量为：(100×15%×7+100×70%×5+100×15%×3)×2万次/年=300万次/年。

每天的请求数量为：(300/160) 万次/天=1.875万次/天。

每秒的请求数量为：[(18 750×80%) / (8×20%×3 600)] 次/秒=2.60次/秒。

正常情况下，应用服务器处理请求的能力应达到：3次/秒。

②测试环境准备

网络环境：以太网，与客户端的连接设备为10/100M自适应网卡。

四台IBM XSeries250，1G内存PC Server作Microsoft Cluster，安装系统软件Windows 2000 Advance Server及Microsoft Cluster Server (MSCS)。

数据库管理系统的安装及配置：在测试用的IBM XSeries服务器上安装Oracle8.1.6，数据库采用Oracle Fail Safe的Active/Passive配置。安装数据库管理系统及支撑软件（包括VisioBroker和BDE Administrator)。

客户端的PC机：10台 (PIV 1.9/256M RAM)。

③破坏性测试

按照设计连接的客户端连接数量进行测试，把应用服务器处理请求的设计频度增加1～10倍，分别测试出现错误的状态和出现错误的比率，考察是否出现不可恢复错误，系统设计要考虑出现严重错误情况下负载减轻后错误自动恢复的实现方法。

在测试过程中每10分钟记录一次IBM XSeries PC Server的内存及CPU使用情况，包括被测程序的内存占用百分比、数据库管理系统的内存占用百分比、操作系统的内存占用百分比。

④测试方法和工具

测试方法：黑盒测试。

测试工具：无外购的测试工具，自己编制测试工具。

⑤测试总结报告

测试总结报告中必须包含下列内容：

- 被测试软件名称、测试项、测试环境；
- 被测试软件的压力测试结论：响应时间、最大/最小并发数、失败的次数、正常连续运行的最长/最短时间，并发数与失败的关系。

2. 连接速度测试

用户连接到 Web 应用系统的速度根据上网方式的不同而变化，他们可能是电话拨号，或是宽带上网。当下载一个程序时，用户可以等较长的时间，但如果仅仅访问一个页面就不会这样。如果 Web 系统响应时间太长（例如超过五秒钟），用户就会因失去耐心而离开。

另外，有些页面有超时的限制，如果响应速度太慢，用户可能还没来得及浏览内容，就需要重新登录了。而且，如果连接速度太慢，还可能引起数据丢失，使用户得不到真实的页面。

3. 负载测试

负载测试是为了测量 Web 系统在某一负载级别上的性能，以保证 Web 系统在需求范围内能正常工作。负载级别可以是某个时刻同时访问 Web 系统的用户数量，也可以是在线数据处理的数量。例如：Web 应用系统最多能允许多少个用户同时在线？如果超过了这个数量，会出现什么现象？Web 应用系统能否处理大量用户同时对同一个页面的请求？

4.2.3　可用性测试

可用性测试包括以下内容：导航测试、图形测试、内容测试和整体界面测试。

1. 导航测试

在不同的用户接口控制之间，例如按钮、对话框、列表和窗口等，或在不同的连接页面之间，导航描述了用户在一个页面内操作的方式。通过考虑下列问题，可以决定一个 Web 应用系统是否易于导航：导航是否直观？Web 系统的主要部分是否可以通过主页访问？Web 系统是否需要站点地图、搜索引擎或其他的导航器帮助？

在一个页面上放置太多的信息往往会起到与预期相反的效果。Web 应用系统的用户趋向于目的驱动，他们很快地扫描一个 Web 应用系统，看是否有满足自己需要的信息，如果没有，就会很快地离开。很少有用户愿意花时间去熟悉 Web 应用系统的结构。因此，Web 应用系统的导航帮助信息要尽可能地准确。

导航的另一个重要方面是 Web 应用系统的页面结构、导航条、菜单、连接的风格是否一致。确保用户凭直觉就知道 Web 应用系统里面是否还有内容，内容在什么地方。Web 应用系统的层次一旦决定，就要着手测试用户导航功能。如果能让最终用户参与这种测试，效果将更加明显。

2. 图形测试

在 Web 应用系统中，适当的图片和动画既能起到广告宣传的作用，又有美化页面的功能。一个 Web 应用系统的图形可以包括图片、动画、边框、颜色、字体、背景、按钮等。图形测试的主要内容有：

(1) 要确保图形有明确的用途，图片或动画不要胡乱地堆在一起，以免浪费传输时间。Web 应用系统的图片尺寸要尽量地小，并且要能清楚地说明某件事情，一般都链接到某个具体的页面。

(2) 验证所有页面字体的风格是否一致。

(3) 背景颜色应该与字体颜色和前景颜色相搭配。

(4) 图片的大小和质量也是一个很重要的因素，一般采用JPG或GIF压缩。

3. 内容测试

内容测试用来检验Web应用系统提供信息的正确性、准确性和相关性。

信息的正确性是指信息是可靠的还是误传的。例如，在商品价格列表中，错误的价格可能引起财政问题，甚至导致法律纠纷。信息的准确性是指是否有语法或拼写错误。这种测试通常使用一些文字处理软件来进行，例如使用Microsoft Word的“拼音与语法检查”功能。信息的相关性是指是否可以在当前页面找到与当前浏览信息相关的信息列表或入口。例如，在查找文章时，在一般Web站点中的所谓“相关文章列表”。

4. 整体界面测试

整体界面是指整个Web应用系统的页面结构设计，是给系统用户的一个整体感受。例如，当用户浏览Web应用系统时是否感到舒适？是否凭直觉就知道要找的信息在什么地方？整个Web应用系统的设计风格是否一致？

对整体界面的测试过程，其实是一个对最终用户进行调查的过程。一般Web应用系统采取在主页上做一个调查问卷的形式，来得到最终用户的反馈信息。对所有的可用性测试来说，都需要有外部人员（与Web应用系统开发没有联系或联系很少的人员）的参与，最好是有最终用户参加。

表4-2所示是一个可用性测试用例的参考模板。

表4-2 可用性测试用例参考模板

1. 被测试对象的介绍
2. 测试范围与目的
3. 测试环境与测试辅导工具的描述
4. 测试驱动程序的设计
5. 性能测试用例列表

性能A描述		
用例目的		
前提条件		
输入数据	期望的性能（平均值）	实际性能（平均值）
性能B描述		
……		

……

4.2.4　安全性测试

即使站点不接受信用卡支付，安全问题也是非常重要的。Web 站点收集的用户资料只能在公司内部使用。如果用户信息被黑客泄露，客户在进行交易时，就不会有安全感。

安全性测试包括以下内容：目录设置测试、SSL 测试、登录验证测试、日志文件测试和脚本语言测试。

1. 目录设置

Web 安全的第一步就是正确设置目录。每个目录下应该有 index.html 或 main.html 页面，这样就不会显示该目录下的所有内容。

例如，在某个公司的页面设计中没有执行这条规则，当选中一幅图片并单击鼠标右键，可以找到该图片所在的路径"…com/objects/images"。这时，如果在浏览器地址栏中手工输入该路径，就可以发现该站点所有图片的列表。当进入上一级目录"…com/objects"，点击某个目录，如"jackpot"。就会发现，在该目录下有很多资料，其中包括很多已过期页面。如果该公司每个月都要更改产品价格，并且保存过期页面，通过翻看这些记录，就可以估计他们的实际利润以及他们为了争取一个合同还有多大的降价空间。如果某个客户在谈判之前查看了这些信息，他在谈判桌上肯定处于上风。

2. SSL（Secure Socket Layer，安全套接层协议）

SSL 能使用户/服务器应用之间的通信不被攻击者窃听，并且始终对服务器进行认证，还可选择对用户进行认证。SSL 协议建立在可靠的传输层协议（TCP）之上，而与应用层协议无关。应用层协议（例如：HTTP，FTP，TELNET 等）通常能透明地建立于 SSL 协议之上。SSL 协议在应用层协议通信之前就已经完成加密算法、通信密钥的协商及服务器认证工作。在此之后应用层协议所传送的数据都会被加密，从而保证通信的私密性。

很多站点使用 SSL 进行安全传送。如果你进入一个 SSL 站点，浏览器就会出现警告消息，而且在地址栏中的 HTTP 变成 HTTPS。如果开发部门使用了 SSL，测试人员需要确定是否有相应的替代页面（这些页面适用于 3.0 以下版本的浏览器，因为这些浏览器不支持 SSL）。当用户进入或离开安全站点的时候，请确认有相应的提示信息，是否有连接时间限制，超过限制时间后出现什么情况。

3. 登录验证

有些站点需要用户进行登录，以验证他们的身份。这样对用户是方便的，他们不需要每次都输入个人资料。你需要验证系统阻止非法的用户和非法的口令登录，而能够通过合法的登录。用户登录是否有次数限制？是否限制从某些 IP 地址登录？如果允许登录失败的次数为 3，你在第三次登录的时候输入正确的用户名和口令，能通过验证吗？口令选择有规则限制吗？是否可以不登录而直接浏览某个页面？

Web 应用系统是否有超时的限制？也就是说，用户登录后在一定时间内（例如 15 分

钟）没有点击任何页面，是否需要重新登录才能正常使用？

4. 日志文件

在 Web 应用系统后台，要注意验证服务器日志工作正常。日志是否能够记录所有的事务处理？是否记录失败的注册或登录信息？是否记录被盗信用卡的使用？是否在每次事务完成的时候都进行保存？是否记录 IP 地址？是否记录用户名？等等。

5. 脚本语言

脚本语言是常见的安全隐患，每种语言的细节有所不同，有些脚本允许访问根目录，其他的脚本只允许访问邮件服务器。但是，经验丰富的黑客可以将服务器用户名和口令发送给他们自己，找出站点使用了哪些脚本语言，并研究该语言的缺陷。在测试中，还需要测试没有经过授权，就不能在服务器端放置和编辑脚本的问题。

表 4－3 所示是一个安全性测试用例的参考模板。

表 4－3 安全性测试用例参考模板

1. 被测试对象的介绍
2. 测试范围与目的
3. 测试环境与测试辅导工具的描述
4. 测试驱动程序的设计
5. 信息安全性测试用例

假想目标 A		
前提条件		
非法入侵手段	是否实现目标	代价—利益分析
……		

……

4.2.5 客户端兼容性测试

客户端兼容性测试包括以下内容：平台测试、浏览器测试、分辨率测试、连接速率测试、打印机测试和组合测试。

1. 平台测试

市场上有很多不同的操作系统类型，最常见的有 Windows，Unix，Macintosh，Linux 等。Web 应用系统的最终用户究竟使用哪一种操作系统，取决于用户系统的配置。这样就可能会发生兼容性问题，同一个应用在某些操作系统下能正常运行，但在另外的操作系统下可能会运行失败。因此，在 Web 系统发布之前，需要在各种操作系统下对 Web 系统进行兼容性测试。

2. 浏览器测试

浏览器是 Web 系统客户端最核心的软件，来自不同厂商的浏览器对 Java，JavaScript，ActiveX，plug-ins 或不同的 HTML 有不同的支持。例如，ActiveX 是微软公司的产品，是为 Internet Explorer 而设计的，JavaScript 是 Netscape 的产品，Java 是 Sun 的产品等等。另外，框架和层次结构风格在不同的浏览器中也有不同的显示，甚至根本不能显示。不同的浏览器对安全性和 Java 的设置也不一样。

测试浏览器兼容性的一个方法是创建一个兼容性矩阵，如表 4-4 所示。在这个矩阵中，可测试不同厂商、不同版本的浏览器对某些构件和设置的适应性。

表 4-4 浏览器兼容性测试

	Applets	JavaScript	Actives	VBScript
IE 5.X				
IE 6.X				
Netscape Navigator 5.X				
Netscape Navigator 6.X				

3. 分辨率测试

页面版式在 640×400、600×800 或 1 024×768 的分辨率模式下是否显示正常？字体是否太小以至于无法浏览，或者是太大？文本和图片是否对齐？

4. 连接速率测试

是否有这种情况，用户使用 28.8k 调制解调器下载一个页面需要 10 分钟，但测试人员在测试的时候使用的是 T1 专线？用户在下载文章或进行演示的时候，可能会有耐心等待比较长的时间，但却不会耐心等待首页的出现。

5. 打印机测试

用户可能会将网页打印下来。因此网页在设计的时候要考虑到打印问题，注意节约纸张和油墨。有不少用户喜欢把网页打印下来阅读而不是盯着屏幕，因此需要验证网页打印是否正常。有时在屏幕上显示的图片和文本的对齐方式可能与打印出来的东西不一样。测试人员至少需要确认页面打印是正常的。

6. 组合测试

最后需要进行组合测试。600×800 的分辨率在 MAC 机上可能挺好，但是在 IBM 兼容机上却很难看。在 IBM 机器上使用 Netscape 能正常显示，但却无法使用 Lynx 来浏览。如果是内部使用的 Web 站点，测试可能会轻松一些。如果公司指定使用某个类型的浏览器，那么只需在该浏览器上进行测试。如果所有的人都使用 T1 专线，可能不需要测试下载、上载。有些内部应用程序，开发部门可能在系统需求中声明不支持某些系统而只支持那些已设置的系统。但是，理想的情况是，系统能在所有机器上运行，这样就不会限制产品将来的发展和升级。

采取措施：根据实际情况，采取等价类划分的方法，列出兼容性矩阵。

4.2.6 接口测试

在很多情况下，Web站点不是孤立的。Web站点可能会与外部服务器通信，请求数据、验证数据或提交订单。

接口测试包括以下内容：服务器接口，外部接口和错误处理。

1. 服务器接口

第一个需要测试的接口是浏览器与服务器的接口。测试人员提交事务，然后查看服务器记录，并验证在浏览器上看到的正好是服务器上发生的。测试人员还可以查询数据库，确认事务数据已正确保存相关信息。

这种测试可以归到功能测试中的表单测试和数据校验测试中。

2. 外部接口

有些Web系统有外部接口。例如，网上商店可能要实时验证信用卡数据以减少欺诈行为的发生。测试的时候，要使用Web接口发送一些事务数据，分别对有效信用卡、无效信用卡和被盗信用卡进行验证。如果商店只限制使用Visa卡和Mastercard卡，可以尝试使用Discover卡的数据。通常，测试人员需要确认软件能够处理外部服务器返回的所有可能的消息。

3. 错误处理

最容易被测试人员忽略的地方是接口错误处理。通常我们试图确认系统能够处理所有错误，但却无法预期系统所有可能的错误。尝试在处理过程中中断事务，看看会发生什么情况。订单是否完成？尝试中断用户到服务器的网络连接。尝试中断Web服务器到信用卡验证服务器的连接。在这些情况下，系统能否正确处理这些错误？是否已对信用卡进行收费？如果用户自己中断事务处理，在订单已保存而用户没有返回网站确认的时候，需要由客户代表致电用户进行订单确认。

采取措施：在理解需求的基础上，充分发挥想像力，尽量比较全面地列出各种异常情况。

4.2.7 性能测试实例

我们以某公司管理信息系统中的邮件子系统为例来介绍性能测试。该邮件子系统的功能是：①为公司内部每位员工设立独立账号；②方便公司员工收发邮件；③保障邮件系统消息的及时传递等。

1. 测试内容、测试工具及测试策略

(1) 测试内容

主要进行性能测试，分为压力测试和负载测试两个部分。

压力测试：

压力测试可以看做是一种极限情况下的负载测试，它的目的是通过给系统加载一个瓶颈负载，来获得系统能提供的最大级别服务，以及观察在此级别下系统的性能。因此压力测试的各项内容与负载测试相同，只是其加载的负载要远远大于普通的负载测试，或者说压力测试的目标是测试负载测试所能达到的极限点。此外，压力测试还有一项内容：在确定系统所能达到的最大负载后，需要在此负载下进行长时间的持续测试，其目的是确定系统所能承受的最长稳定运行时间。

负载测试：

在本地（内网）和远程（外网）两种邮件投递/转发情况下，对 SMTP Server，POP3/iMAP Server，Web Mail Server 加载各种级别的负载，获取各项性能指标，并对测试结果进行分析。

多账号测试：使用测试工具，在每个域里模拟建立 100 个用户账号，一共 600 个用户账号。测试时，本地和远程服务器的用户之间相互发送邮件，占总数的 90%。同时，每台服务器内部的用户之间互发邮件，占总数的 10%。

多域测试：在模拟的本地和远程服务器上分别指定多个域名（如 6 个），在此多个域名中进行收发邮件测试，对 SMTP Server，POP3/iMAP Server，Web Mail Server 加载各种级别的负载，获取各项性能指标，并对测试结果进行分析。

(2) 测试工具

功能测试：Mercury Interactive 公司的 Winrunner。

负载测试：Mercury Interactive 公司的 Loadrunner。

压力测试：MS WAS。

测试管理工具：北京航空航天大学软件工程研究所开发的测试过程管理工具 QESuite。

(3) 测试策略

为了使测试环境和测试模型尽可能真实地模拟实际邮件系统的运行情况，我们在测试方法上做以下考虑。第一，采用三台服务器建立的邮件系统。其中一台服务器只有本地投递而没有远程投递的情况，对邮件系统的压力不大，而用户实际的使用肯定会包括远程投递的情况，因此我们进行了三台服务器的邮件系统测试。第二，采用多域测试。三台服务器分别配置独立的 DNS 服务器，并指定多域名（6 个域名）。第三，采用多账号测试。在每个域里模拟建立 600 个用户账号，一共 3 600 个用户账号。测试时，本地和远程（模拟 Internet）服务器的用户之间相互发送邮件，占总数的 50%，同时，三台服务器内部的用户之间互发邮件，占总数的 50%。第四，发送邮件大小满足一定分布。发送邮件大小分别为：20K，50K，200K，1.44M，6M，10M。

2. 测试环境

(1) 系统结构

邮件系统整个软硬件结构如图 4-1 所示。测试时，两台配置相同的邮件服务器经由路由器连接，模拟内网和外网，充当本地/远程邮件转发服务器。每台服务器建立 6 个域，使用 Loadrunner 模拟在每个域建立 100 个虚拟用户账号，共 600 个虚拟用户账号。邮件既有 3 台服务器之间相互发送的情况，也有每台服务器内部账号间发送的情况。其中，本地和远程服务器的用户之间相互发送邮件，占总数的 50%，同时，每台服务器内部的用户之间互发邮件，占总数的 50%。

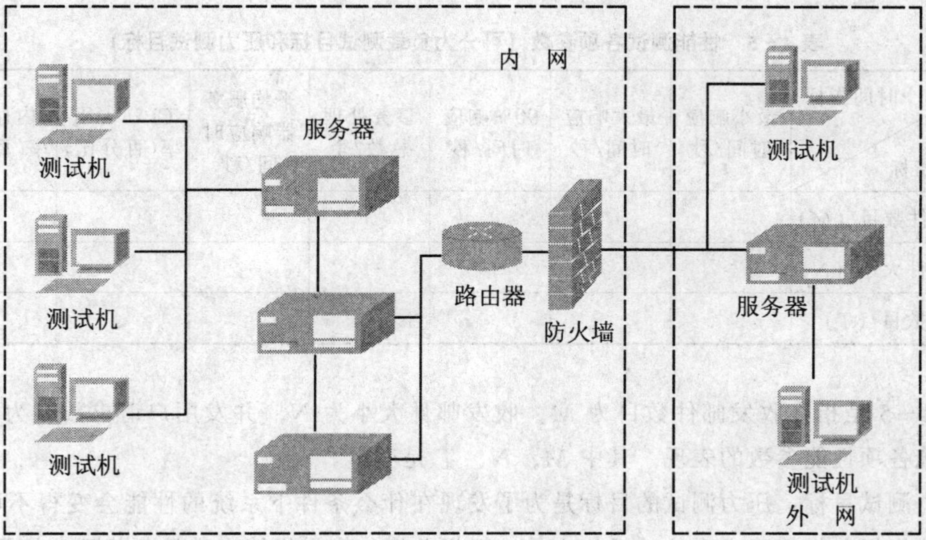

图 4-1 邮件系统结构

(2) 环境配置

硬件环境：

CPU：P4 1.8G 以上，RAM：1 024MB，硬盘：100GB。

网络带宽：

SCSI 或 IDE 的传输速率和磁盘读写速度：7 200 转/分钟。

网络适配器最大吞吐量：10/100M。

软件环境：

OS：WinNT

负载测试工具：Loadrunner 8.0

压力测试工具：MS WAS

功能测试工具：Winrunner 7.0

LDAP 协议：

NAV 网关：Norton Antivirus 2003 Professional

3. 测试目标

(1) 总体目标

找出该邮件子系统收发邮件容量、数据流量、最大并发用户、正常功能等方面的缺陷；对测试结果进行收集，分析缺陷原因，提交测试总结报告，供系统进行 Bug 修改。

(2) 具体测试目标

确定系统的并发处理能力、处理效率和稳定运行的时间长度，以及在各种负载情况下服务器的性能参数（CPU 占用率、内存占用百分比等）。表 4－5 所示为各项性能测试参数。

表 4－5　性能测试各项参数（可分为负载测试目标和压力测试目标）

时间指标 / 容量指标	最小响应时间/秒	最大响应时间/秒	90%响应时间/秒	事务处理总数/个	平均服务器响应时间/秒	CPU 占用率(百分比)	内存使用率(百分比)
收发邮件数目（M）							
收发邮件大小（N）							
用户数目（T）							

表 4－5 是指在收发邮件数目为 M，收发邮件大小为 N，并发用户请求数目为 T 的情况下系统各项性能参数的表现，其中 M，N，T 是变量。

压力测试目标：压力测试的目标是为了发现在什么条件下系统的性能会变得不可接受。它的具体指标包括：确定系统的峰值容量；根据此峰值容量推算出满足负载要求的服务器数量；在确定系统所能达到的峰值容量后，在此负载下进行长时间的持续测试确定系统所能承受的最长稳定运行时间。

负载测试目标：事实上它是一个多维结构，即观察在某一负载级别上，系统组成部分的相应输出项，例如邮件收发成功率、响应时间、CPU 负载、RAM 使用等参数的反应。具体包括：

多域测试：确认在多域测试情况下系统的性能。

SMTP Server 发送邮件的性能参数。

POP3/iMAP Server 收取邮件的性能参数。

Web Mail Server 在 Web 方式下管理/收发邮件的性能参数。

本地和远程两种转发情况下系统的性能：

SMTP Server 发送邮件的性能参数。

POP3/iMAP Server 收取邮件的性能参数。

Web Mail Server 在 Web 方式下管理/收发邮件的性能参数。

4. 性能指标

(1) 总体指标

在一个拥有 2 000 人的企业里，使用人工发送邮件的方式，估计每秒最大的请求数不超过 70，所以在测试方案中准备以 1 000 人为目标。

表 4－6 所示为系统性能测试总体指标。

表 4－6　系统性能测试总体指标

	收发邮件成功百分比	最大并发数	平均往返延迟
具体数字	>= 98%	>= 200	<= 750ms

(2) 压力测试指标

由于压力测试实际上是极端情况下的负载测试，目的是获取破坏整个邮件系统的条件，以及在此条件下系统的表现（如 RAM，CPU）。

在本地/远程投递（转发）以及多域测试情况下，给系统加载各种负载，Web Mail &SMTP&NAV Server，POP3&IMAP&LDAP Server 的各项性能参数的表现应该基本上保持与普通负载测试各项负载测试指标相同。

在本次测试的时间压力测试情况中，系统应该能够稳定运行，要求稳定运行时间 >= 30 天。

(3) 负载测试指标

在本地/远程投递（转发）两种情况下，给系统加载各种负载（通过改变参数收发邮件数目 *M*，收发邮件大小 *N*，如表 4－7 所示），SMTP&NAV Server，POP3&IMAP&LDAP Server 的各项性能参数的表现应该满足表 4－8 所列的各项负载测试指标，Web Mail Server 的各项性能参数应该满足表 4－9 中的各项负载测试指标。

在多域测试情况下，给系统加载各种负载（通过改变参数收发邮件数目 *M*，收发邮件大小 *N*)，SMTP&NAV Server，POP3&IMAP&LDAP Server 的各项性能参数的表现也应该满足表 4－8 所列的各项负载测试指标，Web Mail Server 的各项性能参数应该满足表 4－9 所列的各项负载测试指标。

表 4－7　参数收发邮件数目 *M*，收发邮件大小 *N* 的变更组合

	*N*1	*N*2	*N*3	*N*4	*N*5	*N*6
收发邮件数目（*M*）	100	200	1 000	5 000	1 000	100 000
收发邮件大小（*N*）	20K	40K	200K	1.44M	6M	10M
用户数目（*T*）	20	100	150	300	600	1 000

表 4-8　负载测试指标

时间指标 容量指标	最小响应时间/秒	最大响应时间/秒	90%响应时间/秒	事务处理速度/(个/分钟)	平均服务器响应时间/秒	CPU 占用率(百分比)	内存使用率(百分比)
收发邮件数目（M）	<=1.00	<=1.5	<=1.05	>=800	<=1.25	<=70%	<=15%
收发邮件大小（N）	<=1.00	<=1.5	<=1.05	>=800	<=1.25	<=70%	<=75%
用户数目（T）	<=1.00	<=1.5	<=1.05	>=800	<=1.25	<=70%	<=75%

表 4-9　Web Mail Server 负载测试指标

用户数目	邮件数目	页面点击数目
平均一个用户	5 封邮件	20 次
3 000 个用户	15 000 封邮件	60 000 次
响应时间	平均点击响应时间<=1 秒	

5. 测试内容

(1) 负载测试（见表 4-10）

表 4-10　负载测试

序号	测试内容		测试方法	预期测试结果
1	本地/远程	SMTP Server 测试	编写测试场景，使用 Load-runner 录制脚本、回放	满足负载测试性能指标
		POP3/iMAP4 Server 测试		
2	多域测试	SMTP Server 测试	编写测试场景，使用 Load-runner 录制脚本、回放	满足负载测试性能指标
		POP3/iMAP4 Server 测试		

(2) 压力测试（见表 4-11）

表 4-11　压力测试

序号	测试内容		测试方法	预期测试结果
1	本地/远程	SMTP Server 测试	编写测试场景，使用 Load-runner 录制脚本、回放	满足压力测试性能指标
		POP3/iMAP4 Server 测试		
2	多域测试	SMTP Server 测试	编写测试场景，使用 Load-runner 录制脚本、回放	满足压力测试性能指标
		POP3/iMAP4 Server 测试		
3	时间压力测试		编写测试场景，使用 Load-runner 录制脚本、回放	满足压力测试性能指标

4.3 Web 信息系统安全检测

4.3.1 入侵检测

入侵是指一些人（称为黑客、骇客）试图进入你的系统或者滥用你的系统。现在泛指从偷窃机密数据到一些次要的事情，比如滥用你的电子邮件系统发垃圾邮件。用于检测系统是否被人入侵的系统就是入侵检测系统（IDS）。

入侵主要可以从以下三种途径入侵：物理入侵、基于主机入侵、基于网络入侵。

物理入侵：如果一个入侵者对主机有物理进入权限，比如他们能使用键盘或者参与系统，应该可以进入系统。入侵方法包括从获得控制台特权，一直到物理参与系统并且移走磁盘，然后在另外的机器上读/写信息。另外，计算机 BIOS 保护也很容易穿过，事实上所有的 BIOS 都有后门口令。

基于主机入侵：这类入侵表现为入侵者已经拥有系统用户的较低权限。如果系统没有打最新的漏洞补丁，就会给入侵者提供一个利用知名漏洞获得系统管理员权限的机会。

基于网络入侵：这类入侵指入侵者通过网络远程进入系统。入侵者一般从无系统特权开始。这种入侵方式包括多种形式。但是如果在入侵者和受害主机之间有防火墙存在，则入侵者的入侵就复杂得多。

考虑到物理入侵往往很容易实现，这一节里我们主要讨论后面两种入侵。

1. 基于网络的入侵检测

基于网络的入侵检测产品（NIDS）放置在比较重要的网段内，不停地监视网段中的各种数据包。对每一个数据包或可疑的数据包进行特征分析。如果数据包与产品内置的某些规则吻合，入侵检测系统就会发出警报，甚至直接切断网络连接。目前，大部分入侵检测产品是基于网络的。

基于网络的入侵检测系统的优点：

(1) 网络入侵检测系统能够检测那些来自网络的攻击，它能够检测到超过授权的非法访问。

(2) 网络入侵检测系统不需要改变服务器等主机的配置。由于它不会在业务系统的主机中安装额外的软件，从而不会影响这些机器的 CPU，I/O 与磁盘等资源的使用，不会影响业务系统的性能。

(3) 由于网络入侵检测系统不像路由器、防火墙等关键设备，它不会成为系统中的关键路径。网络入侵检测系统发生故障不会影响正常业务的运行。部署一个网络入侵检测系统的风险比主机入侵检测系统的风险小得多。

(4) 网络入侵检测系统近年内有向专门的设备发展的趋势，安装这样的一个网络入侵检测系统非常方便，只需将定制的设备接上电源，做很少一些配置，将其连接到网络上即可。

基于网络的入侵检测系统的弱点：

(1) 网络入侵检测系统只检查它直接连接网段的通信，不能检测在不同网段的网络包。在使用交换以太网的环境中就会出现监测范围的局限。而安装多台网络入侵检测系统的传感器会使部署整个系统的成本大大增加。

(2) 网络入侵检测系统为了性能目标通常采用特征检测的方法，它可以检测出普通的一些攻击，而很难实现一些复杂的需要大量计算与分析时间的攻击检测。

(3) 网络入侵检测系统可能会将大量的数据回传到分析系统中。在一些系统中监听特定的数据包会产生大量的分析数据流量。一些系统在实现时采用一定方法来减少回传的数据量，对入侵判断的决策由传感器实现，而中央控制台成为状态显示与通信中心，不再作为入侵行为分析器。这样的系统中的传感器协同工作能力较弱。

(4) 网络入侵检测系统处理加密的会话过程较困难，目前通过加密通道的攻击尚不多，但随着 IP v6 的普及，这个问题会越来越突出。

2. 基于主机的入侵检测

基于主机的入侵检测产品（HIDS）通常是安装在被重点检测的主机之上，主要是对该主机的网络实时连接以及系统审计日志进行智能分析和判断。如果其中主体活动十分可疑(或特征违反统计规律)，入侵检测系统就会采取相应措施。

基于主机的入侵检测系统的优点：

(1) 主机入侵检测系统对分析“可能的攻击行为”非常有用。举例来说，有时候它除了指出入侵者试图执行一些“危险的命令”之外，还能分辨出入侵者干了什么事：他们运行了什么程序、打开了哪些文件、执行了哪些系统调用。主机入侵检测系统与网络入侵检测系统相比通常能够提供更详尽的相关信息。

(2) 主机入侵检测系统通常情况下比网络入侵检测系统误报率要低，因为检测在主机上运行的命令序列比检测网络数据流更简单，系统的复杂性也小得多。

(3) 主机入侵检测系统可部署在那些不需要广泛的入侵检测，传感器与控制台之间的通信宽带不足的情况下。主机入侵检测系统在不使用诸如“停止服务”、“注销用户”等响应方法时风险较小。

基于主机的入侵检测系统的弱点：

(1) 主机入侵检测系统安装在需要保护的设备上。举例来说，当一个数据库服务器需要保护时，就要在服务器本身上安装入侵检测系统。这会降低应用系统的效率。此外，它也会带来一些额外的安全问题，例如，安装了主机入侵检测系统后，本不允许安全管理员访问的服务器就变成他可以访问的了。

(2) 主机入侵检测系统的另一个问题是它依赖于服务器固有的日志与监视能力。如果服务器没有配置日志功能，则必须重新配置，因为这将会给运行中的业务系统带来不可预见的性能影响。

(3) 全面部署主机入侵检测系统代价较大，企业很难将所有主机用主机入侵检测系统保护起来，只能选择部分主机保护。那些未安装主机入侵检测系统的机器将成为保护的盲点，入侵者可利用这些机器达到攻击目的。

(4) 主机入侵检测系统除了监测自身的主机以外，根本不监测网络上的情况。对入侵行为的分析的工作量将随着主机数目增加而增加。

3. 混合入侵检测

基于网络的入侵检测产品和基于主机的入侵检测产品都有不足之处，单纯使用一类产品会造成主动防御体系不全面。但是，它们是互补的。如果这两类产品能够无缝结合起来部署在网络内，则会构架成一套完整立体的主动防御体系，综合了基于网络和基于主机两种结构特点的入侵检测系统的优点，既可发现网络中的攻击信息，也可从系统日志中发现异常情况。

4. 文件完整性检查

文件完整性检查系统检查主机中自上次检查后的文件变化情况。文件完整性检查系统保存有每个文件的数字信息数据库，每次检查时，它重新计算文件的数字信息并将它与数据库中的值相比较，如不同，则文件已被修改，若相同，则文件未发生变化。

文件的数字信息可以通过Hash函数计算得到。不管文件长度如何，它的Hash函数计算结果是一个固定长度的数字。与加密算法不同，Hash算法是一个不可逆的单向函数。采用安全性高的Hash算法，如MD5，SHA时，两个不同的文件几乎不可能得到相同的Hash结果。因此，当文件一被修改，就可检测出来。

文件完整性检查系统的优点：

(1) 从数学上分析，攻克文件完整性检查系统，无论是在时间上还是在空间上都是不可能的。文件完整性检查系统是非常强劲的检测文件被修改的工具。实际上，文件完整性检查系统是一个检测系统是否被非法使用的最重要的工具之一。

(2) 文件完整性检查系统具有相当的灵活性，可以配置其来检测系统中所有文件或某些重要文件。

(3) 当一个入侵者攻击系统时，他会干两件事。首先，他要掩盖他的踪迹，即他要通过更改系统中的可执行文件、库文件或日志文件来隐藏他的活动；其次，他要做一些改动保证下次能够继续入侵。这两种活动都能够被文件完整性检查系统检测出。

文件完整性检查系统的弱点：

(1) 文件完整性检查系统依赖于本地的文件信息数据库。与日志文件一样，这些数据可能被入侵者修改。当一个入侵者取得管理员权限后，在完成破坏活动后，可以运行文件完整性检查系统更新数据库，从而瞒过系统管理员。当然，可以将文件信息数据库放在只读的介质上，但这样的配置不够灵活。

(2) 完成一次完整的文件完整性检查是一个非常耗时的工作，在Tripwire中，在需要时可选择检查某些系统特性，而不是完全的文件信息，从而加快检查速度。

(3) 系统有些正常的更新操作可能会带来大量的文件更新，从而产生比较繁杂的检查与分析工作，如在 Windows NT 系统中升级 MS-Outlook 将会带来 1 800 多个文件变化。

4.3.2 漏洞扫描

漏洞扫描按功能可分为：系统漏洞扫描、网络漏洞扫描和数据库漏洞扫描。

1. 系统漏洞扫描

对于计算机系统安全问题，目前基本分为 3 大部分进行考虑：

(1) 身份认证和访问权限控制

这是最基本的安全考虑，一般通过使用防火墙、认证服务器、访问服务器和网络操作系统来进行控制。

(2) 黑客入侵防护和系统漏洞扫描

黑客往往通过各类系统的安全漏洞，或是向受害系统输入恶意程序来进行攻击。也有恶意的黑客通过向目标网络发起 DDOS 攻击来造成目标系统的瘫痪。对于此类安全问题，一般使用实时入侵检测系统、漏洞扫描工具来侦测，或使用黑客陷阱来诱捕。

(3) 病毒（黑客程序）入侵防护

目前几乎每天都有新的病毒出现在 Internet 上，尤其是通过邮件进行传播，传播速度极快。此外，病毒已成为黑客手中最有效、最隐蔽的工具。黑客可以用病毒来夹带恶意程序，让其经过无数用户的传播后再在某个时候开始发挥效力。

因此对于整个网络而言，需要采取综合的防护措施，构筑全方位的安全保护系统，这样才能得到真正有效的系统安全。

2. 网络漏洞扫描

由于网络技术的飞速发展，网络规模迅猛增长，计算机系统日益复杂，导致新的系统漏洞层出不穷；由于系统管理员的疏忽或缺乏经验，导致旧有的漏洞依然存在；另外，还有许多人出于好奇或别有用心，不停地窥视网上资源。所以，我们需要使用网络漏洞扫描器对网络进行必要的监控。

网络扫描器的主要功能是扫描目标主机，识别其工作状态（开机/关机）；识别目标主机端口的状态（监听/关闭）；识别目标主机系统及服务程序的类型和版本；根据已知漏洞信息，分析系统脆弱点；生成扫描结果报告。

当前网络扫描主要有 3 种技术：主机扫描技术，端口扫描技术以及栈指纹 OS 识别技术。

为了讨论网络扫描技术，我们首先要了解两种网络协议：TCP 协议和 ICMP 协议。

TCP 协议是一种面向连接的、可靠的传输层协议。一次正常的 TCP 传输需要通过在客户端和服务器之间建立特定的虚电路连接来完成，该过程通常被称为“三次握手”。TCP 通过数据分段中的序列号保证所有传输的数据可以在远端按照正常的次序进行重组，而且通过确认保证数据传输的完整性。图 4-2 所示为 TCP 报文格式。

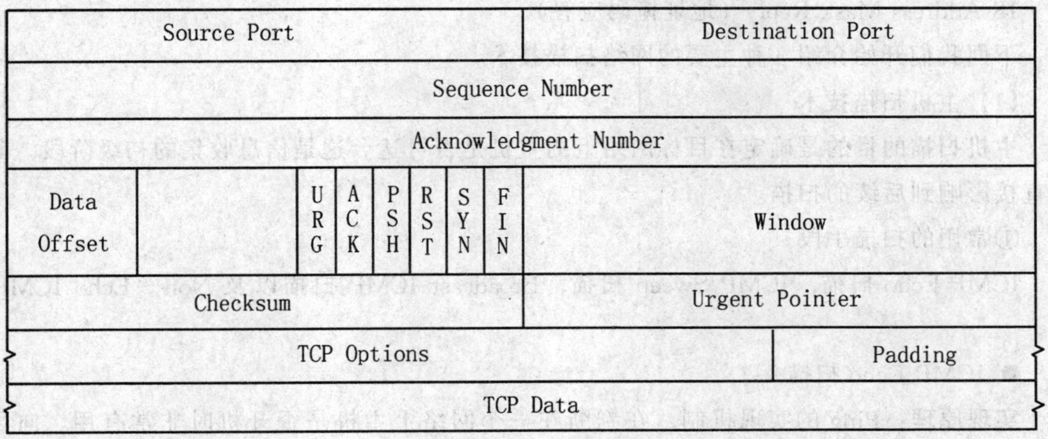

图 4－2 TCP 报文格式

其中 TCP 标志位包括下面几位：

ACK：确认标志

RST：复位标志

URG：紧急标志

SYN：建立连接标志

PSH：推标志

FIN：结束标志

ICMP 协议（Internet Control Message Protocol）是 IP 的一部分，在 IP 协议栈中必须实现。它主要用于网关或者目标机器与源机器通信；当出现问题时，ICMP 可以提供反馈信息用于报告错误。它的特点在于，首先其控制能力并不用于保证传输的可靠性，其次它本身也不是可靠传输的，最后 ICMP 报文并不用来反映该报文的传输情况。

ICMP 报文类型：

0 Echo Reply（回显应答）

3 Destination Unreachable（目的地不可达）

4 Source Quench（源端被关闭）

5 Redirect（重定向）

8 Echo（请求回显）

11 Time Exceeded（超时）

12 Parameter Problem（参数问题）

13 Timestamp（时间戳请求）

14 Timestamp Reply（时间戳应答）

15 Information Request（信息请求）

16 Information Reply（信息应答）

17 Address Mask Request（地址掩码请求）

18 Address Mask Reply（地址掩码应答）

下面我们开始介绍 3 种主要的网络扫描技术。

(1) 主机扫描技术

主机扫描的目的是确定在目标网络上的主机是否可达。这是信息收集的初级阶段，其效果直接影响到后续的扫描。

①常用的扫描手段

ICMP Echo 扫描，ICMP Sweep 扫描，Broadcast ICMP 扫描以及 Non－Echo ICMP 扫描。

● ICMP Echo 扫描

实现原理：Ping 的实现机制，在判断在一个网络上主机是否开机时非常有用。向目标主机发送 ICMP Echo Request（type 8）数据包，等待回复的 ICMP Echo Reply 包（type 0）。如果能收到，则表明目标系统可达，否则表明目标系统已经不可达或发送的包被对方的设备过滤掉。

优点：简单，系统支持。

缺点：很容易被防火墙限制。

可以通过并行发送，同时探测多个目标主机，以提高探测效率（ICMP Sweep 扫描）。

● Broadcast ICMP 扫描

实现原理：将 ICMP 请求包的目标地址设为广播地址或网络地址，则可以探测广播域或整个网络范围内的主机。

缺点：只适合于 UNIX/Linux 系统，Windows 会忽略这种请求包；这种扫描方式容易引起广播风暴。

● Non－Echo ICMP 扫描

一些其他 ICMP 类型包也可以用于对主机或网络设备的探测，如：

Stamp Request（Type 13）

Reply（Type 14）

Information Request（Type 15）

Reply（Type 16）

Address Mask Request（Type 17）

Reply（Type 18）

②高级扫描手段

防火墙和网络过滤设备常常导致传统的探测手段变得无效。为了突破这种限制，必须采用一些高级扫描手段，利用 ICMP 协议提供网络间传送错误信息的方式，往往可以更有效地达到目的：异常的 IP 包头，在 IP 头中设置无效的字段值，错误的数据分片，通过超长包探测内部路由器，反向映射探测。

● 异常的 IP 包头

向目标主机发送包头错误的 IP 包，目标主机或过滤设备会反馈 ICMP Parameter Problem Error 信息。常见的伪造错误字段为 Header Length Field 和 IP Options Field。

根据 RFC1122 的规定，主机应该检测 IP 包的 Version Number，Checksum 字段，路由器应该检测 IP 包的 Checksum 字段。不同厂家的路由器和操作系统对这些错误的处理方式不同，返回的结果也各异。如果结合其他手段，可以初步判断目标系统所在网络过滤设备的 ACL。

● 在 IP 头中设置无效的字段值

向目标主机发送的 IP 包中填充错误的字段值，目标主机或过滤设备会反馈 ICMP Destination Unreachable 信息。这种方法同样可以探测目标主机和网络设备及其 ACL。

● 错误的数据分片

当目标主机接收到错误的数据分片（如某些分片丢失），并且在规定的时间间隔内得不到更正时，将丢弃这些错误数据包，并向发送主机反馈 ICMP Fragment Reassembly Time Exceeded 错误报文。利用这种方法同样可以检测到目标主机和网络过滤设备及其 ACL。

● 通过超长包探测内部路由器

若构造的数据包长度超过目标系统所在路由器的 PMTU 且设置禁止分片标志，该路由器会反馈 Fragmentation Needed and Don't Fragment Bit was Set 差错报文，从而获取目标系统的网络拓扑结构。

● 反向映射探测

该技术用于探测被过滤设备或防火墙保护的网络和主机。通常这些系统无法从外部直接到达，但是我们可以采用反向映射技术，通过目标系统的路由设备进行有效的探测。

当我们想探测某个未知网络内部的结构时，可以构造可能的内部 IP 地址列表，并向这些地址发送数据包。当对方路由器接收到这些数据包时，会进行 IP 识别并路由，对不在其服务范围的 IP 包发送 ICMP Host Unreachable 或 ICMP Time Exceeded 错误报文，没有接收到相应错误报文的 IP 地址会被认为在该网络中。当然，这种方法也会受到过滤设备的影响。

(2) 端口扫描技术

当确定了目标主机可达后，就可以使用端口扫描技术，发现目标主机的开放端口，包括网络协议和各种应用监听的端口。端口扫描技术主要包括以下 3 类：开放扫描，隐蔽扫描和半开放扫描。

①开放扫描技术

开放扫描会产生大量的审计数据，容易被对方发现，但其可靠性高。

● TCP Connect 扫描

实现原理：通过调用 socket 函数 connect () 连接到目标计算机上，完成一次完整的三次握手过程。如果端口处于侦听状态，那么 connect () 就能成功返回。否则，表示这个端口不可用，即没有提供服务。

优点：稳定可靠，不需要特殊的权限。

缺点：扫描方式不隐蔽，服务器日志会记录下大量密集的连接和错误记录，并容易被防火墙发现和屏蔽。

● TCP 反向 ident 扫描

实现原理：ident 协议允许看到通过 TCP 连接的任何进程的拥有者的用户名，即使这个连接不是由这个进程开始的。比如，连接到 http 端口，然后用 ident 来发现服务器是否正在以 root 权限运行。

缺点：这种方法只能在和目标端口建立了一个完整的 TCP 连接后才能看到。

②隐蔽扫描技术

隐蔽扫描能有效地避免对方入侵检测系统和防火墙的检测，但这种扫描使用的数据包在通过网络时容易被丢弃，从而产生错误的探测信息。

● TCP FIN 扫描

实现原理：扫描器向目标主机端口发送 FIN 包。当一个 FIN 数据包到达一个关闭的端口，数据包会被丢掉，并且返回一个 RST 数据包。否则，若是打开的端口，数据包只是简单地丢掉（不返回 RST）。

优点：由于这种技术不包含标准的 TCP 三次握手协议的任何部分，所以无法被记录下来，从而比 SYN 扫描隐蔽得多，FIN 数据包能够通过只监测 SYN 包的包过滤器。

缺点：与 SYN 扫描类似，需要自己构造数据包，要求由超级用户或者授权用户访问专门的系统调用；

TCP FIN 扫描通常适用于 UNIX 目标主机，但在 Windows 95/NT 环境下，该方法无效，因为不论目标端口是否打开，操作系统都返回 RST 包。

● TCP Xmas 和 TCP Null 扫描

实现原理：TCP Xmas 和 Null 扫描是 FIN 扫描的两个变种。Xmas 扫描打开 FIN，URG 和 PUSH 标记，而 Null 扫描关闭所有标记。这些组合的目的是为了通过对 FIN 标记数据包的过滤。当一个这种数据包到达一个关闭的端口，数据包会被丢掉，并且返回一个 RST 数据包。否则，若是打开的端口，数据包只是简单地丢掉（不返回 RST）。

优点：隐蔽性好。

缺点：需要自己构造数据包，要求有超级用户或者授权用户权限；通常适用于 UNIX 目标主机，而 Windows 系统不支持。

● TCP FTP 代理扫描

实现原理：FTP 代理连接选项，其目的是允许一个客户端同时跟两个 FTP 服务器建立连接，然后在服务器之间直接传输数据。然而，在大部分实现中，实际上能够使得 FTP 服务器发送文件到 Internet 的任何地方。该方法正是利用了这个缺陷，其扫描步骤如下：

第一步，假定 S 是扫描机，T 是扫描目标，F 是一个 FTP 服务器，这个服务器支持代理选项，能够跟 S 和 T 建立连接。

第二步，S 与 F 建立一个 FTP 会话，使用 PORT 命令声明一个选择的端口（称之为 p-

T）作为代理传输所需要的被动端口。

第三步，然后 S 使用一个 LIST 命令尝试启动一个到 p－T 的数据传输。

第四步，如果端口 p－T 确实在监听，传输就会成功（返回码 150 和 226 被发送回给 S），否则 S 回收到“425 无法打开数据连接”的应答。

第五步，S 持续使用 PORT 和 LIST 命令，直到 T 上所有的选择端口扫描完毕。

优点：FTP 代理扫描不但难以跟踪，而且可以穿越防火墙。

缺点：一些 FTP 服务器禁止这种特性。

● 分段扫描

实现原理：并不直接发送 TCP 探测数据包，而是将数据包分成两个较小的 IP 段。这样就将一个 TCP 头分成好几个数据包，从而包过滤器就很难探测到。

优点：隐蔽性好，可穿越防火墙。

缺点：可能被丢弃；某些程序在处理这些小数据包时会出现异常。

③半开放扫描技术

半开放扫描的隐蔽性和可靠性介于开放扫描和隐蔽扫描之间。

● TCP SYN 扫描

实现原理：扫描器向目标主机端口发送 SYN 包。如果应答是 RST 包，那么说明端口是关闭的；如果应答中包含 SYN 和 ACK 包，说明目标端口处于监听状态，再传送一个 RST 包给目标机，从而停止建立连接。由于在 SYN 扫描时，全连接尚未建立，所以这种技术通常被称为半连接扫描。

优点：隐蔽性较全连接扫描好，一般系统对这种半连接扫描很少记录。

缺点：通常构造 SYN 数据包需要超级用户或者授权用户访问专门的系统调用。

● TCP 间接扫描

实现原理：利用第三方的 IP（欺骗主机）来隐藏真正扫描者的 IP。由于扫描主机会对欺骗主机发送回应信息，所以必须监控欺骗主机的 IP 行为，从而获得原始扫描的结果。扫描主机通过伪造第三方主机 IP 地址向目标主机发起 SYN 扫描，并通过观察其 IP 序列号的增长规律获取端口的状态。

优点：隐蔽性好。

缺点：对第三方主机的要求较高。

(3) 栈指纹 OS 识别技术

实现原理：根据各个 OS 在 TCP/IP 协议栈实现上的不同特点，采用黑盒测试方法，通过研究其对各种探测的响应形成识别指纹，进而识别目标主机运行的操作系统。根据采集指纹信息的方式，又可以分为主动扫描和被动扫描两种方式。

①被动扫描

通过 Sniffer 收集数据包，再对数据包的不同特征（TCP Window－size，IP TTL，IP TOS，DF 位等参数）进行分析，来识别操作系统。

被动扫描基本不具备攻击特征，具有很好的隐蔽性，但其实现严格依赖扫描主机所处的网络拓扑结构；和主动探测相比较，具有速度慢、可靠性不高等缺点。

②主动扫描

采用向目标系统发送构造的特殊包并监控其应答的方式来识别操作系统类型。

主动扫描具有速度快、可靠性高等优点，但同样严重依赖于目标系统网络拓扑结构和过滤规则。

主动扫描的识别技术：

● FIN 探测：发送一个 FIN 包给一个打开的端口，一般的行为是不响应，但某些实现，例如 MS Windows，BSDI，CISCO，HP/UX，MVS 和 IRIX 发回一个 RESET。

● BOGUS 标记探测：设置一个未定义的 TCP“标记”（64 或 128）在 SYN 包的 TCP 头里。Linux 机器到 2.0.35 之前在回应中保持这个标记。

● TCP ISN 取样：找出当响应一个连接请求时由 TCP 实现所选择的初始化序列数式样。这可分为许多组，例如传统的 64K（许多老 UNIX 机器），随机增量（新版本的 Solaris，IRIX，FreeBSD，Digital UNIX，Cray 等），真“随机”（Linux 2.0. *，OpenVMS，新的 AIX 等），Windows（和一些其他的）机器用一个“时间相关”模型，每过一段时间 ISN 就被加上一个小的固定数。

● 不分段位：许多操作系统开始在送出的一些包中设置 IP 的“Don' t Fragment”位。

● TCP 初始化窗口：检查返回包的窗口大小。如 queso 和 nmap 保持对窗口的精确跟踪，因为它们对于特定 OS 基本是常数。

● ACK 值：不同实现中一些情况下 ACK 域的值是不同的。例如，如果你送了一个 FIN|PSH|URG 到一个关闭的 TCP 端口，大多数实现会设置 ACK 为你的初始序列数，而 Windows 会送给你序列数加 1。

● ICMP 错误信息终结：一些操作系统内核限制各种错误信息的发送率。例如，Linux 内核限制目的不可达消息的生成不超过每 4 秒钟 80 个。测试的一种办法是发一串包到一些随机的高 UDP 端口并对收到的不可达消息进行计数。

● ICMP 消息引用：ICMP 错误消息可以引用一部分引起错误的源消息。对一个端口不可达消息，几乎所有实现只送回 IP 请求头外加 8 个字节。Solaris 送回的稍多，而 Linux 更多。

● SYN 洪水限度：如果收到过多的伪造 SYN 数据包，一些操作系统会停止新的连接尝试。许多操作系统只能处理八个包。

(4) 网络扫描器

①网络扫描器的系统结构

网络扫描器基于 B/S 结构，运行在 Linux 平台，工作于一个 Linux，UNIX 和 Windows 操作系统相混合的 TCP/IP 网络环境中。在网络扫描器中建有一个网络漏洞库。网络扫描器的控制平台则提供一个人机交互的界面。图 4－3 所示为网络扫描器的系统结构。

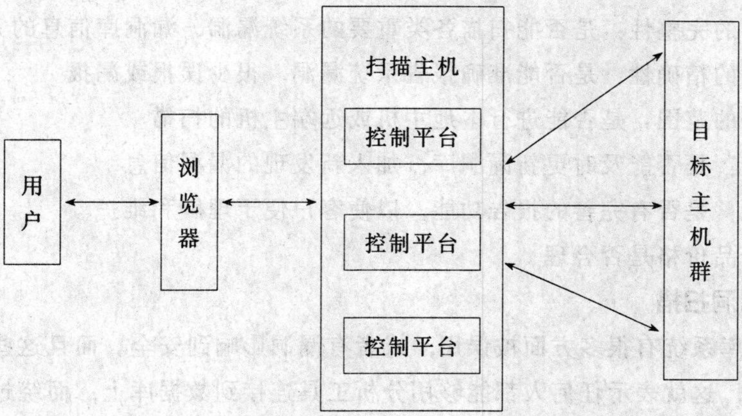

图4-3 网络扫描器的系统结构

②主要实现功能

- 采用众多的扫描规避和隐蔽技术，扫描目标主机和端口，识别其工作状态；
- 识别目标主机系统及服务程序的类型和版本；
- 根据漏洞库信息，分析系统脆弱点；
- 提供漏洞产生背景、影响、攻击方式、修补措施等信息；
- 以网页形式生成扫描结果报告；
- 具有可扩展性，提供用户动态加载和扩充系统的接口。

③工作流程图（见图4-4）

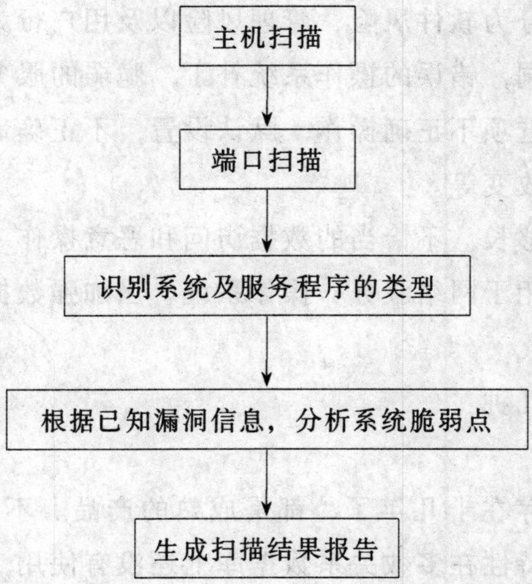

图4-4 网络扫描器工作流程

④评价扫描器优劣的原则

- 漏洞检测的完整性：是否能扫描各类重要的系统漏洞，漏洞库信息的完备程度如何
- 漏洞检测的精确性：是否能准确报告系统漏洞，很少误报或漏报
- 漏洞检测的范围：是否能进行本地主机或远端主机的扫描
- 及时更新：是否能及时更新漏洞库，加入新发现的漏洞信息
- 报告功能：是否有完善的报告功能，以使客户便于理解和维护
- 价格：产品价格是否合理

3. 数据库漏洞扫描

现在的数据库系统有很多方面被误用，或者有漏洞影响到安全。而且这些关系数据库都是“端口”型的，这就表示任何人都能够用分析工具连接到数据库上，而绕过操作系统的安全机制。比如：Oracle 7.3 和 Oracle 8 使用的端口是 1521 和 1526。多数数据库系统也有公开的默认账号和密码。这两个特性极大地威胁着数据库的安全。

少数数据库安全漏洞不光威胁数据库的安全，也威胁到操作系统和其他可信任的系统，有些数据库提供机制威胁着网络安全低层，所以数据库安全非常重要。例如，某公司的数据库里面保存着所有技术文档、手册和白皮书，即使该数据库运行在一个非常安全的操作系统上，入侵者只需要执行一些内置在数据库中的扩展存储过程，就可能通过数据库获得操作系统权限。这些存储过程能提供一些执行操作系统命令的接口，而且能访问所有的系统资源，如果这个数据库服务器还同其他服务器建立着信任关系，那么，入侵者就会对整个域机器的安全产生严重威胁。

传统数据库安全主要集中在用户账号、规则和操作许可（比如对表和存储过程的访问权）上。而实际上，一个完全的数据库安全分析包含的范围宽得多，包括所有可能范围内的漏洞评定。数据库风险一般分为软件风险、管理风险以及用户行为风险。

软件风险：软件本身漏洞，错误的操作系统补丁，脆弱的服务和不安全的默认配置等。

管理风险：提供的安全选项不正确操作，默认设置，不正确地给其他用户提供权限，以及没有得到许可的系统配置改变等。

用户行为风险：密码不够长，不恰当的数据访问和恶意操作（偷窃数据结构）等。

这些风险类别也同样适用于网络服务、操作系统。当加强数据库安全的时候，所有的因素都应该考虑。

数据库漏洞一般有以下几种：

(1) 安全特性缺陷

大多数关系数据库已经存在十几年了，都是成熟的产品。不幸的是，IT 和安全专家对网络和操作系统要求的许多特性在多数关系数据库上还没有使用，并且很多关系数据库也没有内置一些基本安全策略（见表 4－12）。

表 4-12 数据库安全特性

	MS SQLServer	Sybase	Oracle 7	Oracle 8
账号锁定	N	N	N	Y
管理员账号重命名	N	N	N	N
账号健壮性要求	N	N	N	Y
账号失效	N	N	N	N
密码失效	N	N	N	N
登录时间限制	N	N	N	N

由于这些数据库都是“端口性”的，并且操作系统核心的安全机制不一定提供给数据库的网络连接。比如 MS SQL Server，可以使用 Windows NT 的安全机制来弥补上面的缺陷，但是，多数运行 MS SQL Server 的环境并不一定都是 100% 的 Windows NT。数据库操作又是另一个问题。如果在运行 Oracle 8，管理员怎么知道这些安全特性正在被使用?

如果把上面列举的这些特性组合起来，问题将更加严重。例如，由于系统管理员账号不能改变（SQL Server 和 Sybase 是“sa”，Oracle 是“system”和“sys”），如果没有设置密码，入侵者就能直接登录并攻击数据库服务器，没有任何东西能够阻止他们获得更高权限的系统账号。

(2) 数据库账号管理

多数数据库提供的基本安全特性，都没有机制来限制用户必须选择健壮的密码。这就需要更加谨慎的控制和管理。也有一些额外的功能来管理和保护整个密码表。比如，Oracle 系统有超过 10 个特殊的默认用户账号和密码，并且有特定的密码来管理一些数据库操作，比如数据库的启动，控制网络监听进程和远程数据库登录特权。许多系统密码都能给入侵者完全访问数据库的机会，甚至，有些就储存在操作系统中的普通文本文件中。比如：Oracle 内部密码，储存在 strXXX.cmd 文件中，其中 XXX 是 Oracle 系统 ID 和 SID，默认密码是“ORCL”。这个密码用于数据库启动进程，提供完全访问数据库资源。这个文件在 Windows NT 中需要设置权限。

Oracle 监听进程密码，保存在文件 listener.ora（该文件保存着所有的 Oracle 执行密码）中，用于启动和停止 Oracle 的监听进程。这需要设置一个健壮的密码来代替默认值，并且必须对访问设置权限。否则，入侵者可以通过这个弱点进行 DOS 攻击。

Oracle 内部密码文件权限控制，Oracle 内部密码和账号密码允许 SYSDBA 角色保存在 orapw文本文件中，该文件的访问权限应该被限制。即使加密，也能被入侵者暴力破解。

这些只是一些例子。密码保护不仅只针对 Oracle，其他数据库系统一样需要。

(3) 操作系统后门

多数数据库系统都有一些特性，来满足数据库管理员的需要，这些也成为数据库主机操作系统的后门。

对于 Sybase 和 SQL Server 的账号 sa，入侵者可以执行“扩展存储过程”来获得系统权限。只要以 sa 登录，就可以使用扩展存储过程 xp _ cmdshell，这允许 Sybase 和 SQL Server 用户执行操作系统命令，就好像在运行操作系统的命令行模式。比如，下面的代码可以添加一个系统账号 refdom，密码是 nopassword，并且添加到 administrators 组中：

```
xp _ cmdshell 'net user refdom nopassword /add'
go
xp _ cmdshell 'net localgroup /add administrators refdom'
go
```

这是因为 SQL Server 用 Windows NT 的本地账号 localsystem 来运行上述命令，就可以增加一个管理员组的用户。黑客还可以使用 xp _ regread 来读取加密的 SAM 密码，然后再暴力破解。

```
xp _ regread 'HKEY _ LOCAL _ MACHINE','SECURITY \ SAM \ Domains \ Account',
'F'
```

注意，即使是 NT 的 administrator 账号也不能读出加密的密码。SQL Server 能读出来，同样使用的是 LocalSystem 账号。

Oracle 有这样的特性，可以获得操作系统的文件访问权限。比如，UTL _ FILE 允许用户读写文件，UTL _ FILE _ DIR 可以用来设置用户使用 UTL _ FILE 读写文件。

(4) 审核

主要信息和时间能被关系数据库的认证系统很详细地记录下来，但是，这只能在正确的使用和配置下才能起到安全和报警作用。这些功能能提前报警入侵者正在威胁数据库服务器，并且能探测和修复破坏。

(5) 木马的威胁

数据库管理员需要特别小心，一个著名的木马程序能够秘密地改变存储过程或修改密码，而且能通知入侵者。比如，可以添加几行到 sp _ password 中，记录新账号到库表中，通过 E-mail 发送这个密码，或者将其写到文件中以后使用。这个存储过程不断地获得密码，直到弄到管理 sa 的密码。

4.4 Web 信息系统安全策略

安全策略是对访问规则的正式陈述，任何获准访问某个机构的技术和信息资产的人员，都必须遵守这些规则。安全策略由高级管理部门制定，确保企业的网络系统运行在一种合理的安全状态下，同时，也不妨碍企业员工和用户从事他们正常的工作。安全策略对于企业的网络安全建设，起着举足轻重的作用。

安全策略从宏观的角度反映企业整体的安全思想和观念，作为制定具体策略规划的基础，为所有其他安全策略标明应该遵循的指导方针。具体的安全策略可以通过安全标准、安全方针、安全措施来实现。

安全标准是强制性执行的，指出了硬件、软件产品应当如何使用。它提供了一种手段来保证企业中应用程序、特定技术等以规定的方式执行。安全方针指出了当安全标准中未对不可预料的情形定义时的补充规定。安全措施指出了在操作环境中安全策略、安全标准、安全方针的具体实现步骤。图 4－5 表示了它们之间的关系。

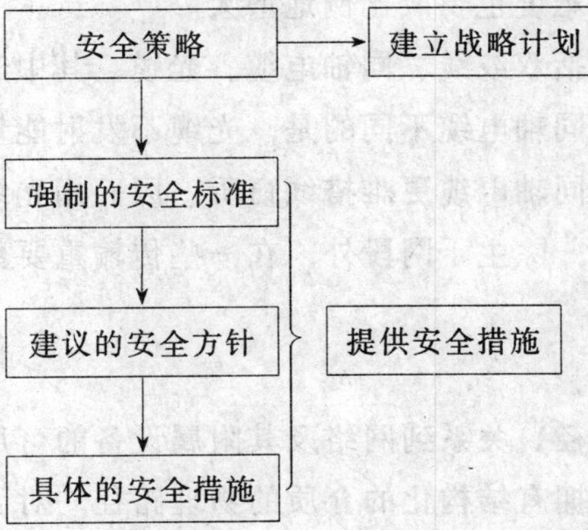

图 4－5　信息系统安全策略

4.4.1　物理安全策略

制定物理安全策略的目的是：

(1) 保护计算机系统、网络服务器、打印机等硬件实体和通信链路免受自然灾害、人为破坏和搭线攻击的影响；

(2) 验证用户的身份和使用权限，防止用户越权操作；

(3) 确保计算机系统有一个良好的电磁兼容工作环境；

(4) 建立完备的安全管理制度，防止非法进入计算机控制室和各种偷窃、破坏活动的发生。

抑制和防止电磁泄漏（即 TEMPEST 技术）是物理安全策略的一个主要问题。目前主要防护措施有两类。一类是对传导发射的防护，主要采取对电源线和信号线加装性能良好的滤波器，减小传输阻抗和导线间的交叉耦合。另一类是对辐射的防护，这类防护措施又可分为以下两种：一是采用各种电磁屏蔽措施，如对设备的金属屏蔽和各种接插件的屏蔽，同时对机房的下水管、暖气管和金属门窗进行屏蔽和隔离；二是干扰的防护措施，即在计算机系统工作的同时，利用干扰装置产生一种与计算机系统辐射相关的伪噪声向空间辐射，来掩盖计算机系统的工作频率和信息特征。

物理安全控制是对物理基础设施、物理设备安全和物理访问的控制。物理安全控制应该在网络设计时给予充分考虑。对于现有网络，必要时应更改部分物理基础设施，或改变某些关键设备的物理位置，以使安全策略更容易实施。

1. 物理介质选型

从安全角度看，除应根据传输的信息灵敏度、网段距离、信号衰减、性价比等因素，来为不同的网段选择电缆类型外，还应根据电缆中所传输的信息的敏感度，考虑传输的信息的安全性。在为不同的网段选择传输介质时，重要的是在保证当网线上所传数据的敏感性程度变高时，在物理线路上窃听的难度也要成比例地增大。

网络中常用的三种电缆包括双绞线、同轴电缆、光缆，其中光缆主要应用在高带宽和长距离传输的网段，与双绞线、同轴电缆不同的是，光缆不发射能量，因此对于防止窃听效果很好。此外，光缆比双绞线、同轴电缆更难搭线窃听，因而用光缆传输的安全性最好。

因此，在大型网络设计时，除主干网段外，在一些传输重要数据的局域网段，也应采用光缆连接。

2. 网络拓扑

网络拓扑（介质的物理路径）关系到网络及其附属设备的可用性，它还涉及到网络基础设施的可靠性和安全性。因此拥有结构化的介质的物理路径，对于降低停机时间的风险有很重要的作用。如图 4－6 所示，不同的网络拓扑结构的网络的可靠性和安全性是不同的。

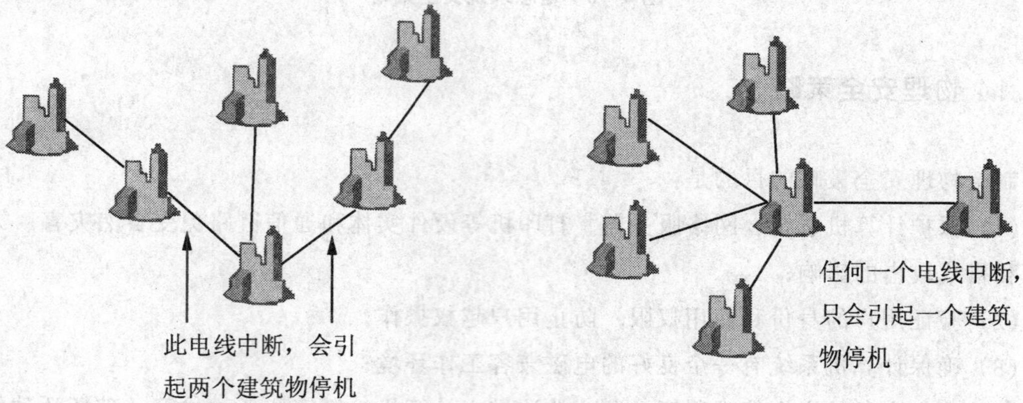

图 4－6　网络拓扑结构

3. 关键网络设施的物理访问控制

关键网络设施的物理位置，对于一个网络的安全策略设计是十分重要的。在网络中的所有关键网络资源，如路由器、交换机、防火墙、各种服务器、网管工作站等，都应放在严格限制来访人员的受控区域，以降低出现非授权访问的可能性。

这些受控区域的物理访问原则是：严格限制对关键网络设施所在地的非授权物理访问。

4. 环境安全控制

为保护关键的网络设施，必须有充分的环境安全防护。环境安全防护应至少包括以下内容：

- 火灾、水灾的预防、监测和处置
- 电源冗余及保护
- 温度、湿度控制
- 电磁防护
- 防雷电干扰
- 静电屏蔽
- 清洁、防尘控制

4.4.2 访问控制策略

访问控制是网络安全防范和保护的主要策略，它的主要任务是保证网络资源不被非法使用和访问。它也是维护网络系统安全、保护网络资源的重要手段。各种安全策略必须相互配合才能真正起到保护作用，但访问控制可以说是保证网络安全最重要的核心策略之一。

1. 入网访问控制

入网访问控制为网络访问提供了第一层访问控制。它控制哪些用户能够登录到服务器并获取网络资源，控制准许用户入网的时间和准许他们在哪台工作站入网。

用户的入网访问控制可分为3个步骤：①用户名的识别与验证；②用户口令的识别与验证；③用户账号的缺省限制检查。3道关卡中只要任何一关没有通过，该用户便不能进入该网络。

对网络用户的用户名和口令进行验证是防止非法访问的第一道防线。用户注册时首先输入用户名和口令，服务器将验证所输入的用户名是否合法。如果验证合法，才继续验证用户输入的口令，否则，用户将被拒之网络之外。用户的口令是用户入网的关键所在。为保证口令的安全性，用户口令不能显示在显示屏上。口令长度应不少于6个字符，口令字符最好是数字、字母和其他字符的混合。用户口令必须经过加密，加密的方法很多，其中最常见的方法有：基于单向函数的口令加密，基于测试模式的口令加密，基于公钥加密方案的口令加密，基于平方剩余的口令加密，基于多项式共享的口令加密，基于数字签名方案的口令加密等。经过上述方法加密的口令，即使是系统管理员也难以得到它。用户还可采用一次性用户口令，也可用便携式验证器（如智能卡）来验证用户的身份。网络应对所有用户的访问进行审查，如果多次输入口令不正确，则认为是非法用户的入侵，应给出报警信息。

网络管理员应该可以控制和限制普通用户的账号使用以及访问网络的时间和方式。用户名或用户账号是所有计算机系统中最基本的安全形式。用户账号应只有系统管理员才能建立。用户口令应是每个用户访问网络所必须提交的“证件”。用户可以修改自己的口令，但系统管理员应该可以对口令进行以下几个方面的限制：最小口令长度、强制修改口令的时间间隔、口令的唯一性、口令过期失效后允许入网的宽限次数。

用户名和口令验证有效之后，再进一步履行用户账号的缺省限制检查。网络应能控制用户登录入网的站点，限制用户入网的时间，限制用户入网的工作站数量。当用户对交费网络的访问“资费”用尽时，网络还应能对用户的账号加以限制，用户此时应无法进入网络访问网络资源。

2. 网络的权限控制

网络的权限控制是针对网络非法操作所提出的一种安全保护措施。用户和用户组被赋予一定的权限。网络控制用户和用户组可以访问哪些目录、子目录、文件和其他资源。可以指定用户对这些文件、目录、设备能够执行哪些操作。受托者指派和继承权限屏蔽（IRM）可作为其两种实现方式。受托者指派控制用户和用户组如何使用网络服务器的目录、文件和设备。继承权限屏蔽相当于一个过滤器，可以限制子目录从父目录那里继承哪些权限。我们可以根据访问权限将用户分为以下几类：①特殊用户（即系统管理员）；②一般用户，系统管理员根据他们的实际需要为他们分配操作权限；③审计用户，负责网络的安全控制与资源使用情况的审计。用户对网络资源的访问权限可以用一个访问控制表来描述。

3. 目录级安全控制

网络应允许控制用户对目录、文件、设备的访问。用户在目录一级指定的权限对所有文件和子目录有效，用户还可进一步指定对目录下的子目录和文件的权限。对目录和文件的访问权限一般有八种：系统管理员权限（Supervisor）、读权限（Read）、写权限（Write）、创建权限（Create）、删除权限（Erase）、修改权限（Modify）、文件查找权限（File Scan）、存取控制权限（Access Control）。用户对文件或目录的有效权限取决于以下因素：用户的受托者指派、用户所在组的受托者指派、继承权限屏蔽取消的用户权限。一个网络系统管理员应当为用户指定适当的访问权限，这些访问权限控制着用户对服务器的访问。八种访问权限的有效组合可以让用户有效地完成工作，同时又能有效地控制用户对服务器资源的访问，从而加强了网络和服务器的安全性。

4. 属性安全控制

当用文件、目录和网络设备时，网络系统管理员应给文件、目录等指定访问属性。属性安全控制可以将给定的属性与网络服务器的文件、目录和网络设备联系起来。属性安全在权限安全的基础上提供更进一步的安全性。网络上的资源都应预先标出一组安全属性。用户对网络资源的访问权限对应一张访问控制表，用以表明用户对网络资源的访问能力。属性设置可以覆盖已经指定的任何受托者指派和有效权限。属性往往能控制以下几个方面的权限：向某个文件写数据、拷贝一个文件、删除目录或文件、查看目录和文件、执行文件、隐含文件、共享、系统属性等。网络的属性可以保护重要的目录和文件，防止用户对目录和文件的误删除、修改、显示等。

5. 网络服务器安全控制

网络允许在服务器控制台上执行一系列操作。用户使用控制台可以装载和卸载模块，可以安装和删除软件等。网络服务器的安全控制包括可以设置口令锁定服务器控制台，以防止非法用户修改、删除重要信息或破坏数据，可以设定服务器登录时间限制、非法访问者检测和关闭的时间间隔。

6. 网络监测和锁定控制

网络管理员应对网络实施监控，服务器应记录用户对网络资源的访问，对非法的网络访问，服务器应以图形、文字或声音等形式报警，以引起网络管理员的注意。如果有人试图进入网络，网络服务器应会自动记录其企图进入网络的次数，如果非法访问的次数达到设定数值，那么该账户将被自动锁定。

7. 网络端口和节点的安全控制

网络中服务器的端口往往使用自动回呼设备、静默调制解调器加以保护，并以加密的形式来识别节点的身份。自动回呼设备用于防止假冒合法用户，静默调制解调器用以防范黑客的自动拨号程序对计算机进行攻击。网络还常对服务器端和用户端采取控制，用户必须携带证实身份的验证器（如智能卡、磁卡、安全密码发生器），在对用户的身份进行验证之后，才允许用户进入用户端。然后，用户端和服务器端再进行相互验证。

8. 防火墙控制

防火墙是近期发展起来的一种保护计算机网络安全的技术性措施，它是一个用以阻止网络中的黑客访问某个机构网络的屏障，也可称之为控制进/出两个方向通信的门槛。在网络边界上通过建立起来的相应网络通信监控系统来隔离内部和外部网络，以阻挡外部网络的侵入。

目前的防火墙主要有以下3种类型：

(1) 包过滤防火墙

包过滤防火墙设置在网络层，可以在路由器上实现包过滤。首先应建立一定数量的信息过滤表，信息过滤表是以其收到的数据包头信息为基础而建成的。信息包头含有数据包源IP地址、目的IP地址、传输协议类型（TCP，UDP，ICMP等）、协议源端口号、协议目的端口号、连接请求方向、ICMP报文类型等。当一个数据包满足过滤表中的规则时，则允许数据包通过，否则禁止通过。这种防火墙可以用于禁止外部不合法用户对内部的访问，也可以用来禁止访问某些服务类型。但包过滤技术不能识别有危险的信息包，无法实施对应用级协议的处理，也无法处理UDP，RPC或动态的协议。

(2) 代理防火墙

代理防火墙又称应用层网关级防火墙，它由代理服务器和过滤路由器组成，是目前较流行的一种防火墙。它将过滤路由器和软件代理技术结合在一起。过滤路由器负责网络互连，并对数据进行严格选择，然后将筛选过的数据传送给代理服务器。代理服务器起到外部网络申请访问内部网络的中间转接作用，其功能类似于一个数据转发器，它主要控制哪些用户能访问哪些服务类型。当外部网络向内部网络申请某种网络服务时，代理服务器接受申请，然后它根据其服务类型、服务内容、被服务的对象、服务者申请的时间、申请者的域名范围等来决定是否接受此项服务，如果接受，它就向内部网络转发这项请求。代理防火墙无法快速支持一些新出现的业务（如多媒体）。现在较为流行的代理服务器软件是 WinGate 和 Proxy Server。

(3) 双穴主机防火墙

双穴主机网关（Dual Homed Gateway）在被保护网络和 Internet 网之间设置一个系统网关，用来隔离 TCP/IP 的直接传输。一般在双穴主机中插装两块网络接口卡，在其上运行代理服务器软件，被保护网络中的主机与该网关可以通信，Internet 网上的主机也能与该网关通信，但是两个网络中的主机不能直接通信。双穴主机从一个网络收集数据，并且有选择地把它发送到另一个网络上。网络服务由双穴主机上的服务代理来提供。内部网和外部网的用户可通过双穴主机的共享数据区传递数据，从而保护了内部网络不被非法访问。

4.4.3 信息加密策略

在保障信息安全各种功能特性的诸多技术中，密码技术是信息安全的核心和关键技术，通过数据加密技术，可以在一定程度上提高数据传输的安全性，保证传输数据的完整性。一个数据加密系统包括加密算法、明文、密文以及密钥，密钥控制加密和解密过程，一个加密系统的全部安全性是基于密钥的，而不是基于算法，所以加密系统的密钥管理是一个非常重要的问题。

数据加密过程就是通过加密系统把原始的数字信息（明文），按照加密算法变换成与明文完全不同的数字信息（密文）的过程。

1. 数据加密技术

数据加密技术主要分为数据传输加密和数据存储加密。数据传输加密技术主要是对传输中的数据流进行加密，常用的有链路加密、节点加密和端到端加密三种方式。

(1) 链路加密

链路加密是传输数据仅在物理层前的数据链路层进行加密，不考虑信源和信宿，它用于保护通信节点间的数据，接收方是传送路径上的各台节点机，信息在每台节点机内都要被解密和再加密，依次进行，直至到达目的地。

(2) 节点加密

与链路加密类似的节点加密方法，是在节点处采用一个与节点机相连的密码装置，密文在该装置中被解密并被重新加密，明文不通过节点机，避免了链路加密节点处易受攻击的缺点。

(3) 端到端加密

端到端加密是为数据从一端到另一端提供的加密方式。数据在发送端被加密，在接收端解密，中间节点处不以明文的形式出现。端到端加密是在应用层完成的。在端到端加密中，除报头外的报文均以密文的形式贯穿于全部传输过程，只是在发送端和接收端才有加、解密设备，而在中间任何节点报文均不解密。因此，不需要有密码设备，同链路加密相比，可减少密码设备的数量。另一方面，信息是由报头和报文组成的，报文为要传送的信息，报头为路由选择信息。由于网络传输中要涉及到路由选择，在链路加密时，报文和报头两者均须加密。而在端到端加密时，由于通道上的每一个中间节点虽不对报文解密，但为将报文传送到目的地，必须检查路由选择信息，因此，只能加密报文，而不能对报头加密，这样就容易被某些通信分析工具发觉，而从中获取某些敏感信息。

链路加密对用户来说比较容易，使用的密钥较少，而端到端加密比较灵活，对用户可见。在对链路加密中各节点安全状况不放心的情况下也可使用端到端加密方式。

2. 数据加密算法

数据加密算法有很多种，密码算法标准化是信息化社会发展的必然趋势，是世界各国保密通信领域的一个重要课题。按照发展进程来分，经历了古典密码、对称密钥密码和公开密钥密码阶段。古典密码算法有替代加密、置换加密；对称加密算法包括DES和AES；非对称加密算法包括RSA 、背包密码、McEliece密码、Rabin、椭圆曲线、EIGamal D _ H等。目前在数据通信中使用最普遍的算法有DES算法、RSA算法和PGP算法等。

(1) DES加密算法（数据加密标准）

DES是一种对二元数据进行加密的算法，数据分组长度为64位，密文分组长度也是64位，使用的密钥为64位，有效密钥长度为56位，有8位用于奇偶校验，解密时的过程和加密时相似，但密钥的顺序正好相反。

DES算法的弱点是不能提供足够的安全性，因为其密钥容量只有56位。由于这个原因，后来又提出了三重DES或3DES系统，使用三个不同的密钥对数据块进行（两次或）三次加密。

(2) RSA算法

RSA算法既能用于数据加密，也能用于数字签名，RSA的理论依据为：寻找两个大素数比较简单，而将它们的乘积分解开则异常困难。在RSA算法中，包含两个密钥，加密密钥PK和解密密钥SK，加密密钥是公开的，它的具体算法如下：

①找两个非常大的素数，越大越安全。把这两个素数叫做P和Q。

②找一个能满足下列条件的数字E：

A. 是一个奇数

B. 小于P×Q

C. 与（P－1）×（Q－1）互质，指E和该方程的计算结果没有相同的素数因子

③计算出数值D，满足：（（D×E）－1）能被（P－1）×（Q－1）整除。公开密钥对是（P×Q，E）。

私人密钥是D。

公开密钥是E。

解密函数是：

假设T是明文，C是密文。

加密函数用公开密钥 E 和模 P×Q；

加密信息＝（TE）模 P×Q。

解密函数用私人密钥 D 和模 P×Q；

解密信息＝（CD）模 P×Q。

其中 n＝p×q，P∈［0，n－1］，p 和 q 均为大于 10 100 的素数，这两个素数是保密的。

RSA 算法的优点是密钥空间大，缺点是加密速度慢，如果 RSA 和 DES 结合使用，则正好弥补 RSA 的缺点。即 DES 用于明文加密，RSA 用于 DES 密钥的加密。由于 DES 加密速度快，适合加密较长的报文；而 RSA 可以解决 DES 密钥分配的问题。

3. 加密技术的发展

（1）密码专用芯片集成

密码技术是信息安全的核心技术，其无处不在，目前已经渗透到大部分安全产品之中，正向芯片化方向发展。在芯片设计制造方面，目前微电子水平已经发展到 0.1 微米工艺以下，芯片设计的水平很高。我国在密码专用芯片领域的研究起步落后于国外，近年来我国集成电路产业技术的创新和自我开发能力得到了提高，微电子工业得到了发展，从而推动了密码专用芯片的发展。加快密码专用芯片的研制将会推动我国信息安全系统的完善。

（2）量子加密技术的研究

量子技术在密码学上的应用分为两类：一是利用量子计算机对传统密码体制的分析；二是利用单光子的测不准原理在光纤一级实现密钥管理和信息加密，即量子密码学。量子计算机是一种传统意义上的超大规模并行计算系统，利用量子计算机可以在几秒钟内分解 RSA129 的公钥。根据 Internet 的发展，全光网络将是今后网络连接的发展方向，利用量子技术可以实现传统的密码体制，在光纤一级完成密钥交换和信息加密，其安全性是建立在 Heisenberg 的测不准原理上的，如果攻击者企图接收并检测信息发送方的信息（偏振），则将造成量子状态的改变，这种改变对攻击者而言是不可恢复的，而对收发方则可很容易地检测出信息是否受到攻击。目前量子加密技术仍然处于研究阶段，其量子密钥分配 QKD 在光纤上的有效距离还达不到远距离光纤通信的要求。

4.4.4　安全管理策略

安全权限的管理是一个需要全面考虑的管理内容，主要有如下几点：

- 某团队或者人员对某数据能否操作的安全权限管理；
- 某团队或者人员对某数据能够进行何种操作的安全权限管理；
- 数据伴随着开发流程的进行发生的状态的变化所导致的安全权限的管理；
- 考虑到人员组织中不同人员和工作组之间多多对应关系所带来的人员流动的安全权限的管理。

从上述内容可以看出，安全权限管理是同人员团队的组织、流程的进行以及数据的管理等内容紧密相关的，彼此之间是相互嵌套组织的。

1. 数据的安全权限管理

在面向对象的开发系统中，数据的管理是以对象类型来组织管理的。系统的数据有两种，一种是直接和数据有关的对象，如 Document 等，另一种是提供产品开发支持的对象，如 Item，Folder 等。不论是哪种对象，都具有相应的数据侧面和操作方法侧面。

对于直接和数据有关对象的数据侧面的安全权限管理来说，主要采取如下两种的策略。一是根据数据的敏感程度定义安全级别，并且应该实现级别的嵌套，安全级别高的可以兼容安全级别低的数据。另外一个就是根据产品数据的范围定义数据的类别。不同的类别代表产品不同零部件的数据。

不管是何种类型的对象，都具有一定的操作方法定义。这方面采取的策略是将这些操作方法分为两种类型，一是开放的方法，也即这种管理之下的操作方法对于开发系统当中的任何用户都可以使用，二是需要授权的方法，也即该种管理之下的操作方法必须通过相应的授权才能够操作。

相应的数据属于何种安全级别和安全类别是在创建该数据对象时定义的，而对数据对象的操作方法的安全权限的定义是在系统管理中进行的。

2. 人员团队组织的安全权限管理

人员团队组织的安全权限管理主要是指角色及其具有的权限的管理。本文所采取的安全与权限管理策略主要是通过对人员团队的管理来实现的，因为直接对各种数据对象进行操作的是人员团队组织。人员的组织就是根据开发任务组织各种开发团队，形成各个协同工作的小组。

开发团队的安全权限管理就是赋予其对某种安全级别（具有嵌套的关系）和安全类别的数据对象的某些操作方法进行授权的权利。同一人员可以分属不同的开发团队，而各个开发团队所具有的安全权限的综合就是该人员相应具有的权限。

在各个开发团队的内部还应该根据任务的负责状况，确定不同的级别。对于这种问题，本文所采取的办法是将相应的工作组分开，根据一定的标准进行划分，从中产生一些子工作组，再分别对相应的工作组进行安全权限的授权。

3. 流程的安全权限管理

产品的开发是随着流程的逐步进行而日渐完成的，其中数据的流动是流程实现的重要目标，同时随着开发的进行，各个数据的状态也在逐步地发生变化，执行流程中各个环节的是根据任务定义的开发团队或者人员，其是否能够对流动的数据进行正确的操作，是需要一定的安全权限控制的。也就是说，流程管理保证了正确的数据以正确的方式传递到正确的人手里，但各个人员能否正确地操作该数据是安全权限管理的目标。另外，因为数据的流动，这种安全权限的管理是动态的管理，必须详细进行权限管理的规划。

首先论述流程环节之间数据交换所采取的安全权限管理策略。不同的流程环节是由不同的人员执行不同的任务，其间伴随着数据的添加、修改、删除等设计动作。因为数据的定义是独立的，即指定该数据对象的安全级别和安全类别，所以只需下个环节的人员具有正确的角色，就具有相应的操作权限。对于其中的数据具有不同的级别需要分别对待的情况，安排隶属于具有相应权限的子工作组的团队成员来执行相应的情况即可。

数据的状态是产品开发中的一个重要内容，也是进行产品生命周期管理的考虑因素，与产品数据状态相关联的安全权限管理也是必须考虑的内容。一般来说产品开发中数据主要有开发状态、工程更改状态、发布应用状态、归档状态等。针对这种情况，提出如下策略，针对某种安全类别的数据，定义其发生状态变更时，相应的权限也应发生相应改变。

本章小结

本章从 Web 信息系统的概念出发，研究和讨论了信息系统的基本特性，其目的是为了引入信息系统测试的概念。然后，我们进一步讨论了有关 Web 信息系统测试技术、Web 信息系统安全检测和 Web 信息系统安全策略等内容。

本章配有 4 讲课程录像：

第 11～14 讲　Web 信息系统测试方法(1)～(4)

习　题

1. Web 信息系统是什么？有哪些特点？
2. Web 信息系统测试包括那几个部分？每个部分都有哪些内容？
3. Web 信息系统安全检测包括哪些内容？
4. Web 信息系统安全策略包括哪些内容？

第 5 章 信息系统测试的设计、组织与实施

本章导读

[内容简介]

本章介绍信息系统测试的基本流程和实施过程，以及一些软件测试过程中的注意事项等。本章以测试管理工具 QE-Suite Web 为例，具体说明软件测试实施的基本过程。

具体包括以下内容：

测试计划

- 选择测试类型
- 确定测试策略
- 成立测试组织
- 建立测试配置
- 制订测试计划

测试设计

- 测试设计的类型
- 测试设计的步骤
- 设计测试用例

测试执行

- 创建测试任务
- 执行测试任务
- 处理软件问题报告

测试总结

- 测试完成的标准
- 测试结果的统计
- 测试结果的分析
- 测试总结报告

[学习目标]

1. 了解软件测试计划的内容；

2. 了解软件测试组织情况；

3. 理解软件测试的实施过程，并可独立完成对小型软件的测试。

5.1 测试计划

一个信息系统在投入使用之前必须进行严格的测试，测试是检验信息系统可靠性的重要手段。尽管测试不可能穷尽信息系统中的所有错误，但如果没有对系统进行严格的测试，信息系统在投入正常使用后，就有可能在运行中暴露出隐藏的错误；另一方面，用户、管理体制、信息处理方式等系统应用环境也在发生变化，也可能由于系统的不适应而发生故障。对于一个信息系统，我们要求它是可靠的，而系统可靠性就要求在发生上述问题时，能够使系统尽量不受影响，或把故障的影响降到最低，并能够尽可能迅速地自动修正某些故障而恢复正常运行和功能实现。显然，系统可靠性并不是在系统运行时才需要关注，而是在系统分析、设计、编码和实施的开发过程中，通过测试过程实现的。信息系统测试必须按照一定的方法、步骤和措施才能实施，以达到提高信息系统测试可靠性的目的。

一般的软件测试项目实施过程，我们可以将其分为测试计划、测试设计、测试执行和测试总结 4 个阶段，如图 5－1 所示。

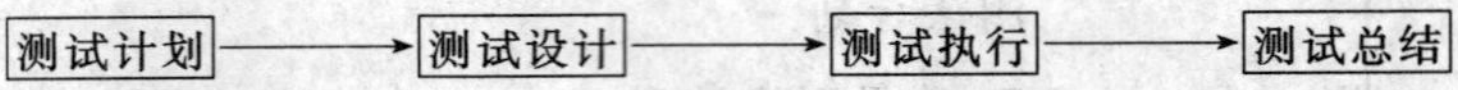

图 5－1　软件测试实施阶段

从本节开始，我们将对这 4 个阶段进行详细的介绍。

5.1.1 测试计划的概念

测试计划是软件测试项目实施过程过程中的第一个阶段，在这个阶段中，主要进行与测试项目组织和实施的一些准备工作，例如确定测试策略、成立测试组织、建立测试配置等工作，最后制订一个详细的测试计划。

5.1.2 选择测试类型

在测试过程中，有各种各样不同的测试类型可供选择，要根据各个系统的不同情况，选择不同的测试类型。

需要考虑的 22 种测试类型：

● 黑盒测试：不基于程序内部设计和代码的任何知识，而是基于系统需求和功能。

● 白盒测试：基于一个应用代码的内部逻辑结构，测试是基于覆盖全部代码、分支、路径、条件。

● 单元测试：最小规模的测试，以测试某个功能模块。典型的单元测试是由程序员而非测试员来做，因为它需要知道内部程序设计和编码的细节知识。这个工作不容易做好，除非应用系统有一个设计很好的体系结构，还可能需要开发测试驱动器模块。

● 累积综合测试：当一个新功能增加后，对应用系统所做的连续测试。它要求应用系统的不同形态的功能部件能够足够独立，以便可以在全部系统完成之前各部件能够分别工作。这种测试可由程序员或测试员来做。

● 集成测试：一个应用系统的各个部件的联合测试，以决定他们能否在一起共同工作。部件可以是代码块、独立的应用、网络上的客户端或服务器端程序。这种类型的测试尤其与客户/服务器和分布式系统有关。

● 功能测试：用于测试应用系统的功能需求的黑盒测试方法。这类测试应由测试员做，这并不意味着程序员在发布前不必检查他们的代码能否工作，所以功能测试能用于测试的各个阶段。

● 系统测试：基于系统整体需求说明书的测试；应覆盖系统所有联合的部件。

● 端到端测试：类似于系统测试；涉及整个应用系统环境在一个现实世界使用时的模拟情形的所有测试。例如与数据库对话、与网络通讯，或与外部硬件、应用系统或适当的系统对话。

● 健全测试：典型地是指一个初始化的测试工作，以决定一个新的软件版本测试是否足以执行下一步大的测试努力。例如，如果一个新版软件每 5 分钟就与系统发生冲突 1 次，使系统陷于瘫痪，说明该软件不够“健全”，说明该软件现在还不具备进一步测试的条件。

● 衰竭测试：软件或环境的修复或更正后的“再测试”。可能很难确定需要多少遍再次测试。尤其在接近开发周期结束时更需要衰竭测试。因为自动测试工具一般都具有录制和回放功能，并且可以利用脚本语言编写测试程序，所以自动测试工具对这类测试尤其有用。

● 接受测试：基于客户或最终用户的规格说明书的最终测试，或基于用户一段时间的使用后，看软件是否满足客户要求。

● 负载测试：测试一个应用在重负载下的表现，例如测试一个 Web 站点在大量的负载下，系统的响应何时会退化或失败。

● 压力测试：在交替进行负载和性能测试时常用的术语。也用于描述在异乎寻常的重载下的系统功能测试之类的测试，如某个动作或输入大量的重复，大量数据的输入，对一个数据库系统大量的复杂查询等。

● 性能测试：在交替进行负载和压力测试时常用的术语。理想的“性能测试”（或其他类型的测试）应在需求文档、质量保证文档或测试计划中定义。

● 可用性测试：对“用户友好性”的测试。显然这是主观的，测试标准将取决于目标最终用户或客户。用户面谈、调查、用户对话的录像和其他一些技术都可使用。程序员和测试员通常都不宜作可用性测试员。

● 安装/卸载测试：对软件的全部、部分或升级版本进行安装/卸载处理过程的测试。

● 恢复测试：测试一个系统从灾难中能否很好地恢复，如遇到系统崩溃、硬件损坏或其他灾难性问题。

● 安全测试：测试系统在防止非授权的内部或外部用户的访问或故意破坏等情况时如何保证系统正常工作。这可能需要复杂的测试技术。

● 兼容测试：测试某个软件在一组不同类型的硬件/软件/操作系统/网络等环境下的性能。

● 比较测试：与竞争伙伴的产品的比较测试，如软件的优点、缺点或实力。

● Alpha 测试：在系统开发接近完成时对应用系统的测试；测试后，仍然会有少量的设计变更。这种测试一般由最终用户或其他人员完成，不能由程序员或测试员完成。

● Beta 测试：当开发和测试小组已经基本完成所要求的测试后，需要通过 Beta 测试在软件最终发行前去发现一些错误和问题。这种测试一般由最终用户或其他人员完成，不能由程序员或测试员完成。

以上的诸多测试类型对于一个信息系统全面的测试是至关重要的。它们覆盖了所有的测试内容。因此，在测试计划阶段中，对以上的测试类型是需要考虑的。但是，并不是上述所有测试都适合我们的项目，我们要根据系统的功能和特性、经费和时间等诸多方面因素，选择不同的测试方案，进而选择不同的测试类型。

5.1.3　确定测试策略

测试策略描述测试小组用于测试整体和每个阶段的方法。当面对需要测试的软件产品，就需要决定是使用黑盒测试方法，还是使用白盒测试方法？如果决定综合使用这两种技术，那么在软件的哪些部分，什么时候分别运用它们呢？某些代码用手工测试，而其他代码用需要用测试工具和自动化测试。如果要使用工具，那么是否需要开发，或者购买已有的商用测试工具？如果购买商用测试工具，选购哪一种工具？也许更有效的方法是把整个测试工作提交到专业的测试公司，只要派出相应的质量保证人员监督他们的工作即可。策略的制定是一项复杂的工作，需要由经验丰富的测试员来做，因为这将决定测试工作的成败。

人们已经提出了许多软件测试策略，所有这些策略都为开发人员提供了一个供测试用的模板，而且它们都包含下列的特征：

①测试开始于单元级，然后“延伸”到整个系统中；

②不同的测试技术适用于不同的时间点；

③测试是由软件的开发人员和独立测试组织来管理的；

④测试和调试是不同的活动，但是调试必须能够适应任何的测试策略。

测试策略描述测试过程的总体方法和目标，例如描述目前在进行哪一阶段的测试（单元测试、集成测试、系统测试）以及每个阶段内在进行的测试种类（功能测试、性能测试、覆盖测试等）。测试策略必须提供能够用来检验某段源代码是否得以正确实现的底层测试，同时也要提供能够验证整个系统的功能是否符合用户需求的高层测试。一种策略必须为使用者提供指南，并且为管理者提供一系列的重要的里程碑。因为测试策略的制定是在软件的最终发布期已经确定后才开始进行的，所以测试的进度必须是可测量的，而且问题要尽可能早的暴露出来。

传统的测试策略是指定范围（如单元、集成或系统测试）的，并且指定按白盒或黑盒测试技术的。尽管这些分类方法在某些情况下被证明是有效的，但它们并不适合于面向对象的系统。另外，单元测试和集成测试的分离将导致对面向对象的开发工作的不自然划分。

集成测试及其后的测试阶段，一般采用黑盒方法。其测试策略包括：

①用边界值分析法和（或）等价类划分法提出基本的测试用例；

②用错误猜测法补充新的测试用例；

③如果在程序的功能说明中含有输入条件的组合，则在测试一开始时就使用因果图法，然后再按以上①，②两种步骤进行。

单元测试的策略稍有不同。因为在为模块设计测试用例时，可以直接参考模块的源程序。所以单元测试的策略，总是把白盒测试法和黑盒测试法结合运用。具体做法有两种：

①先仿照上述步骤用黑盒测试法提出一组基本的测试用例，然后用白盒测试法作验证。如果发现用黑盒法产生的测试用例未能满足所需的覆盖标准，就用白盒测试法补充新的测试用例来满足它们。覆盖的标准应该根据模块的具体情况确定。对可靠性要求较高的模块，通常要满足条件组合覆盖或路径覆盖标准。

②先用白盒测试法分析模块的逻辑结构，提出一批测试用例，然后根据模块的功能用黑盒测试法进行补充。

5.1.4 成立测试组织

为了尽可能多地找出程序中的错误，生产出高质量的软件产品，加强对测试工作的组织和管理就显得尤为重要。

1. 测试组织结构

测试项目的组织一般包括测试管理部门、开发部门和测试部门3个部分。

(1) 测试管理部门

要管理好团队，首先要对测试有一个正确的认识，很多人认为测试是枯燥乏味的事情，而且与开发相比，许多人认为测试似乎是低级的工作，所以测试经理应该不断地激励测试部门成员，为他们争取利益。另外，测试经理还应在时间进度上保证项目平稳前进。

测试管理部门主要任务是：

①制订或修改软件开发计划和测试计划；

②对整个软件项目的进度进行评估；

③对一些重大问题进行决策，确保软件开发项目按计划保质保量地完成；

④决定每周要完成的开发和测试任务；

⑤解决软件开发部门和软件测试部门之间发生的问题；

⑥决定提前或推后发布软件。

作为测试经理，可以经常问自己一些问题，计划做哪些测试？实际完成了哪些测试？使用了多少测试用例？其中多少没有通过？管理部门是否有足够的支持？他们是否向你要过测试报告？开发部门的联络是否及时？等等。如果你是测试管理人员，应该可以想到更多的问题。

(2) 开发部门

开发部门主要任务是：

①按照软件开发计划书及开发时间进度表，编写程序代码；

②进行软件系统集成，并在提交给测试部门之前进行最基本的检查；

③对测试部门发现的软件问题报告进行分析，确定修改的优先级；

④对一批软件问题报告进行修改后，在每个测试版本的提交日期内将新的软件测试版本提交给测试部门进行验证。

(3) 测试部门

测试人员是测试项目成败的关键和执行者，应该有足够的质量意识。在测试部门中测试人员必须具备的素质包括：有效的坦率真诚的交流的能力、清晰简明的表达能力、一定的好奇心（但不要太强，以至于花太多精力去探究一个微小的问题），不应害怕提出尖锐问题引起麻烦，一定的责任心，注意力能够高度集中，等等。

测试部门有多大的规模，一般取决于项目规模、测试人员与开发人员的比例、项目经理对质量保证的认识和期望等，也取决于你的准确的测试计划。许多人认为临时的投入一次性的强力测试足以发现绝大部分问题，而实际上这对产品的长远发展，以及质量改进都没有太大好处。对一般软件项目来说，最好是在开始阶段就有测试人员有所介入。另外，同开发部门的沟通也非常重要，因为开发和测试在某种意义上来说是有些对立的，很容易在相互之间产生一些不必要的矛盾。

2. 测试部门与开发部门的关系

从测试的要求来讲，应避免一个组织测试自己的程序，测试部门与开发部门关系越远越好。按测试部门与开发部门的耦合程度可分为：

- 测试组织与开发组织为不同公司；
- 测试组织与开发组织为同一公司，但不在同一部门；
- 测试组织与开发组织为同一公司同一部门，但不在同一小组；
- 测试组织与开发组织为同一公司同一部门同一小组，但测试人员与开发人员为不同人员；
- 测试组织与开发组织为同一公司同一部门同一小组，并且测试人员与开发人员为同一组人员，即开发人员测试自己的程序；

上述 5 种关系中，从上到下，测试部门与开发部门的耦合程度越来越密切，对测试来讲，测试部门与开发部门的关系越密切，测试的独立性越低，测试质量难以保证。反之，则测试部门的独立性越好，测试完成的效果越好。

3. 测试人员的素质

下面我们讨论一下测试人员的素质。人是测试工作中最有价值也是最重要的资源，没有一个合格的、积极的测试小组，测试就不可能实现。为高质高效地完成测试任务，好的测试人员应具有如下能力：

(1) 沟通能力

一名理想的测试者必须能够同测试涉及到的所有人进行沟通，具有与技术（开发者）和非技术人员（客户，管理人员）的交流能力。既要可以和用户谈得来，又能同开发人员说得上话，不幸的是这两类人没有共同语言。和用户谈话的重点必须放在系统可以正确地处理什么和不可以处理什么上。而和开发者讨论相同的信息时，就必须将这些活重新组织以另一种方式表达出来，测试小组的成员必须能够同等地同用户和开发者沟通。

(2) 技术能力

就总体而言，开发人员对那些不懂技术的人持一种轻视的态度。一旦测试小组的某个成员做出了一个错误的断定，那么他们的可信度就会立刻被传扬出去。一个测试者必须既明白被测软件系统的概念又要会使用工程中的那些工具。要做到这一点需要有几年以上的编程经验，前期的开发经验可以帮助对软件开发过程有较深入的理解，要学会从开发人员的角度正确地评价测试者。

(3) 自信心

开发者指责测试者出了错是常有的事，测试者必须对自己的观点有足够的自信心。如果不能坚持自己正确的东西，容易盲从别人的错误意见，就不能完成什么更多的事情了。

(4) 外交能力

当你告诉某人他出了错时，就必须使用一些外交方法。机智老练和外交手法有助于维护与开发人员的协作关系，测试者在告诉开发者他的软件有错误时，也同样需要一定的外交手腕。如果采取的方法过于强硬，对测试者来说，在和开发部门的合作方面就相当于“赢得了战斗却输掉了战役”。

(5) 幽默感

在遇到争议的情况下，一个幽默的性格将有助于缓解矛盾。

(6) 很强的记忆力

一个理想的测试者应该有能力将以前曾经遇到过的类似的错误从记忆深处挖掘出来，这在测试过程中的价值是无法衡量的。因为许多新出现的问题和已经发现的问题非常类似。

(7) 怀疑精神

可以预料，开发者会尽他们最大的努力对所有的错误进行解释。测试者必须听每个人的说明，但必须保持怀疑直到自己确认之后。

(8) 自我督促

测试工作很容易使你变得懒散。只有那些具有自我督促能力的人才能够使自己每天正常地工作。

(9) 洞察力

一个好的测试人员应具有“测试是为了破坏”的观点、捕获用户观点的能力、强烈的质量追求、对细节的关注能力、对高风险区的判断能力，以便将有限的测试针对重点环节。

5.1.5 建立测试配置

1. 测试配置的内容

建立测试配置是实现测试的必要条件，在项目期间测试可能用到的任何配置资源都要考虑到。测试配置的内容一般包括：

- 人员：人数、经验和专长，全职、兼职或学生
- 设备：计算机、打印机等
- 测试环境：硬件、软件环境
- 测试工具：黑盒或白盒测试工具
- 办公室或实验室：地点，大小等
- 专业测试公司：是否需要，费用如何
- 其他需求：移动存储器，电话，通信等

具体的资源要求取决于项目、小组和公司，因此配置测试资源是需要仔细完成的，开始做不好，到项目后期获取资源通常很困难，甚至无法做到，因此创建完整的测试配置是不容忽视的。

2. 测试环境配置

在上述需要配置的资源项目中，与测试直接相关的就是测试环境配置了。配置测试环境是测试实施的一个重要阶段，测试环境适合与否会严重影响测试结果的真实性和正确性。测试环境包括硬件环境和软件环境。硬件环境指测试必需的服务器、客户端、网络连接设备，以及打印机/扫描仪等辅助硬件设备所构成的环境；软件环境指被测软件运行时的操作系统、数据库及其他应用软件构成的环境。

在实际测试中，软件环境又可分为主测试环境和辅测试环境。

(1) 主测试环境：是测试软件功能、安全可靠性、性能、易用性等大多数指标的主要环境。一般来说，配置主测试环境可遵循下列原则：

①符合软件运行的最低要求。测试环境首先要保证能支撑软件正常运行。

②选用比较普及的操作系统和软件平台。例如，一个软件若声称支持“Windows 9X/ME/NT/2000 Professional”和“MS Office 97/2000/XP”，一般我们会采用如“Windows 2000 Professional + MS Office 2000”的流行环境。

③营造相对简单、独立的测试环境。除了操作系统，测试机上只安装软件运行和测试必

需的软件，以免不相关的软件影响测试实施。

④无毒的环境。利用有效的正版杀毒软件检测软件环境，保证测试环境中没有病毒。

(2) 辅测试环境：常常用来满足不同的测试需求或特殊测试项目。

①兼容性测试：在满足软件运行要求的范围内，可选择一些典型的操作系统和常用应用软件对其安装卸载和主要功能进行验证。

②模拟真实环境测试：有些软件，特别是面向大众的商品化软件，在测试时常常需要考察在真实环境中的表现。如测试杀毒软件的扫描速度时，硬盘上布置的不同类型文件的比例要尽量接近真实环境，这样测试出来的数据才有实际意义。

③横向对比测试：利用辅测试环境“克隆”出完全一致的测试环境，从而保证各个被测软件平等对比。

可见，测试的配置对于保证测试的正确性是非常重要的，因此，在测试中，测试环境是如何配置的，是必须给予说明的。

5.1.6 制定测试计划

1. 测试计划的重要性

计划对于保证事务顺利完成是极其重要的，这对于信息系统的测试也不例外。有条不紊地仔细制订测试计划，是达成测试目标的必由之路。

一个良好的、完善的测试计划是进行成功测试的基础，没有一个良好的测试计划，测试就无法顺利完成，而测试的质量直接导致信息系统产品的质量。所以，制订测试计划是必要的。另外，要完成一个测试，需要多个步骤，如：选择测试策略、执行测试需求、问题跟踪报告等等。这些步骤都是独立的，但它们又是相互关联和影响的。因此，测试者必定要有一个能够起到总体框架作用的测试计划，只有这样，测试才能有条不紊地进行。测试的计划应该作为测试的起始步骤和重要环节，它是对测试工作的总体描述。

制订测试计划的重要性和必要性体现在以下几个方面。

- 组织性：即使在小型软件测试项目上，也可能有数千个测试用例。建立测试用例可能需要一些测试员经过几个月甚至几年的时间。正确的计划会组织好测试用例，以便全体测试员和其他项目小组成员有效地审查和使用。

- 重复性：我们知道，在项目开发期间内有必要多次执行同样的测试，以寻找新的系统缺陷，保证老的缺陷得以修复。假如没有正确的测试计划，就不可能知道最后执行哪些测试用例及其执行情况，以便重复原有的测试。

- 测试跟踪：在整个项目开发期间，计划执行多少个测试用例？在系统最终版本上执行多少个测试用例？多少个通过，多少个失败？有无忽略的测试用例？等等。如果没有测试计划，就不能回答这些问题。

- 测试验证：在少数高风险行业中，测试小组必须证明确实执行了计划执行的测试。

发布忽略某些测试用例的系统实际上是不合法和危险的。正确的测试计划和测试跟踪提供了一种验证手段。

2. 测试计划的层次

一般而言，测试计划可分为 3 个层次。

(1) 概要测试计划

概要测试计划是软件项目实施计划中的一项重要内容，应当在软件开发初期，即需求分析阶段制订。这项计划应当定义测试对象和测试目标；确定测试阶段和测试周期的划分；制订测试人员、软硬件资源和测试进度等方面的计划；规定软件测试方法、测试标准以及支持环境和测试工具。例如，被测试程序的语句覆盖率要达到 95%，第 3 级以上的错误修复率需要达到 95%，所有决定不修复的“轻微”错误都必须经过专门的质量评审委员会同意等测试衡量标准。

(2) 详细测试计划

详细测试计划是针对子系统在特定的测试阶段所要进行的测试工作制订的详细计划。它详细规定了测试小组的各项测试任务、测试策略、任务分配和进度安排等。

(3) 测试实施计划

测试实施计划是根据详细测试计划制订的测试者的测试具体实施计划。它规定了测试者在每一轮测试中负责测试的内容、测试强度和工作进度等。测试实施计划是整个软件测试计划的组成部分，是检查测试实际执行情况的重要依据。

在实际的测试管理过程中，既可以编写上述 3 类测试计划，也可以将这 3 类测试计划合并为一个测试计划，也就是说，不再具体分为概要测试计划、详细测试计划、测试实施计划，而是将这 3 类测试计划的相关内容都放在一个总的测试计划中。

3. 测试计划的内容

一个测试计划应包括：产品基本情况调研、测试需求说明、测试策略和记录、测试资源配置、计划表、问题跟踪报告、测试计划的评审、结果分析等等。

(1) 产品基本情况调研

这部分应包括产品的一些基本情况介绍，例如：产品的运行平台和应用的领域，产品的特点和主要的功能模块，产品的特点等。对于较大的测试项目，还要包括测试的目的和侧重点。

具体的要点有：

目的：重点描述如何使测试建立在客观的基础上，定义测试的策略，测试的配置，粗略地估计测试大致需要的周期和最终测试报告递交的时间。

变更：说明有可能会导致测试计划变更的事件，包括测试工具改进，测试的环境改变，或者是添加了新的功能。

技术结构：可以借助画图，将被测软件划分成几个组成部分，规划成一个适用于测试的完整的系统，包括数据是如何存储的，如何传递的（数据流图），每一个部分的测试是要达到什么样的目的，每一个部分是怎么实现数据更新的。还有一些常规性的技术要求，比如运行平台、需要什么样的数据库等等。

产品规格：就是制造商和产品版本号的说明，还可以包括关于被测系统的重要说明，如版权、日期等。

测试范围：简单描述如何搭建测试平台以及测试的潜在的风险等。

项目信息：说明要测试的项目的相关资料，如用户文档、产品描述、主要功能的举例说明。

(2) 测试需求说明

这一部分要列出所有要测试的功能项。凡是没有出现在这个清单里的功能项都排除在测试的范围之外。因此，这一部分是十分重要的，而且要尽量的详细。具体要点有：

功能的测试：理论上，测试要覆盖所有的功能项，例如在数据库中添加、编辑、删除记录等等，这将会是一个浩大的工程，但是有利于测试的完整性。

设计的测试：对于一些用户界面、菜单的结构还有窗体的设计是否合理等的测试。这里的合理性包括美观性、可用性、易用性等方面。系统的外观是很重要的，它要求有尽可能好的合理性。

整体考虑：这部分测试需求要考虑到数据流从软件中的一个模块流到另一个模块过程中的正确性。保证上述正确性是保证信息系统正确的前提。例如，我们要保证一个计算器程序中的数据在运算模块和输入输出模块之间的一致性，否则程序将出现错误。

(3) 测试策略和记录

这是整个测试计划的重点所在，要描述如何公正客观地开展测试，要考虑模块、功能、集成、系统、版本、压力、性能、配置和安装等各个因素的影响。要尽可能地考虑到细节，越详细越好，并制作测试记录文档的模板，为即将开始的测试做准备。测试记录主要包括的部分，具体说明如下。

公正性说明：要对测试的公正性、依照的标准做一个说明，证明测试是客观的。在整体上，软件功能要满足需求、实现正确、和用户文档的描述保持一致。要保证测试的客观，就要保证测试人员能客观的完成测试任务。由于测试人员与开发人员有可能存在某种联系。例如，测试人员和开发人员系同一小组，甚至同一人；或者测试人员和开发人员没有任何联系，他们在不同的公司或是国家。对于前者，我们认为很难保证测试的公正性、客观性，原因很简单，人们总会认为自己所编写的程序是正确的；对于后者，其测试就具有很强的客观性。

测试用例：描述测试用例是什么样的，采用了什么工具，工具的来源是什么，如何执行的，用了什么样的数据。测试的记录中要为将来的回归测试留有余地，当然，也要考虑同时安装的别的软件对正在测试的软件会造成的影响，例如，有些软件之间是相互冲突的，其中一个存在了，另一个就不能与它同时存在。

特殊考虑：有的时候，针对一些外界环境的影响，要对软件进行一些特殊方面的测试。

例如，对于一些用于高尖端产品的信息系统，如水下机器人、太空探测器等，测试者应给予某些特殊的测试，使它们能在恶劣的环境下有着较高的可靠性和适应性。

经验判断：对以往的测试中，经常出现的问题加以考虑。如对于数据库系统，数据的操作（存取，删除，修改等）是其基本功能，同时也是经常出现问题（如数据冗余、死锁等）的地方。经验判断就是针对系统运行或测试中经常出现的问题仔细研究考虑，使之发生率尽量小一些。

设想：采取一些发散性的思维，往往能帮助你找到新的测试途径。这要求测试者有一定的创新思维，这对于信息系统测试也是非常重要的。系统测试是一个活的东西，测试者不应拘泥于现有的测试手段，只有不断创新才能使测试不断向前发展。

(5) 测试资源配置

制订一个资源配置计划，包含每一个阶段的任务、所需要的资源，当发生诸如到了使用期限或者资源共享的事情的时候，就要更新这个计划。

(6) 计划表

测试的计划表可以做成多个项目通用的形式，根据大致的时间估计来制作，操作流程要以软件测试的常规周期作为参考，也可以根据什么时候应该测试哪一个模块来制订。

(7) 软件问题报告

在测试的计划阶段，应该明确建立一个软件问题报告的方法和工具，以及要明确如何界定一个问题的性质，对软件问题的描述尽可能是定量的，软件问题报告要包括问题的发现者和修改者、问题发生的频率、测出该问题所使用的测试用例，以及明确问题产生时的测试环境等。

(8) 定义软件问题级别

软件问题可以根据其严重程度分为 3 级。

第 1 级　严重问题

系统功能不能完成，或者是权限限制方面的失误等，也可能是某个部分的改变造成了别的部分的问题。

第 2 级　一般问题

系统功能没有按设计要求实现或者是一些界面交互的实现不正确。

第 3 级　建议问题

功能运行得不像要求的那么快，或者不符合某些约定俗成的习惯，但不影响系统的性能，如界面使用不方便，系统中信息格式不对，提示信息含义模糊混淆等等。

(9) 测试计划的评审

在测试真正实施开展之前必须要认真负责的对测试计划检查一遍，并获得整个测试部门人员的认同，包括部门的负责人的同意和签字。

(10) 结果分析

在最后测试结果的评审中，必须要严格验证计划和实际的执行是不是有偏差，体现在最终报告的内容是否和测试的计划保持一致。

下面给出一个测试计划模板，供大家参考。

×××项目测试计划

目　录

1 概　　述
1.1 测试目的
1.2 主要测试内容
1.3 相关支持文档
2 测试项目概况
2.1 测试功能区域，人员组织结构及责任
2.2 测试策略
2.2.1 定义
2.2.2 测试周期
2.2.3 测试质量标准
2.2.4 测试工具
2.2.5 非测试区域列表
3 软硬件测试环境
3.1 硬件需求
3.1.1 服务器硬件性能
3.1.2 客户机硬件性能
3.1.3 客户机视频/音频支持
3.2 软件需求
3.2.1 客户机软件环境
3.2.2 服务器软件环境
3.2.3 软件安装及安装目录要求
4 测试过程控制
4.1 〈产品要求说明书〉修改过程
4.2 〈测试脚本/测试用例〉检查过程
4.3 〈软件问题报告〉处理过程
4.4 〈项目重要问题定期处理〉过程
4.5 测试版本推出和软件发布标准
5 测试风险
6 测试过程里程碑

7　其他问题

总之，一个大中型软件系统的测试必须经历一个相当复杂的测试过程，常常需要经历数月乃至更长的时间，并且需要投入相当可观的人力和物力资源，所以针对整个项目的预定目标和可能的实际条件，对系统的测试过程事先进行认真的计划，并在系统的开发和测试过程中，根据项目的实际进展情况和变化对测试计划及时进行调整和逐渐细化，已成为软件测试过程中一项不可缺少的工作。

5.1.7　举例：测试配置

我们以北航软件工程研究所开发的软件测试过程管理工具 QESuite Web 为例，讨论如何完成测试准备工作。

图 5－2 所示是 QESuite Web 的主界面，包括“系统管理”、“功能分类”、“测试用例”、“问题报告”和“辅助文档” 5 大部分，分别完成测试过程管理的各项工作。

图 5－2　QESuite Web 主界面

在 QESuite Web 的主界面中选择“系统管理”，将出现如下控制面板，包括用户管理、项目管理、系统配置和个人设置等功能选项。如图 5－3 所示。

创建和修改系统配置是测试管理的基本工作之一，当用户打开“系统配置”选项之后，将会出现如图 5－4 所示界面。可以看出，系统配置功能包括许多选项，如人员分配、基本配置、测试配置、列表设置等。在每个选项卡中，还包括各个选项卡所需的参数设置。

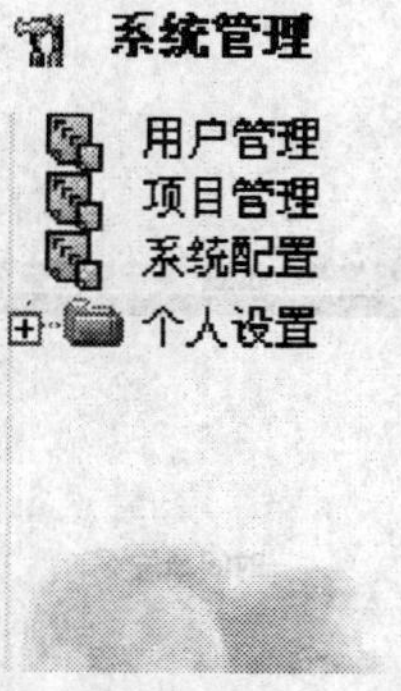

图 5－3　QESuite Web“系统管理”功能

1. 人员分配

在“人员分配”选项卡中，包括管理员（项目经理）、质量保证经理、开发经理、测试人员、开发人员等参数设置。可以添加/删除人员，指定人员角色。如图 5－4 所示。

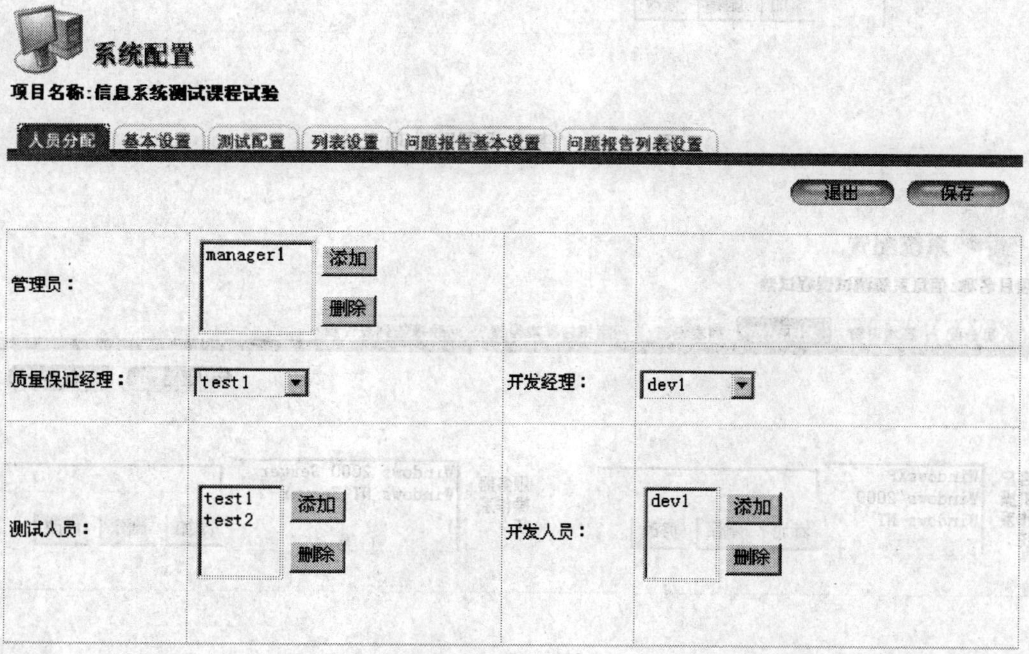

图 5－4　“人员分配”选项卡

2. 基本设置

在“基本设置”选项卡中，可以定义测试项目名称、项目负责部门名称和被测软件版本信息等。如图 5－5 所示。

3. 测试设置

在“测试设置”选项卡中，可以定义测试项目测试环境信息，包括客户机/服务器操作系统类型和版本、浏览器类型和版本信息等。如图 5－6 所示。

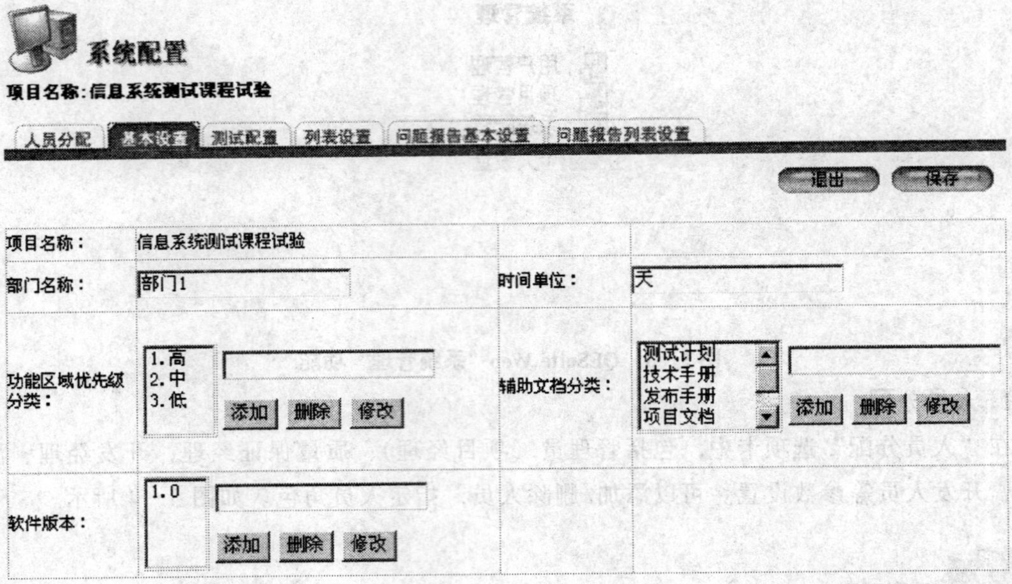

图 5-5　“基本设置”选项卡

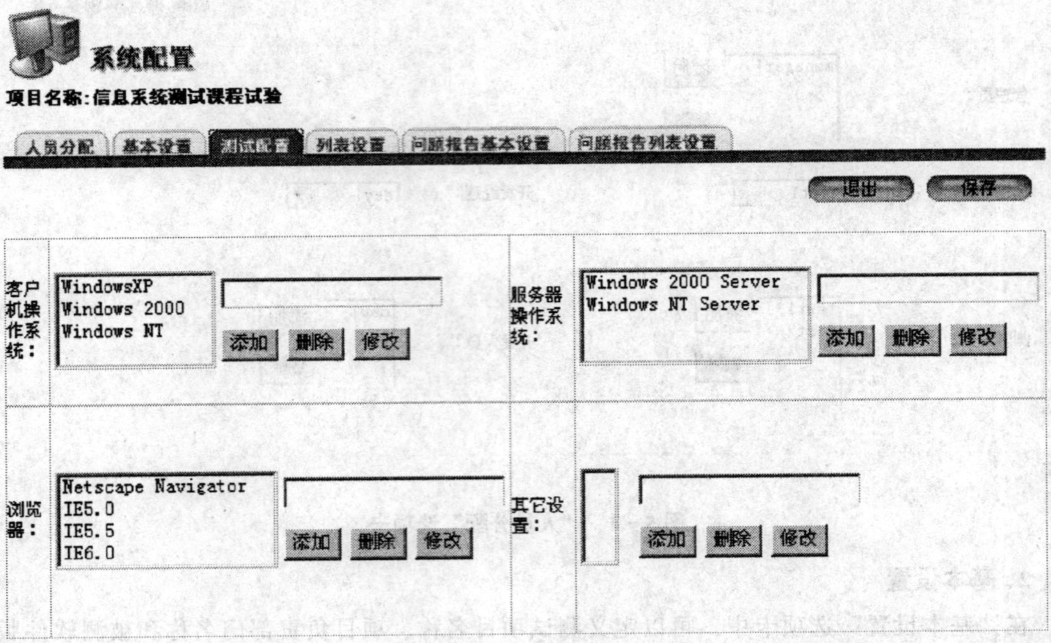

图 5-6　“测试配置”选项卡

4. 列表设置

在“列表设置”选项卡中可以定义测试项目信息，包括测试阶段、测试版本、测试方法和测试级别等信息。如图 5－7 所示。

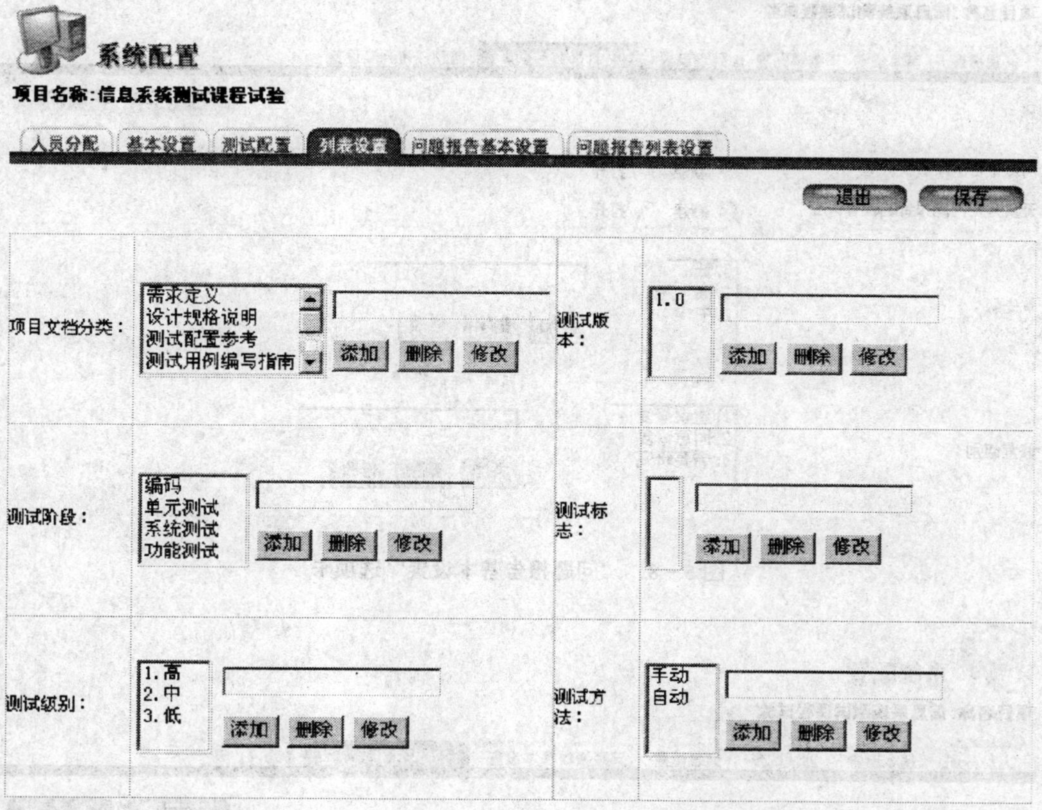

图 5－7　“列表设置”选项卡

5. 问题报告基本设置

在“问题报告基本设置”选项卡中可以定义软件问题报告的初始状态、优先级和修复级别等信息。如图 5－8 所示。

6. 问题报告列表设置

在“问题报告列表设置”选项卡中可以定义软件问题报告的再现性、严重性和分类信息，以及软件问题报告的来源（人员和地点）和测试类型（标志）等信息。如图 5－9 所示。

当完成以上的各种设置之后，测试配置这一工作就完成了。

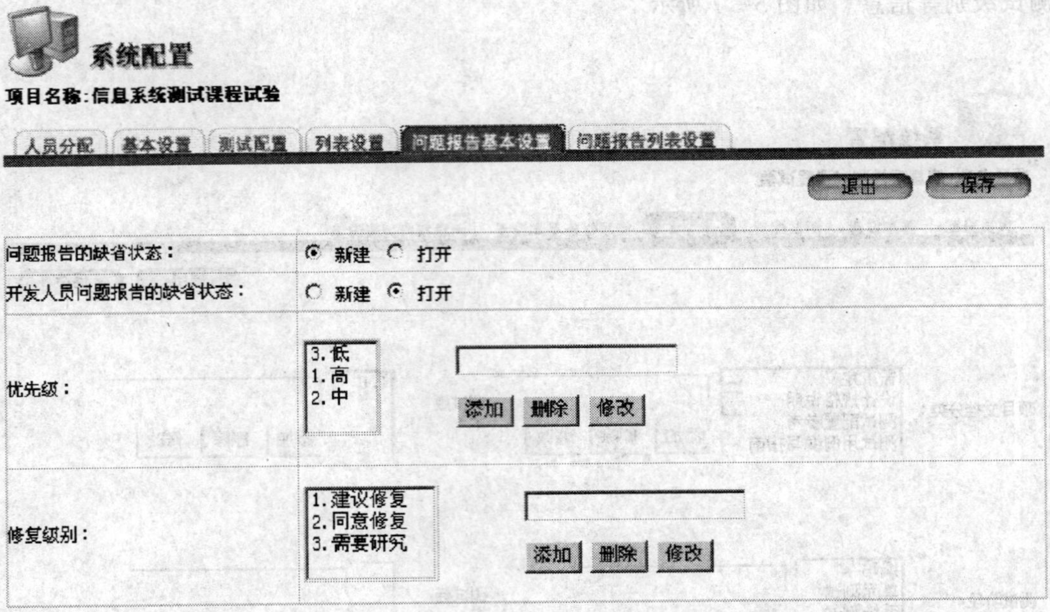

图 5－8　“问题报告基本设置”选项卡

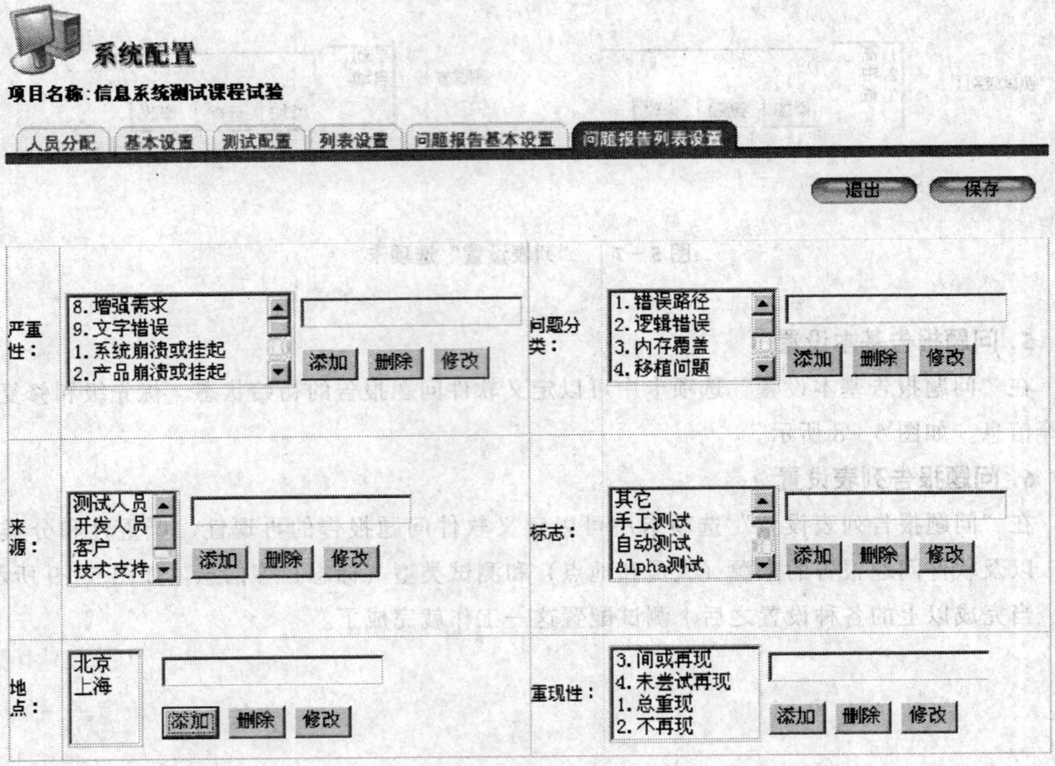

图 5－9　“问题报告列表设置”选项卡

5.2 测试设计

5.2.1 测试设计的概念

测试设计是软件系统测试过程中的一个重要问题。测试设计本身也是一种特殊的软件系统的设计和实现，即通过设计一个以发现错误为目标的软件（文档和程序）来实现。

如果不进行测试设计，要想彻底地测试一个庞大而又复杂的信息系统是不可能的。测试设计必须依据一般的和特定的模型，测试设计需要解决的问题类似于一个应用系统的分析、设计以及编程中遇到的问题。测试设计必须是可执行的，不具体的测试设计虽然可以加速系统的分析和设计，在测试执行过程中却不能令人满意。

测试设计涉及三个问题，一是按照软件系统需求规格说明书和用户手册对测试需求进行分解，即对被测软件系统进行功能划分，获得被测系统的有意义的测试功能点。测试功能点是软件系统中一个可独立测试的功能或模块。二是在上述功能划分的基础上，建立测试功能结构树。三是依据需求规格说明书和用户手册，或系统外部观察，针对每一个功能点，使用一个测试策略产生一个测试用例集。测试用例是被测软件的具体测试步骤和预期结果的集合。

5.2.2 测试设计的类型

测试设计的类型，可以按照基于功能的、基于实现的、混合的和基于故障的测试设计分为 4 类。

● 基于功能的测试设计

根据一个单元、子系统或系统指定的或预期的功能来设计测试，它和黑盒测试设计是同义的。

● 基于实现的测试设计

根据对源代码的分析开发测试用例，它和白盒测试设计是同义的。

● 混合的测试设计

将基于功能的和基于实现的测试设计结合在一起，有时称这种测试为灰盒测试。

● 基于故障的测试设计

有目的地将故障引入代码，以便察看这些故障是否可以被软件测试所揭示。虽然此方法并没有广泛使用，人们仍然在详细地研究它。

5.2.3　测试设计的步骤

- 识别：模型化并分析被测系统的功能；
- 设计：依据需求规格说明书和用户手册，或系统外部观察设计测试用例；
- 补充：依据代码分析、猜测和用启发式的方式研究添加测试用例；
- 评估：给出每一个测试用例的预期结果，或者选择一种方法评估每一个测试用例是否通过或未通过测试。

测试设计完成后，这些测试用例集就可以应用到被测系统。在信息系统测试中，可以通过使用测试工具（如脚本测试工具、覆盖分析工具等）来实现测试，也可以通过编写用于特定应用的测试驱动，并且将测试代码添加到应用系统中来实现。一个典型的测试工具在测试时将启动被测软件，设置其环境，进入预测状态，然后应用测试用例进行测试，最后评估输出结果和状态。

典型的测试执行步骤：

- 建立一个被测软件最低限度地、在操作上可以检验各部分之间接口的测试用例集。
- 执行测试用例集，评价每一个测试结果是通过或不通过。
- 使用一个覆盖工具，运行测试用例集来评价所报告的覆盖。
- 如果需要的话，进一步开发附加的测试用例，检测未被覆盖的代码。
- 当满足覆盖目标并且所有测试均已通过就可以停止测试。

其中的一些步骤并不总是必要的和可行的，不过我们必须能够运行一个测试用例集并评价其结果。覆盖是用一个给定的测试用例集运行被测软件，获得测试策略所要求的百分比。测试设计与执行最好能与应用的分析、设计以及代码的编写并行进行。

5.2.4　设计测试用例

1. 测试用例的概念

测试用例实际上是对软件运行过程中所有可能存在的目标、运动、行动、环境和结果的描述，是对客观世界的一种抽象。设计测试用例即设计针对特定功能或组合功能的测试方案，并编写成文档。测试用例应该体现软件工程的思想和原则。测试用例的选择既要有一般情况，也应有极限情况以及最大和最小的边界值情况。因为测试的目的是暴露应用软件中隐藏的缺陷，所以在设计选取测试用例和数据时要考虑那些易于发现缺陷的测试用例和数据，结合复杂的运行环境，在所有可能的输入条件和输出条件中确定测试数据，来检查应用软件是否都能产生正确的输出。

测试用例，就是以发现错误为目的而精心设计的一组测试数据和测试执行步骤。测试一个程序，需要数量足够的一组测试用例。用数据词典的表示方法来表示的话，可以写成

测试用例 = {输入数据 + 执行步骤 + 期望结果}

其中 {} 表示重复。这个式子还表明，每一个完整的测试用例不仅包含有被测程序的输入数据，而且还包括用这组数据执行被测程序后预期的输出结果。每次测试，都要把实测的结果与期望结果作比较，若不相符，就表明程序可能存在错误。设计测试用例是开始程序测试的第一步，也是有效地完成测试工作的关键。一个好的测试用例，应该对发现错误具有较高的概率。

既然测试的目的在于寻找错误，并且找出的错误越多越好。那么，能不能把所有隐藏的错误全都找出来呢？或者说能不能把所有可能做的测试无遗漏地一一完成来找出所有的错误呢？下面按两种常用的测试方法做出具体分析。

表 5-1 黑盒测试与白盒测试比较

	测试用例设计依据	特 点	采用技术
黑盒测试	根据规格说明书所规定的功能设计测试用例	不考虑程序的内部和处理过程	等价类划分、边界值分析、错误猜测、因果图
白盒测试	根据程序的内部逻辑设计测试用例		主要采用逻辑覆盖

不论在白盒测试还是在黑盒测试中，穷举测试都是不可行的。为了节省时间和资源，提高效率，就必须精心设计测试用例，也就是要从数量极大的可用测试用例中精心挑选少量的测试数据，使得采用这些测试数据能达到最佳的测试效果，或者说它们能高效地把隐藏的错误揭露出来。

以上事实说明，软件测试有一个致命缺陷，即测试的不完全，不彻底。由于任何程序只能进行少量的有限测试，在发现错误时能说明程序有问题；但未发现错误时，不能说明程序中没有错误。

2. 测试用例的类型

按测试目的不同，测试用例可分为以下几种类型。

● 需求测试用例：测试是否符合需求规范

需求测试用例通常是按照需求执行的功能逐条地编写输入数据和期望输出。一个好的需求测试用例是可以用少量的测试用例就能够覆盖所有的程序功能。

● 设计测试用例：测试是否符合系统逻辑结构

设计测试用例检测的是代码和设计是否完全相符，是对底层设计和基本结构上的测试。设计测试用例可以涉及到需求测试用例没有覆盖到的代码空间（例如界面的设计）。

● 代码测试用例：测试代码的逻辑结构和使用的数据。

代码测试用例是基于运行软件和数据结构上的。它要保证可以覆盖所有的程序分支、最小的语句和输出。

3. 设计测试用例的原则

设计测试用例基本的原则是：

①一个好的测试用例在于能够发现至今没有发现的错误；

②测试用例应由测试输入数据和与之对应的预期输出结果这两部分组成；

③在测试用例设计时，应当包含合理的输入条件和不合理的输入条件。

4. 测试用例的内容

一个典型的测试用例应该包括下列详细信息：

①测试目标；

②待测试的功能；

③测试环境及条件；

④测试日期；

⑤测试输入；

⑥测试步骤；

⑦预期的输出；

⑧评价输出结果的准则。

5.2.5　举例：测试设计

1. 被测系统功能划分

功能分类是测试准备阶段的一个非常重要的内容，在 QESuite Web 的主界面中选择“功能分类”，将出现如图 5－10 所示控制面板，可以进行新建功能分类和人员分配等内容。

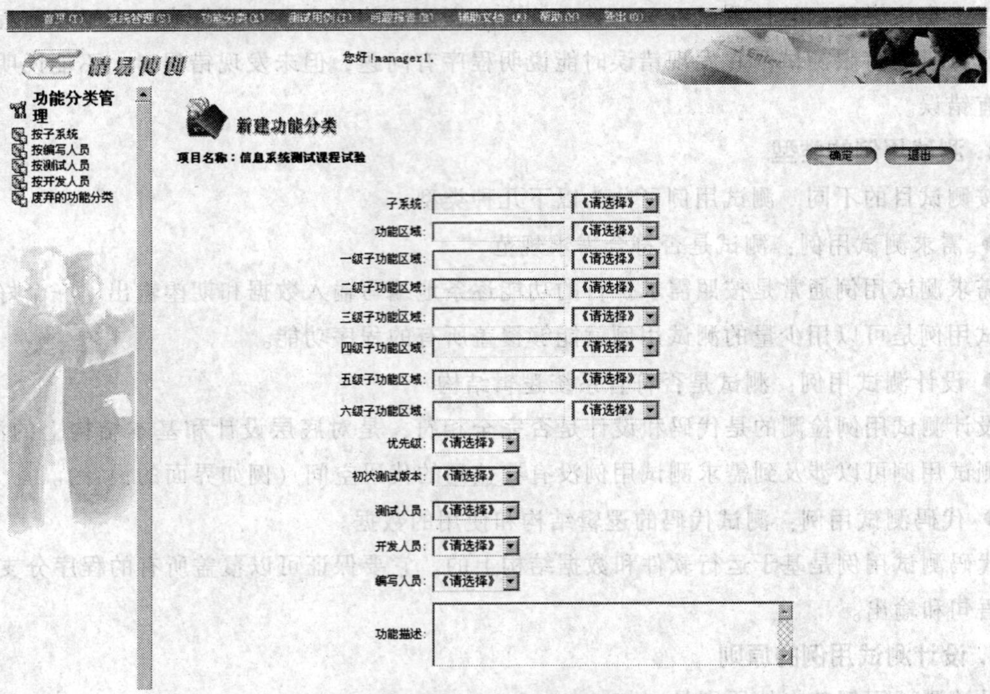

图 5－10　QESuite Web“功能分类”功能

2. 编写测试用例

完成功能分类的设置后，就可以开始编写测试用例了。在 QESuite Web 的主界面中选择“测试用例”，将出现如图 5－11 所示控制面板，“测试用例”功能包括测试用例、测试任务、执行测试、测试存档、统计等功能选项。

在新建测试用例前要先选择一个功能分类，如图 5－12 所示。

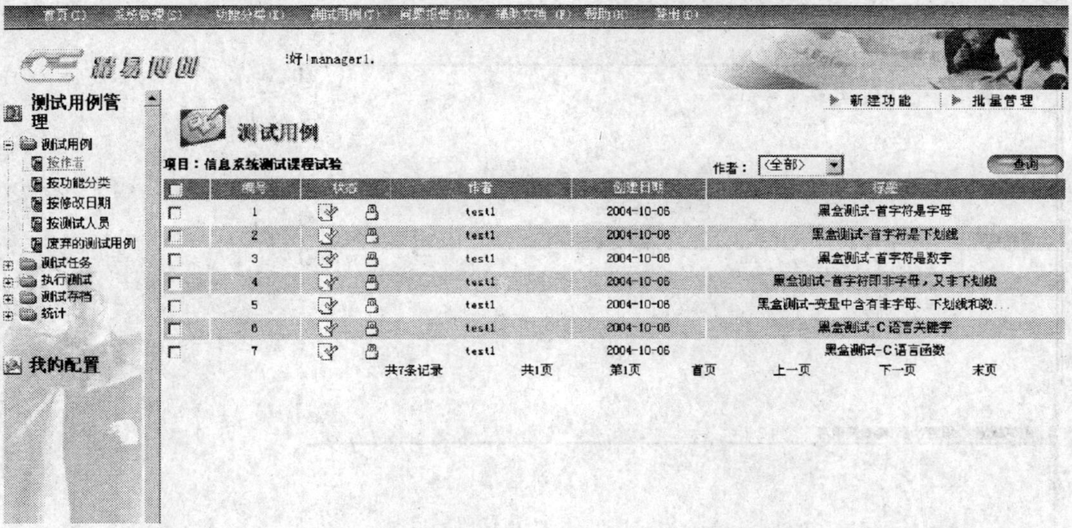

图 5－11　QESuite Web“测试用例”功能

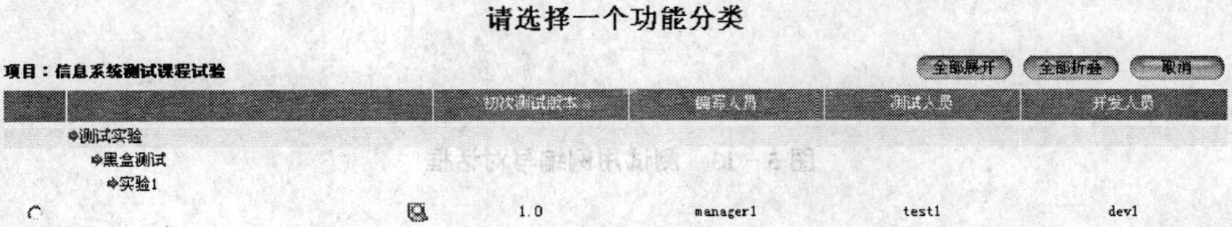

图 5－12　选择一个功能分类

然后，就可以开始编写测试用例了。测试用例编写对话框如图 5－13 所示。

测试用例编写工作完成之后，就可以执行测试了。

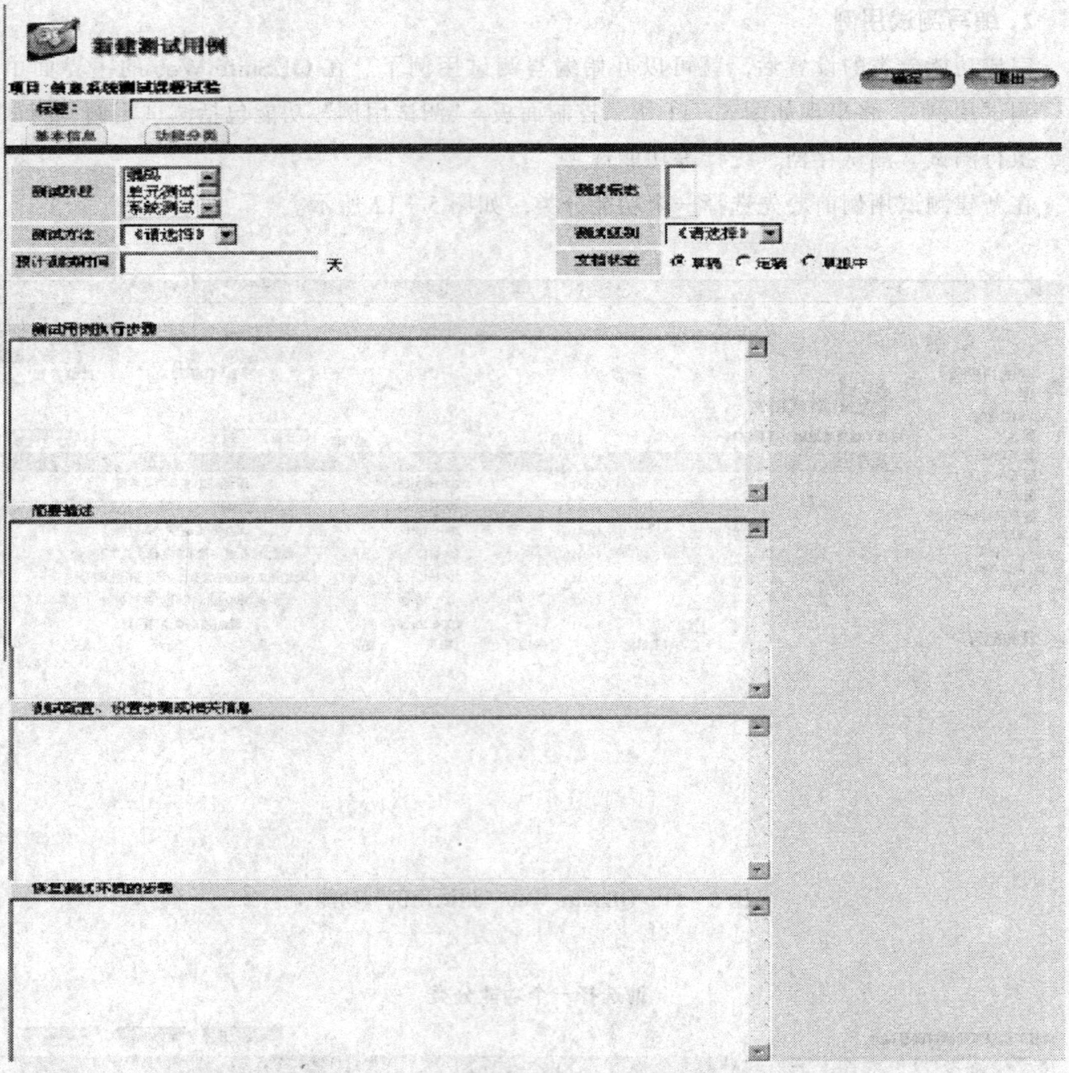

图 5－13　测试用例编写对话框

5.3　测试执行

5.3.1　测试执行的概念

在测试执行阶段，我们需要完成下列工作。

(1) 根据测试计划的安排，制定不同的测试任务。

制定测试任务时，可以按照测试阶段制定测试任务，例如单元测试任务、集成测试任务和系统测试任务。也可以按照软件特性制定测试任务，例如功能测试任务、性能测试任务、界面测试任务、安全测试任务等。

(2) 将为完成某一个测试任务所需要的所有测试用例放入该测试任务中。

例如，为完成界面测试任务，我们就要把所有与界面测试任务相关的测试用例放入该测试任务中。

(3) 执行测试任务中的测试用例，并给出每个测试用例的执行结果。

(4) 在测试过程中，如果发现软件问题，要填写软件问题报告。同时，测试部门要与开发部门协同工作，对软件问题报告进行处理。

5.3.2 创建测试任务

软件测试部门的主要任务之一是按照软件测试计划、测试大纲及项目进度表，执行软件测试。为了执行软件测试，我们需要定义测试任务。

什么是测试任务？测试任务是在某一测试阶段（系统测试，回归测试，功能确认性测试）计划执行的测试用例的一个集合。

使用测试任务的目的：

- 通过将整个测试过程划分为不同的测试任务可以满足不同测试阶段的不同的测试需求。
- 跟踪不同阶段测试用例的执行情况。
- 决定测试的执行状态。
- 同一个测试用例在不同的测试任务中会产生分开的执行报告，各自带有独立的测试执行的历史信息。
- 测试完成后，在任务中所有执行报告都会被归档。
- 划分测试任务的标准：

  一个测试任务

  多个串行的测试任务

  多个并行的测试任务

  多个串行和并行的测试任务

在建立测试任务时应该考虑的一个问题是如何组织和跟踪信息，所以在定义测试任务时，测试小组应该能够回答下列问题：

- 计划执行哪些测试用例？
- 计划执行多少测试用例？
- 执行测试需要多少时间？
- 能否记录测试用例哪一个通过，哪一个失败？
- 能否记录执行测试时通过的百分比？

下面以 QESuite Web 为例，介绍如何创建测试任务。

创建测试任务，如图 5－14 所示。

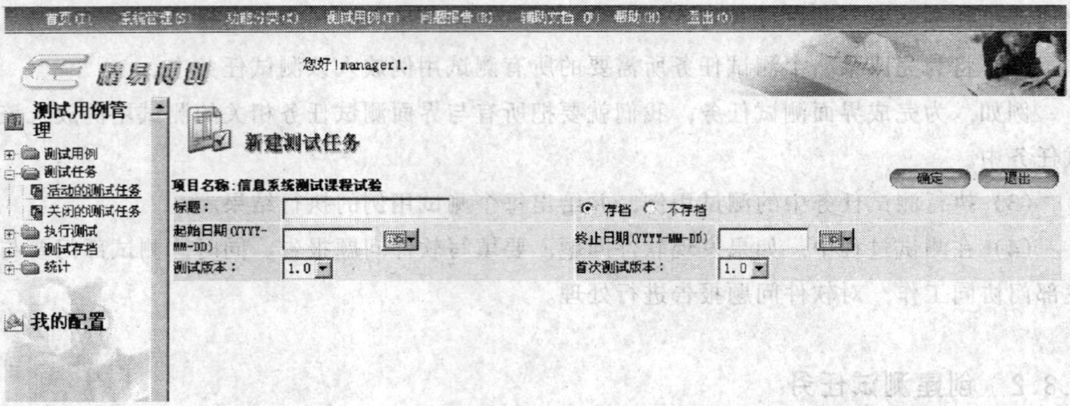

图 5-14　创建测试任务

修改测试任务，如图 5-15 所示。

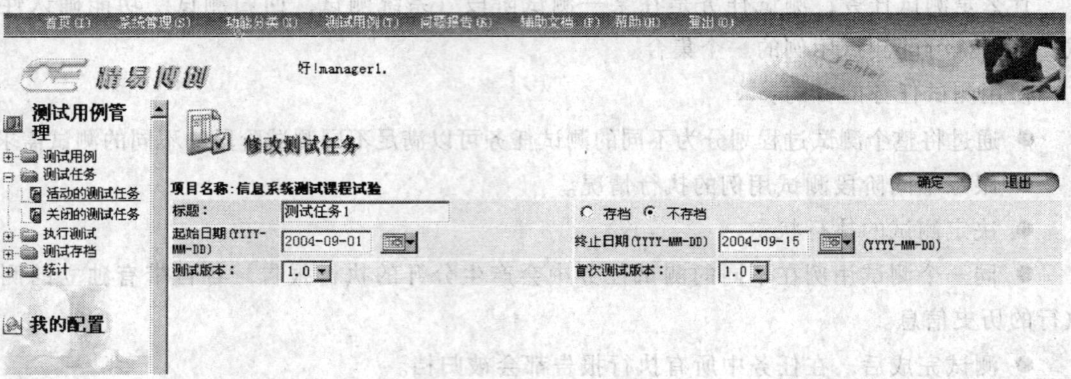

图 5-15　修改测试任务

将测试用例添加进测试任务，如图 5-16 所示。

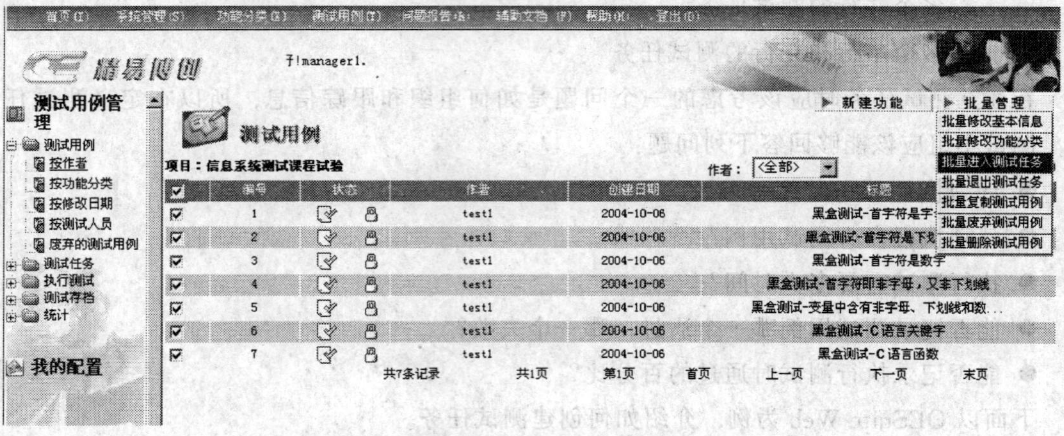

图 5-16　将测试用例添加进测试任务

5.3.3 执行测试任务

下面以 QESuite Web 为例，介绍如何执行任务。

选择测试任务中的测试用例，如图 5－17 所示。

执行测试用例并记录测试结果，如图 5－18 所示。测试结果包括：测试通过、测试失败、阻碍测试。

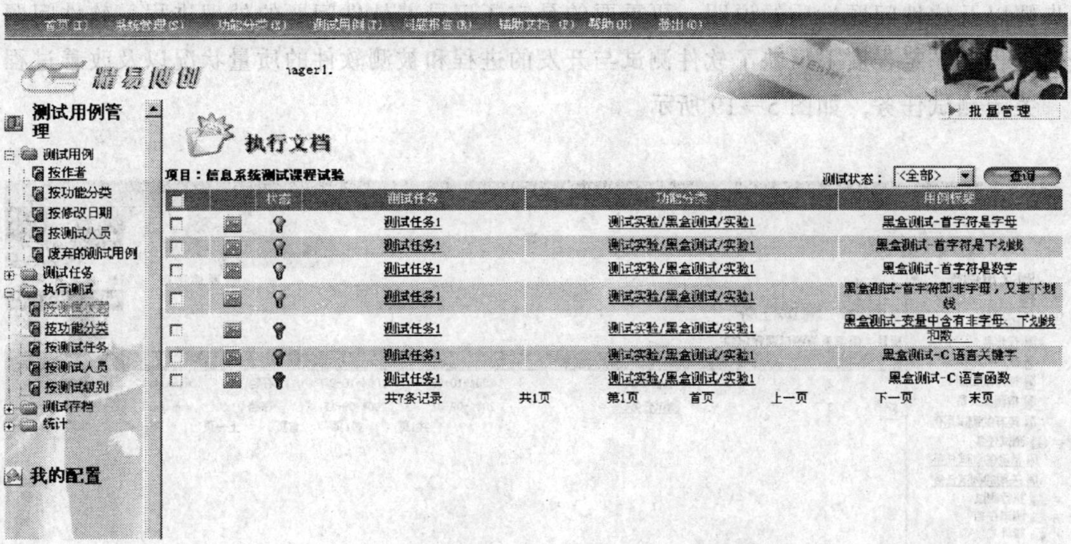

图 5－17　选择测试任务中的测试用例

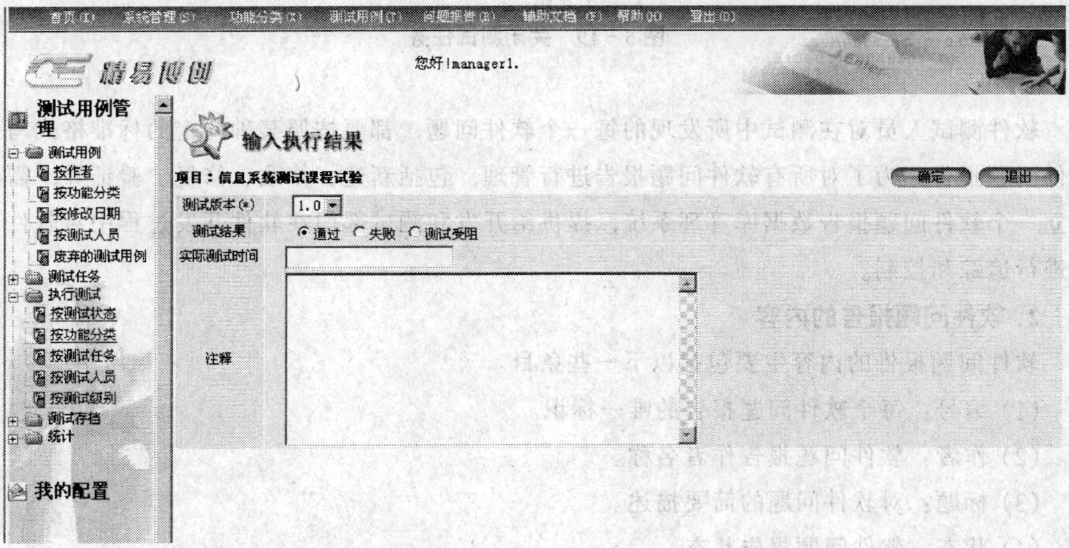

图 5－18　记录测试结果

5.3.4 处理软件问题报告

1. 软件问题报告概念

软件测试的目的就是尽可能多地发现软件问题，在软件产品发布之前，测试始终与改错过程交错进行。作为开发人员和测试人员协同工作的交互媒介，软件问题报告是测试实施过程中最重要的文档。它记录了软件问题发生的环境，如各种资源的配置情况，软件问题的再现步骤以及软件问题性质的说明。更重要的是它还记录着软件问题的处理进程。软件问题的处理进程在一定程度上反映了软件测试与开发的进程和被测软件的质量状况以及改善过程。

关闭测试任务，如图 5－19 所示。

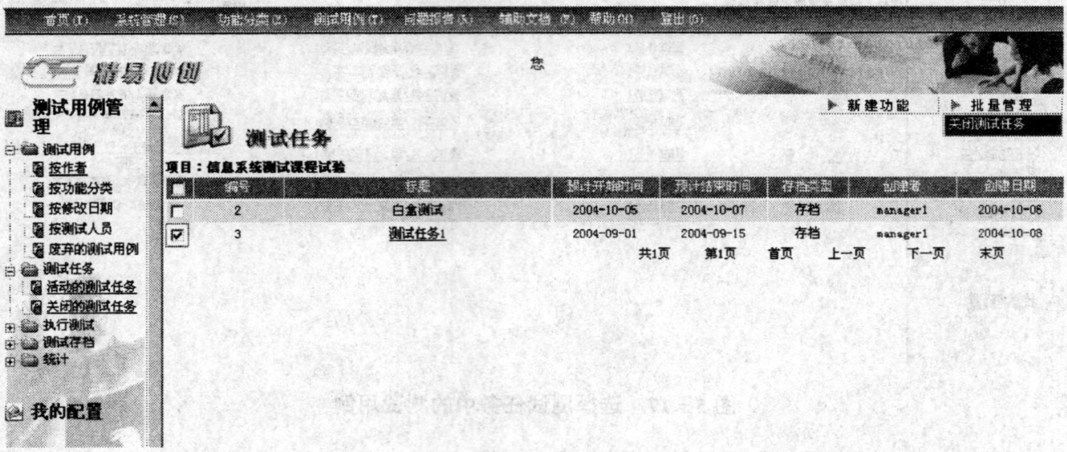

图 5－19 关闭测试任务

软件测试人员对在测试中所发现的每一个软件问题，都要按照某种约定的标准格式写出软件问题报告。为了对所有软件问题报告进行管理，包括新建、修改、修复、验证等，需要建立一个软件问题报告数据库管理系统，提供给开发和测试部门在软件开发过程中对软件质量进行追踪和控制。

2. 软件问题报告的内容

软件问题报告的内容主要包括以下一些条目。

(1) 编号：每个软件问题报告的唯一标识。

(2) 作者：软件问题报告作者名称。

(3) 标题：对软件问题的简要描述。

(4) 状态：软件问题报告状态。

(5) 被测项目名：标识被测试的软件项目名称。

(6) 被测软件版本号：标识被测试的软件版本编号。

(7) 软件问题严重程度：对软件问题进行分级。

(8) 修改优先级：定义修改次序和时间。

(9) 操作系统平台和支持软件：对软件问题发现时的软件环境进行描述，以便开发部门再现该软件问题。

(10) 网络环境：对软件问题发现时的网络环境进行描述，以便开发部门再现该软件问题。

(11) 软件问题再现详细步骤：对软件问题发现的步骤进行详细描述。

(12) 软件问题变通和绕过方法：描述变通和绕过该软件问题的步骤。

表 5-2 软件问题报告范例

软件问题报告编号　　＃CHAT3LTHAQ

状态：解决/已修改

作者：刘军　　　　创建日期　1997-09-12

问题报告标题：在字体功能对话框中，执行不正确

基本信息：

项目名称	字处理	被测软件版本号	17
严重程度	1	是否再现	总是再现
OS 平台	Windows	版本语言	中文
部门	测试	优先级	3
地点	北京	问题类型	⊙软件　○文本
发现方法	手动测试	测试阶段	
被测软件		浏览器	
所用数据库		状态改变是否向有关人员发邮件	□是

详细信息：

再现步骤：

现　　象	步　　骤

3. 软件问题报告的生命周期

在此我们提出软件问题报告的生命周期概念。所谓软件问题报告的生命周期就是指软件问题从开始提出到最后完全解决，并通过复查的过程。在这个过程中软件问题报告的状态不断发生着变化，记录着软件问题的处理进程。在这个生命周期中，各类人员对每个软件问题报告所负的责任不同，拥有的处理权限也不同，再次体现了协同工作的特点。

图 5－20 是软件问题报告生命周期状态图。

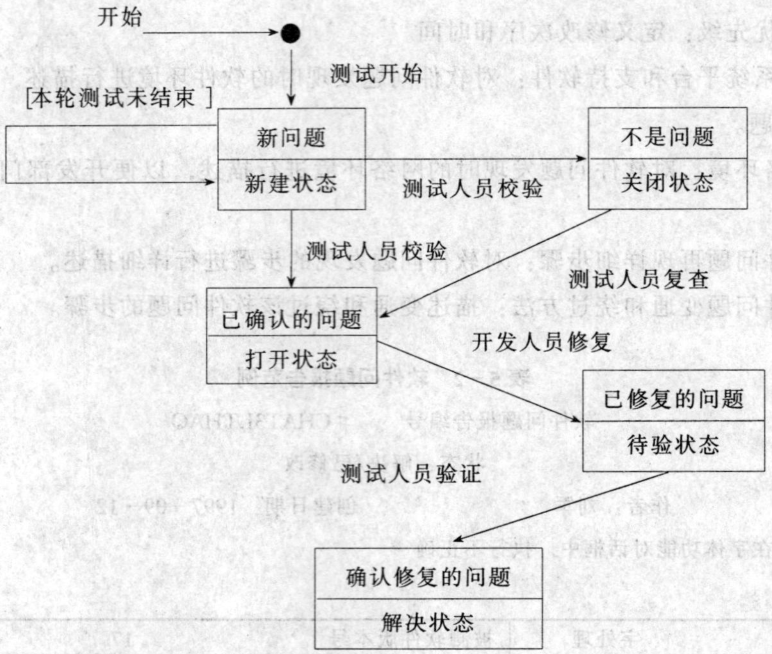

图 5－20　软件问题报告生命周期

(1) 测试人员在依据测试计划和测试用例进行测试的过程中将发现的问题通过创建一个新的软件问题报告提交给软件问题报告库，同时将软件问题报告的状态设为“新建”。

(2) 负责该测试域的质量保证人员要对该软件问题进行校验。

如果确认这个问题存在，那么就将软件问题报告的状态设为“打开/再现”。然后将该软件问题报告转给负责该功能的开发人员；

如果认为这个问题不是一个需要修复的问题，就将该软件问题报告的状态设为“关闭/不是问题”。

(3) 开发人员要及时对其负责功能域的软件问题报告进行审查。

如果发现该问题是其它功能域的问题，则将报告转发给相应的人员或部门；

对软件问题进行修复，修复完毕后要在软件问题报告中填写处理意见，并将软件问题报告状态设为“修复/待验”，并转给相应的质量保证人员进行复查。

(4) 质量保证人员对“修复/待验”状态软件问题报告进行验证。

如果质量保证人员对开发人员的处理不满意（如问题仍然再现或修复失败），则将软件问题报告重新打开，状态设为“打开/修复失败”，转回开发人员重新处理；

如果质量保证人员经过验证，确认问题已经修复，则将软件问题报告状态设为最终的“解决/修复”状态。

(5) 对于“关闭/不是问题”的软件问题报告，还可以转为“打开/再现”状态，转移的条件就是经过质量保证人员的复查，确认该问题需要开发人员来解决。

在生命周期中软件问题报告共包括5个状态。

● 新建状态

如果在“项目定义”中定义所有软件问题报告的初始状态为新建状态，那么当有新的软件问题报告记录创建时，该问题报告就是新建状态。新建状态可以转移到两个状态：关闭状态，打开状态。当质量保证人员认为该问题不是一个有效的问题或相同内容的问题报告已存在时，就把该问题记录转移到关闭状态。当该问题被认为是一个有效问题时就转移到打开状态。能够对新建状态问题进行操作的角色是质量保证人员。

● 打开状态

处于打开状态的问题是已经通过质量保证人员审查过的认为是有效的问题的记录。“打开”状态可转移到“待验状态”，是由具有“开发人员操作”职责的角色实施状态转移，产生状态转移可能是该角色修改了问题或是认为问题已修改。

● 待验状态

处于该状态的问题是已通过了修改或已进行了解释，等待具有“验证问题”职责的角色进行验证，验证问题是否已真正得到修改或得到合理的解释。当具有“验证问题”职责的角色认为问题已真正得到修改或合理的解释时，状态就转移到“解决”状态，否则就转移到“打开”状态。

● 解决状态

处于解决状态的问题是在项目过程和项目产品中曾经出现过但现在已得到解决的问题。如果已解决的问题在后续的质量过程中再次重现就转移到“打开”状态，如果在回归测试阶段把所有已解决的问题重新验证，就转移到“待验”状态。

● 关闭状态

处于关闭状态的问题是具有“关闭问题”职责的角色对处于“打开”或“新建”状态的问题进行操作转移来的，可能是因为问题无效或问题已存在等原因。

5.3.5 举例：软件问题报告处理过程

下面以 QESuite Web 为例，介绍如何处理软件问题报告。在 QESuite Web 的主界面中选择“问题报告”，将出现如图 5-21 所示控制面板。

(1) 选择功能分类：在新建软件问题报告时必须为软件问题指定一个功能分类。如图 5-22 所示。

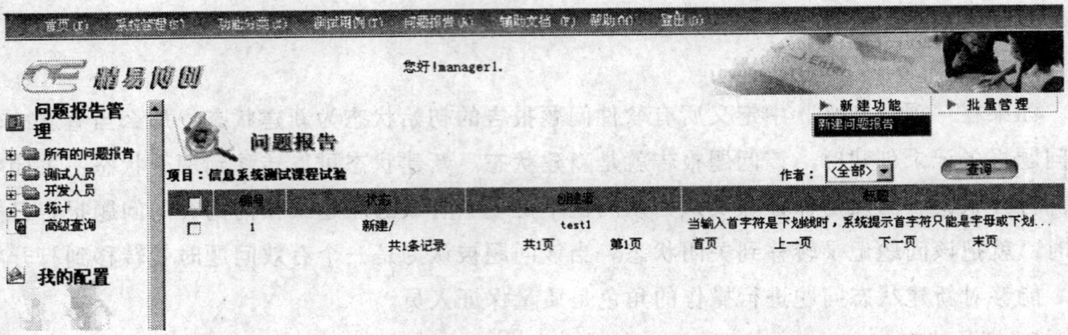

图 5－21 QESuite Web“问题报告”处理

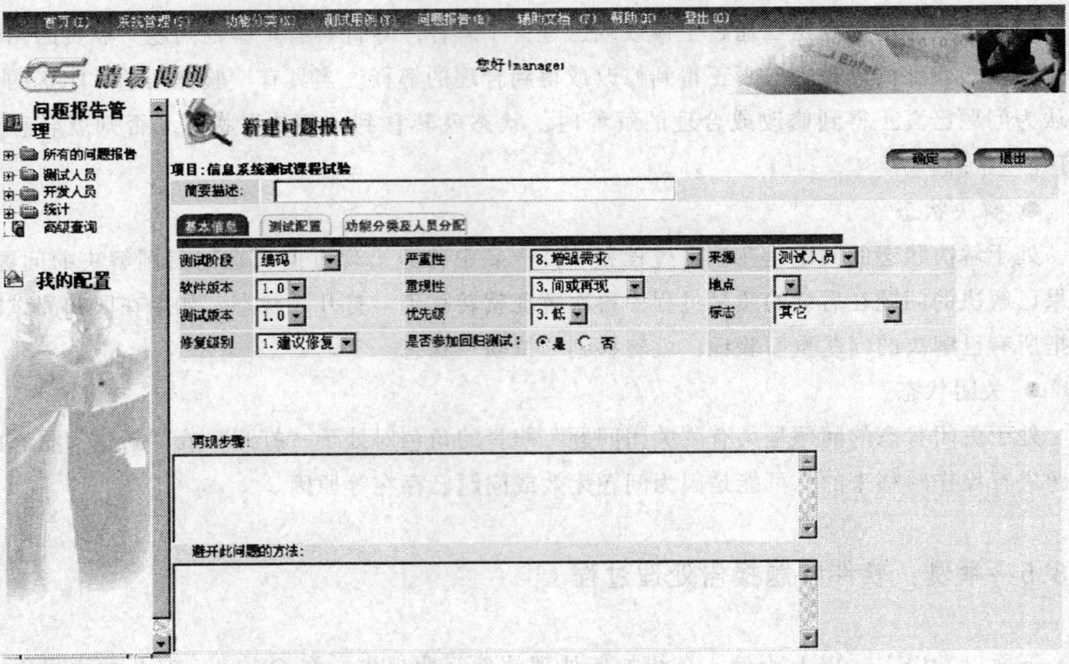

图 5－22 为软件问题指定一个功能分类

（2）新建软件问题报告：由测试或开发人员完成。如图 5－23 所示。

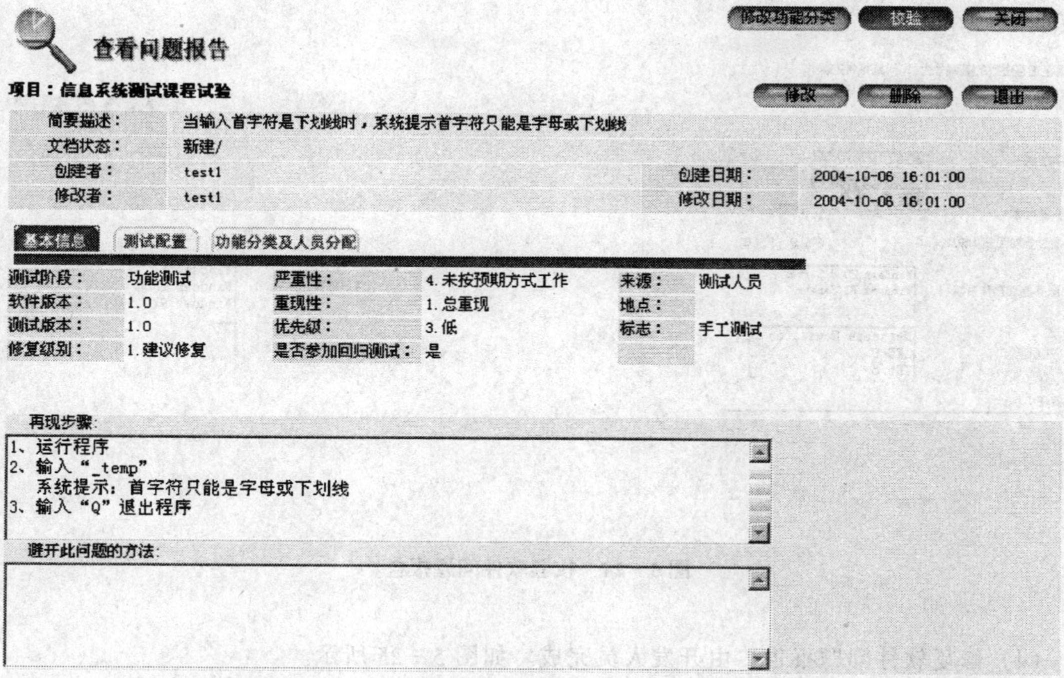

图 5-23　新建软件问题报告

(3) 校验软件问题报告：由质量保证人员完成。如图 5-24 所示。

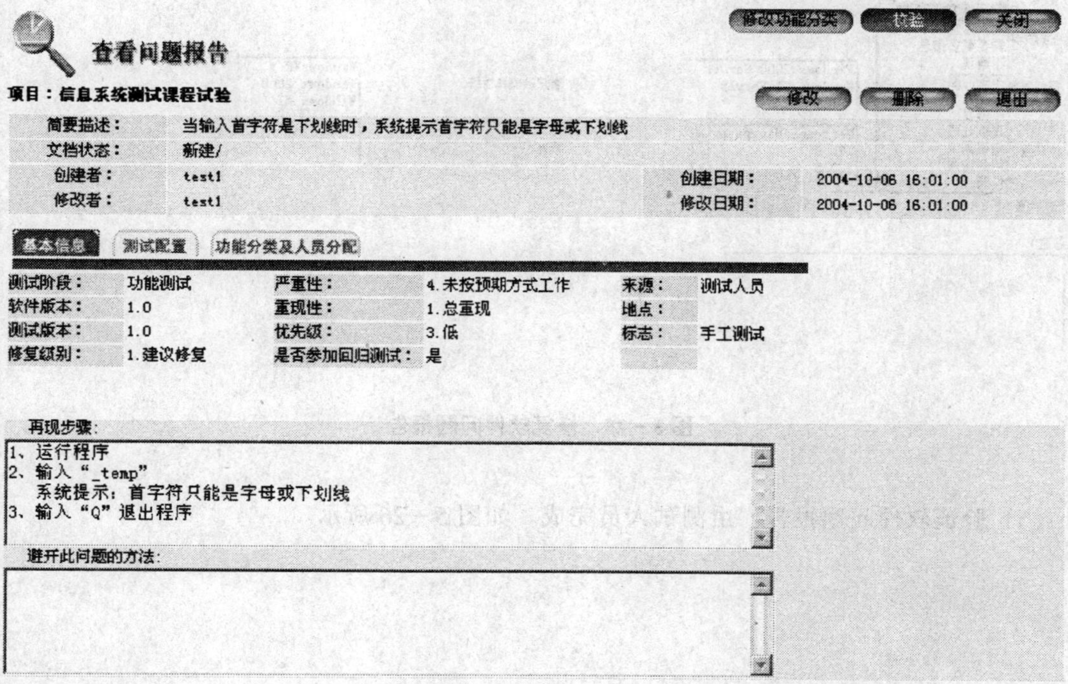

图 5－24　校验软件问题报告

（4）修复软件问题报告：由开发人员完成。如图 5－25 所示。

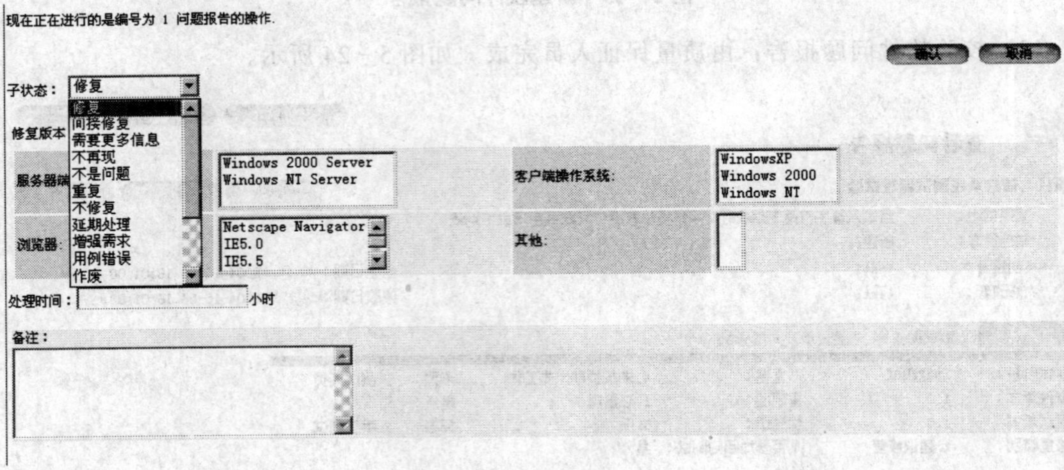

图 5－25　修复软件问题报告

（5）验证软件问题报告：由测试人员完成。如图 5－26 所示。

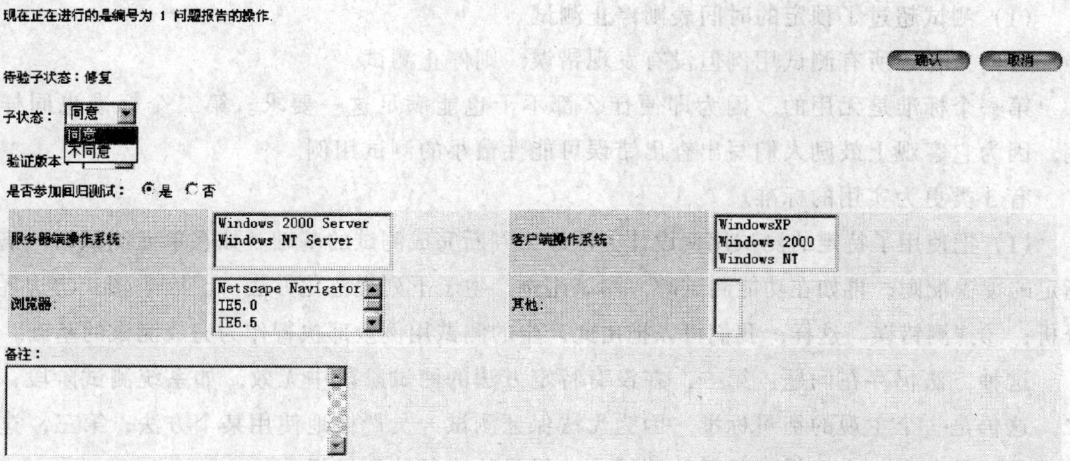

图 5-26 验证软件问题报告

(6) 关闭软件问题报告：由测试或开发人员完成。如图 5-27 所示。

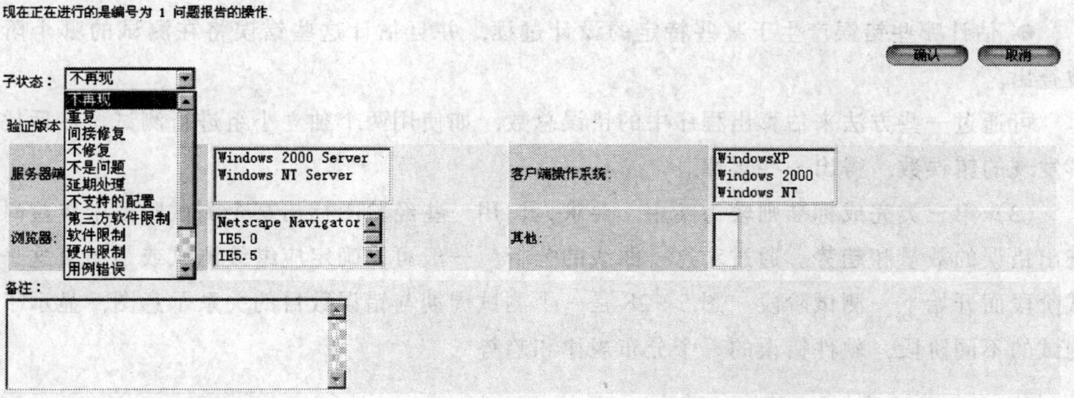

图 5-27 关闭软件问题报告

5.4 测试总结

5.4.1 测试完成的标准

一个软件的测试除了通过测试计划、测试用例以及软件问题报告来进行有效的管理外，决定什么时候停止测试是一个非常困难的问题。因为测试不可能找出程序中的所有错误，因此基于条件限制（费用和时间），测试最终一定要停止。

在实际工作中，一些常用的典型标准完全没有意义，也毫无益处。两个最常见的标准是：

(1) 测试超过了预定的时间表则停止测试。

(2) 执行了所有测试用例但没有发现错误，则停止测试。

第一个标准是无用的，因为即便什么都不干也能满足这一要求。第二个标准也同样无用，因为它客观上鼓励人们写出查出错误可能性最小的测试用例。

有 3 类更为实用的标准。

(1) 把使用了特定的测试用例设计方法作为判断完成测试的基础。如在单元测试时，满足指定的覆盖准则；再如在功能测试时，测试用例产生于下列规范化方法：①因果图；②边界值分析；③猜测错误。这样，我们可以把由此产生的测试用例全部执行作为完成测试的基础。

这种方法仍存在问题：第一，在没有特定方法的测试阶段中无效，如系统测试阶段；第二，这仍是一个主观的衡量标准，因为无法保证测试人员严格地使用某个方法；第三，这个标准并不是确定一个目标，然后让测试员选择最佳途径达到目标。

(2) 正面指出了完成测试的要求。如直接指出要查出的错误数。使用该方法要求：

- 估计程序中错误的总数；
- 估计这些错误中通过测试，有多少可以很容易地查出来；
- 估计哪些错误产生于某些特定的设计过程，并且估计这些错误将在测试的哪个阶段被查出。

可通过一些方法来估算出程序中的错误总数，如使用两个独立小组进行测试，然后比较其发现的错误数，得出一些规律。

(3) 第三类完成标准则较为实用，要求人们用一些经验图标出某个测试阶段中单位时间查出错误的数量和趋势。通过对这一曲线的分析，一般可以确定应继续测试或是结束这一测试阶段而开始下一测试阶段。图 5－28 是一个测试周期与错误数目的关系示意图，显示了在测试的不同阶段，软件错误的一个分布规律和趋势。

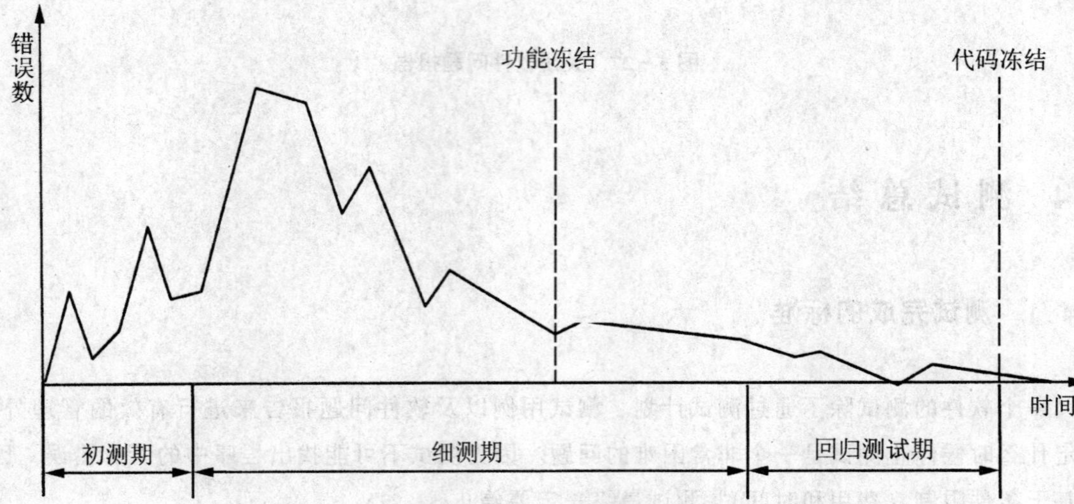

图 5－28　测试周期与错误数目的关系示意图

5.4.2 测试结果的统计

当知道了何时已经完成了测试，就要开始对测试结果进行统计和分析。本节重点讲述对于测试结果的统计问题。

其实，在对于测试完成的标准测试的阶段就是一个对于测试结果进行统计和分析的过程，只是还没有那么系统化。那么我们到底要对哪些测试结果进行统计呢？其实用很通俗的话来说，就是对所有收集到的可靠性数据以及软件在运行中出现的错误和软件功能匹配问题的统计。

我们可以从各种不同的角度关注测试结果的统计。例如，依据软件错误性质及危害程度，我们可以根据软件错误的严重程度分为：

(1) 最严重错误：如导致环境破坏，或是造成生命财产损失。

(2) 非常严重的错误：如系统突然停机。

(3) 严重错误：如系统运行不可跟踪。

(4) 较严重错误：如系统结果不是所期待的。

(5) 中等错误：如系统的运行有局部的影响。

(6) 较小错误：如对系统运行只有非实质性影响，如输出格式不对、显示不对。

对上述各种类型的软件错误进行统计，所得到的数据可以作为可靠性评估的基础。应该建立软件错误报告、分析与纠正措施系统。按照相关标准的要求，制定和实施软件错误报告和可靠性数据收集、保存、分析和处理的规程，完整、准确地记录软件测试阶段的软件错误报告和收集可靠性数据。

在 QESuite Web 中，我们依据软件问题报告就可以得到下面的测试结果统计信息。

(1) 软件问题密度分布

在该结果报告中，给出软件问题相对软件问题所在的区域、软件问题产生的过程阶段的分布情况。相对问题区域的分布可以帮助管理人员检验 80/20 规律（80％的问题分布在 20％的区域）在该项目的具体表现，制订有针对性的修改措施和质量保证措施。相对软件过程阶段的分布是反映当前项目还存在的软件问题，以及软件问题在整个项目过程中的发展趋势。

(2) 软件问题修改率

修改率是对问题修改过程的工作效率的一个反映，同时指出当前还有多少问题未得到解决或处理。

(3) 软件问题周发现率

发现率是对发现问题过程的效率的反映。该结果中按照质量保证手段列出软件问题周发现率，帮助项目管理评价哪种质量保证措施更有效。

(4) 按周列出延期修复的软件问题

该结果报告帮助项目管理人员在组织实行产品验证和产品确认时，明确需求规格说明中的需求满足情况。

(5) 按周列出处于“打开”状态和“待验”状态的软件问题

在该结果中给出已发现但未处理的软件问题列表，以及已处理但未得到进一步验证的软件问题列表。该结果信息帮助项目管理人员明确质量保证人员和开发人员还未完成的工作量。

(6) 严重问题的生命周期分析

该结果是对项目过程中“解决问题”子过程的能力的反映，同时为项目管理人员的决策提供及时的警告信息。如果严重问题的生命周期很长，那么在一定程度上说明严重的问题在项目过程中未引起足够的重视，或者因为处理问题过于困难需要更多的投入来解决问题。

5.4.3　测试结果的分析

对测试结果进行统计之后，就开始对测试结果的分析工作，这也是整个测试过程中的重点工作。简单来讲，分析过程就是一个错误与软件要求的功能相匹配的过程，但是又不仅仅那么简单。

大体上从以下几方面对测试结果进行分析。

1. 能力

陈述经测试证实了的某软件的能力。如果所进行的测试是为了验证一项或几项特定性能要求的实现，应提供这方面的测试结果与要求之间的比较，并确定测试环境与实际运行环境之间可能存在的差异对能力的测试所带来的影响。

2. 缺陷和限制

陈述经测试证实的软件缺陷和限制，说明每项缺陷和限制对软件性能的影响，并说明全部测得的性能缺陷的累积影响和总影响。

3. 建议

对每项缺陷提出改进建议，如：

(1) 各项修改可采用的修改方法；

(2) 各项修改的紧迫程度；

(3) 各项修改预计的工作量；

(4) 各项修改的负责人。

4. 评价

说明该项软件的开发是否已达到预定目标、能否交付使用。

5.4.4　测试总结报告

在测试完成之后，需要编写测试总结报告。测试总结报告是把测试的过程和结果写成文档，并对发现的问题和缺陷进行分析，为纠正软件的存在的质量问题提供依据，同时为软件验收和交付打下基础。

测试总结报告是测试阶段最后的文档产出物，优秀的测试经理应该具备良好的文档编写能力，一份详细的测试总结报告包含足够的信息，包括产品质量和测试过程的评价、测试报告基于测试中的数据采集以及对最终测试结果的分析。

下面是测试总结报告模板。

第一部分 格式及要求

1. 密级

通常，测试报告供内部测试完毕后使用，因此密级为中，如果可供用户和更多的人阅读，密级为低，高密级的测试报告适合内部研发项目以及涉及保密行业和技术版权的项目。

2. 标题

××××项目测试总结报告

报告编号

可供索引的内部编号或者用户要求分布提交时的序列号

部门经理__________项目经理__________

开发经理__________测试经理__________

××××公司 ××××单位（此处包含用户单位以及研发此系统的公司）

××××年××月××日

3. 格式要求

标题一般采用大体字（如一号），加粗，宋体，居中排列

副标题采用大体小一号字（如二号）加粗，宋体，居中排列

其他采用四号字，宋体，居中排列

4. 版本控制

版本	作者	时间	变更摘要
			新建/变更/审核

第二部分 引 言

1. 编写目的

本测试报告的具体编写目的，指出预期的读者范围。

实例：本测试报告为×××项目的测试报告，目的在于总结测试阶段的测试以及分析测试结果，描述系统是否符合需求（或达到×××功能目标）。预期参考人员包括用户、测试人员、开发人员、项目管理者、其他质量管理人员和需要阅读本报告的高层经理。

提示：通常用户对测试结论部分感兴趣，开发人员希望从缺陷结果以及分析得到产品开发质量的信息，项目管理者对测试执行中成本、资源和时间予以重视，而高层经理希望能够阅读到简单的图表并且能够与其他项目进行同向比较。此部分可以具体描述为什么类型的人可参考本报告×××页×××章节，你的报告读者越多，你的工作越容易被人重视，前提是必须让阅读者感到你的报告有价值而且值得花费一点时间去关注。

2. 项目背景

对项目目标和目的进行简要说明。必要时包括简史，这部分不需要脑力劳动，直接从需求或者招标文件中拷贝即可。

3. 系统简介

如果设计说明书有此部分，照抄。注意必要的框架图和网络拓扑图能吸引眼球。

4. 术语和缩写词

列出设计本系统/项目的专用术语和缩写语约定。对于与技术相关的名词和多义词一定要解释清楚，以便阅读时不会产生歧义。

5. 参考资料

(1) 需求、设计、测试用例、手册以及其他项目文档都是范围内可参考的东西。

(2) 测试使用的国家标准、行业指标、公司规范和质量手册等等。

第三部分　测试说明

测试的概要介绍，包括测试的一些声明、测试范围、测试目的等等，主要是测试情况简介（其他测试经理和质量人员关注部分）。

1. 测试用例设计方法

简要介绍测试用例的设计方法。例如等价类划分、边界值、因果图，以及用这类方法(3~4 句)。

提示：如果能够对设计进行具体说明，其他开发人员、测试经理阅读的时候就容易对你的用例设计有个整体的概念，顺便说一句，在这里写上一些非常规的设计方法也是有利的，至少在没有看到测试结论之前就可以了解到测试经理的设计技术，重点测试部分一定要保证有两种以上不同的用例设计方法。

2. 测试环境与配置

简要介绍测试环境及其配置，如果项目比较大，则用表格方式列出。

数据库服务器配置

CPU：

内存：

硬盘：可用空间大小

操作系统：

应用软件：

机器网络名：

局域网地址：

应用服务器配置

……

客户端配置

CPU：

内存：

硬盘：可用空间大小

操作系统：

应用软件：

机器网络名：

局域网地址：

……

对于网络设备和要求也可以使用相应的表格，对于3层架构的，可以根据网络拓扑图列出相关配置。

3. 测试方法和工具

简要介绍测试中采用的方法（和工具）。

提示：主要是黑盒测试，测试方法可以写上测试的重点和采用的测试模式，这样可以一目了然地知道是否遗漏了重要的测试点和关键块。工具为可选项，当使用到测试工具和相关工具时，要说明。注意要注明是自产还是外购，版本号多少，在测试报告发布后要避免工具的版权问题。

第四部分　测试结果及缺陷分析

这部分主要汇总各种数据并进行度量，度量包括对测试过程的度量和能力评估、对软件产品的质量度量和产品评估。对于不需要过程度量或者相对较小的项目，例如用于验收时提交用户的测试报告、小型项目的测试报告，可省略过程方面的度量部分。采用了CMM/ISO或者其他工程标准过程的，需要提供过程改进建议和参考的测试报告——主要用于公司内部测试改进和缺陷预防机制——过程度量需要列出。

1. 测试执行情况与记录

描述测试资源消耗情况，记录实际数据（测试、项目经理关注部分）。

测试组织架构

可列出简单的测试组架构图，包括：

测试组架构（如存在分组、用户参与等情况）

测试经理（领导人员）

主要测试人员

参与测试人员

测试时间统计

列出测试的跨度和工作量，最好区分测试文档和活动的时间。数据可供过程度量使用。

例如 ×××子系统/子功能

实际开始时间－实际结束时间

总工时/总工作日

任　务	开始时间	结束时间	总　计
合　计			

对于大系统/项目来说最终要统计资源的总投入，必要时要增加成本一栏，以便管理者清楚地知道究竟花费了多少人力去完成测试。

测试类型	人员成本	工具设备	其他费用
总　计			

在数据汇总时可以统计个人的平均投入时间和总体时间、整体投入平均时间和总体时间，还可以算出每一个功能点所花费的时/人。

用　时 / 人　员	编写用例	执行测试	总　计
合　计			

这部分用于过程度量的数据包括文档生产率和测试执行率。

生产率 / 人　员	用例/编写时间	用例/执行时间	平　均
总　计			

测试版本信息

给出测试的版本，如果是最终报告，可能要报告测试次数。列出表格清单则便于知道某个子系统/子模块的测试频度，多次回归的子系统/子模块将引起开发者关注。

2. 覆盖分析

需求覆盖统计

需求覆盖率是指经过测试的需求/功能和需求规格说明书中所有需求/功能的比值，通常情况下要达到100%的目标。

需求/功能（或编号）	测试类型	是否通过	备注
		[Y] [P] [N] [N/A]	

根据测试结果，按编号给出每一测试需求的通过与否结论。P表示部分通过，N/A表示不可测试或者用例不适用。实际上，需求跟踪矩阵列出了一一对应的用例情况以避免遗漏，此表作用为传达需求的测试信息以供检查和审核。

需求覆盖率计算 Y项/需求总数 ×100%

用例覆盖统计

需求/功能（或编号）	用例个数	执行总数	未执行	未/漏测分析和原因

实际上，测试用例已经记载了预期结果数据，测试缺陷上说明了实测结果数据和与预期结果数据的偏差；因此没有必要对每个编号在此提供更详细的缺陷记录与偏差，列表的目的仅在于更好地查看测试结果。

测试用例覆盖率计算：(执行数/用例总数) ×100%

3. 缺陷统计

缺陷统计主要涉及到被测系统的质量，因此，这部分成为开发人员、质量人员重点关注的对象。

缺陷汇总

被测系统	系统测试	回归测试	总计
合计			

按严重程度统计

严重	一般	微小

按缺陷类型统计

用户界面	一致性	功能	算法	接口	文档	用户界面	其他

按功能分布统计

功能一	功能二	功能三	功能四	功能五	功能六	功能七

最好给出缺陷的饼状图和柱状图以便直观查看。图标能够使阅读者迅速获得信息，尤其是各层面管理人员没有时间去逐项阅读文章。这些信息测试经理都可以从 QESuite Web Version1.0中的统计结果中直接得到。

4. 缺陷分析

本部分对上述缺陷和其他收集数据进行综合分析。

缺陷综合分析

缺陷发现效率＝缺陷总数/执行测试用时

可从具体人员得出平均指标。

用例质量＝（缺陷总数/测试用例总数）×100％

缺陷密度＝缺陷总数/功能点总数

缺陷密度可以得出系统各功能或各需求的缺陷分布情况，开发人员可以在此分析基础上得出哪部分功能/需求缺陷最多，从而在以后开发时注意避免并在实施时予以关注，测试经验表明，测试缺陷越多的部分，其隐藏的缺陷也越多。

重要缺陷分析

缺陷编号	简要描述	分析结果	备　注

遗留缺陷

缺陷编号：BUG 号

缺陷概要：该缺陷描述的事实

原因分析：如何引起缺陷，缺陷的后果，描述造成软件局限性和其他限制性的原因

预防和改进措施：弥补手段和长期策略

未解决问题

问题类型：

测试结果：与预期结果的偏差

缺陷描述：具体描述

评价：对这些问题的看法，也就是带着这些问题，如果产品发布出去了会造成什么样的影响。

第五部分　结论与建议

这个部分就是一个总结，对上述过程、缺陷分析之后下个结论，此部分为项目经理、部门经理以及高层经理所关注，请清晰扼要地下结论。

1. 结论

(1) 测试执行是否充分（可以增加对安全性、可靠性、可维护性和功能性描述）；

(2) 对测试风险的控制措施和成效；

(3) 测试目标是否完成；

(4) 测试是否通过；

(5) 是否可以进入下一阶段项目目标。

2. 建议

(1) 对系统存在问题的说明，描述测试所揭露的软件缺陷和不足，以及可能给软件实施和运行带来的影响；

(2) 可能存在的潜在缺陷和后续工作；

(3) 对缺陷修改和产品设计的建议；

(4) 对过程改进方面的建议。

本章小结

本章从实践的角度，系统地介绍了完成信息系统测试所需要的工作。这些工作包括测试计划、测试设计、测试执行和测试总结等 4 个阶段。作为一项工程，成功的信息系统测试需要完成许多工作。学习完本章之后，相信大家会对测试管理过程有较深的了解，从而可以完成简单的信息系统测试。

本章配有 4 讲课程录像：

第 15 讲　测试计划

第 16 讲　测试设计

第 17 讲　测试执行

第 18 讲　测试总结

习　　题

1. 制订成功的测试计划所应注意的事项是什么？

2. 如何编写测试用例？

3. 软件问题报告主要包括哪些内容？

4. 如何分析软件测试的结果？

第 6 章　主流软件测试工具介绍

本章导读

[内容简介]

本章介绍了一些国外主流软件测试工具的概况和使用知识，希望能帮助同学们更好地进行软件测试工具的使用、选择和实践。

具体包括以下内容：

- 软件测试工具概述
- 主流软件测试工具介绍
- 软件测试工具的选择和使用

[学习目标]

1. 了解软件测试工具概况；
2. 了解主流软件测试工具的基本功能；
3. 了解软件测试工具的选择和使用。

6.1 软件测试工具概述

6.1.1 应用测试工具的目的

随着软件测试的地位逐步提高，测试的重要性逐步显现，测试工具的应用已经成为普遍的趋势。总的来说，通过测试工具的应用可以提高测试的质量和效率。

一般而言，在测试过程中应用测试工具主要有以下几个目的。

(1) 提高测试质量：可以帮助测试人员发现正常测试中很难发现的缺陷；

(2) 减少测试过程中的重复劳动：可以记录测试步骤，并可重复执行这些步骤；

(3) 实现测试自动化：对已经记录的测试步骤，可以生成自动测试脚本，可实现部分自动测试。

6.1.2 测试工具的分类

目前测试工具较多，一般可以分为白盒测试工具、黑盒测试工具和测试管理工具。

1. 白盒测试工具

白盒测试工具一般是针对代码进行测试，测试中发现的缺陷可以定位到代码级，根据测试工具原理的不同，又可以分为静态测试工具和动态测试工具。

(1) 静态测试工具

静态测试工具直接对代码进行分析，不需要运行代码，也不需要对代码编译链接、生成可执行文件。静态分析工具一般是对代码进行语法扫描，找出不符合编码规范的地方，根据某种质量模型评价代码的质量，生成系统的调用关系图等。

静态测试工具的代表有 Telelogic 公司的 Logiscope 软件、PR 公司的 PRQA 软件等。

(2) 动态测试工具

动态测试工具与静态测试工具不同，一般采用“插装”的方式，向被测源代码文件中插入一些监测代码，用来统计程序运行时的数据。动态测试工具与静态测试工具最大的不同就是动态测试工具要求被测系统实际运行。

动态测试工具的代表有 Compuware 公司的 DevPartner 软件、Rational 公司的 Purify 系列等。

2. 黑盒测试工具

黑盒测试工具包括功能测试工具和性能测试工具。黑盒测试工具的工作原理是利用脚本的录制/回放（Record/Playback）功能，模拟用户的操作，然后将被测系统的输出记录下来同预期结果比较。黑盒测试工具可以大大减轻黑盒测试的工作量，在迭代开发的过程中，能够很好地进行回归测试。

黑盒测试工具的代表有 Rational 公司的 TeamTest 及 Robot；Compuware 公司的 QACenter 和 Mercury Interactive 公司的 WinRunner 等。另外，专门用于性能测试的工具包括 Mercury Interactive 公司的 LoadRunner；Radview 公司的 WebLoad；Microsoft 公司的 WebStress 等。

3. 测试管理工具

测试管理工具用于对测试过程进行管理，包括对测试计划、测试流程、测试用例、测试实施进行管理，并且通常还包括缺陷跟踪管理。测试管理工具的代表有 Mercury Interactive 公司的 TestDirector；Rational 公司的 Test Manager；Compureware 公司的 TrackRecord 等软件。

6.2 主流软件测试工具介绍

6.2.1 WinRunner 自动测试工具

Mercury Interactive 的 WinRunner 是一种企业级的软件功能测试工具，用于检验企业应用程序是否能如期运行。通过自动捕获、检测和重放用户的交互操作，WinRunner 可自动执行功能测试，发现系统缺陷，并且确保那些跨越多个应用程序和数据库的业务流程在初次发布就能避免故障的出现，并且保持其长期稳定地运行。图 6－1 是运行 WinRunner 后显示的欢迎界面。

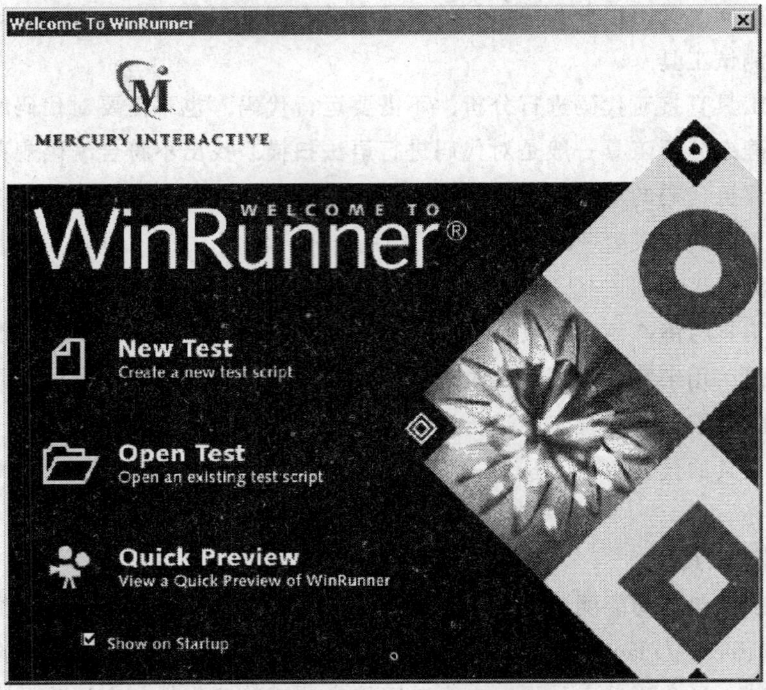

图 6－1 WinRunner 欢迎界面

1. 创建测试

用 WinRunner 创建一个测试，只需要记录一个标准的业务流程。例如下达一张订单或建立一个新的商家账户。WinRunner 直观的记录流程能让任何人在 GUI 上通过轻点鼠标就可建立新的测试。另外，WinRunner 还可以通过直接编辑测试指令来编辑已经建立的测试，以满足各种复杂测试的需求。WinRunner 将这两种创建测试的方式集成在一个环境下，来适应不同的背景。图 6－2 即是 WinRunner 的集成环境。

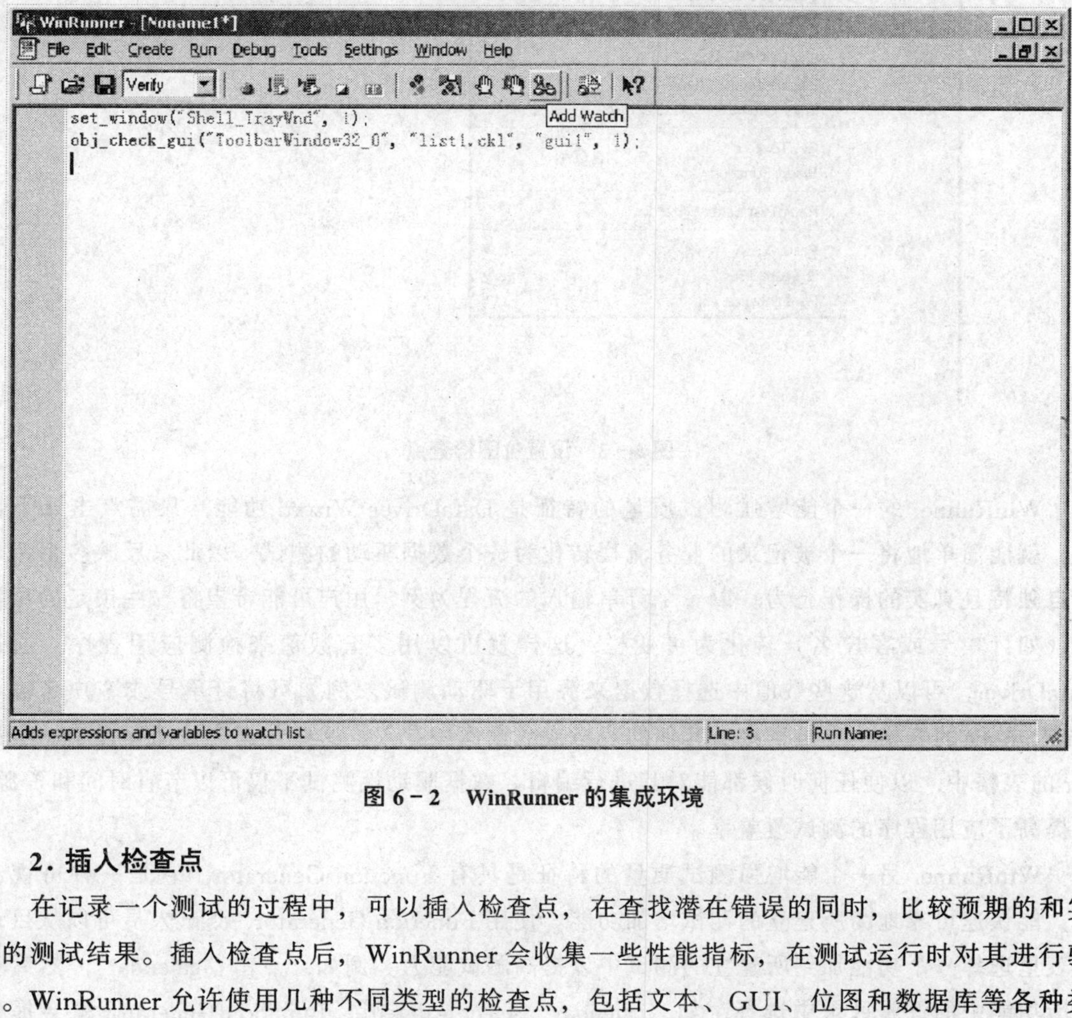

图 6－2 WinRunner 的集成环境

2. 插入检查点

在记录一个测试的过程中，可以插入检查点，在查找潜在错误的同时，比较预期的和实际的测试结果。插入检查点后，WinRunner 会收集一些性能指标，在测试运行时对其进行验证。WinRunner 允许使用几种不同类型的检查点，包括文本、GUI、位图和数据库等各种类型的检查点。例如，使用一个位图检查点，可以确认一个位图图像（例如公司的 Logo 图标）是否出现在应用的指定位置。具体操作如图 6－3 所示。

3. 检验数据

除了创建并运行测试，WinRunner 还能验证数据库的数值，从而确保交易的准确性。例如，在创建测试时，可以设定哪些数据库表格和记录资料需要检测。在重放时，测试程序会将数据库内的实际数值与预期的数值进行比较。WinRunner 能自动显示检测结果，并标识出有过更新、修改、删除或插入的记录，以引起测试人员的注意。

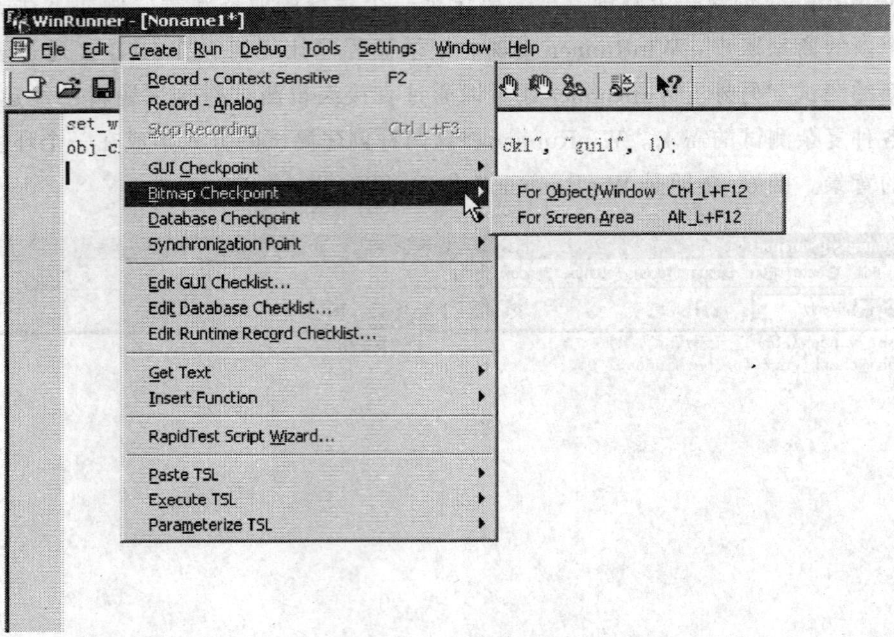

图 6－3 设置位图检查点

WinRunner 的一个能增强测试质量的特征是 DataDriver Wizard 功能，只需点击几下鼠标，就能简单地将一个被记录的业务流程转化为一个数据驱动的测试，以此来反映多个用户各自独特且真实的操作行为。以一个订单输入的流程为例，用户可能希望将一些锁定的项目栏（如订单号或客户名）转化为可变栏，这样就可以用多套数值来检测应用程序。通过 DataDriver，可以从这些数值中选择数据来源用于驱动测试，例如可将订单号或客户名输入 WinRunner 的表格，也可直接从其他的表格或数据库中导入。这些数据会被储存在 WinRunner 的表格中，以便任何时候都能对其进行编辑。数据驱动性测试不仅可以节省时间和资源，也提高了应用程序的测试覆盖率。

WinRunner 另一个能增强测试质量的特征是具有 Function Generator。它是一种可视工具，能快速可靠地为所建立的测试增加功能。使用 Function Generator，测试人员可以从目录列表里选择一个功能加到所建立的测试中以提高测试能力。例如，点击“calendar”，然后从年历功能中的下属目录中选择，如“calendar _ select _ date0”，Function Generator 就会提供所选功能的解释。选定了这个功能后，就可以直观地输入参数，再将这套完整的功能插入到所建立的测试中。

目前有相当数量的企业应用程序仍然使用非标准的对象。WinRunner 的 Virtual Object Wizard 不必特别编写代码，就能识别以前未知的对象。使用 Virtual Object Wizard 界面，可以看到一张对象类型列表，可以用其来代表未知的对象，可以为未知对象设定标识，如一个按钮，并为其命名。以后每次记录测试用到这个按钮，WinRunner 就会自动对应它的名字。

这个特性既能加强测试的质量，又提高了测试文件的可读性。

4. 运行测试

在完成创建测试、插入检查点、并做一些必要的功能增强之后，就可以开始运行测试。WinRunner 执行测试时，会自动操作应用程序，就像一个真实用户根据记录流程执行每一步的操作。而且 WinRunner 的意外处理功能可以处理来自 Message 和 Alert 的事件，为测试排除干扰。图 6－4 显示运行测试的操作。

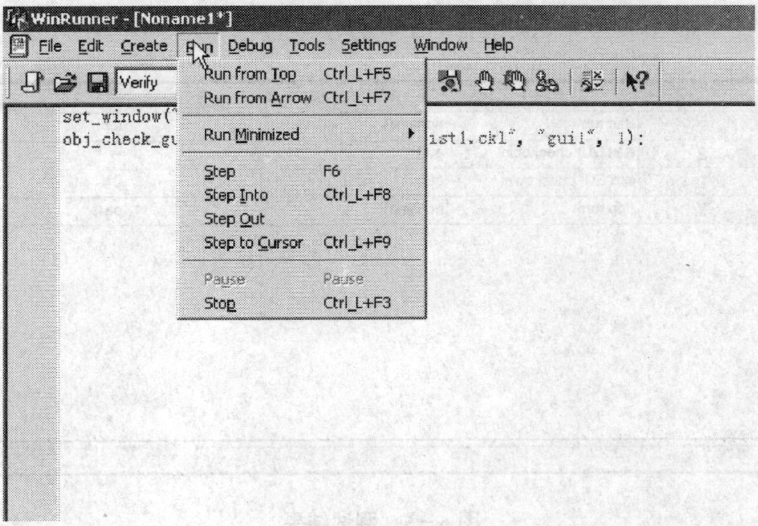

图 6－4　运行测试

5. 结果分析

一旦测试运行后，就需要分析测试结果。WinRunner 的互动式报告工具会列出在测试中发现的错误和出错的位置，通过提供这种详尽的、易读的报告，WinRunner 可以帮助测试人员解释所得到的测试结果。这些报告对在测试运行中发生的重要事件进行描述，如错误内容和检查点等。这些结果都可以通过 Mercury Interactive 的测试管理工具 TestDirector 来查阅。图 6－5 显示测试运行后的测试结果。

6. 维护测试

随着时间的推移，开发人员会对应用程序做进一步的修改，并需要增加额外的测试。通过 WinRunner，测试人员不必为应用程序的每一次改动创建新的测试。WinRunner 能创立在程序应用周期内可重复使用的测试。这样就大大地节省时间和资源，充分利用测试投资。

在测试中，WinRunner 每记录一个测试，就会自动生成一个 GUI map，用于储存应用对象。这些对象信息按分层结构组织，测试人员既可以总揽所有的对象，也可以选择其中某个对象，深入查询更多的信息。更重要的是，GUI map 提供一个中央汇集的站点用作更新测试。一般而言，对应用程序所做的任何改动都会影响到成百甚至上千个测试，使用 WinRunner，用户只需改动一个 GUI map 而非无数个测试，就能到达重复使用测试的目的。

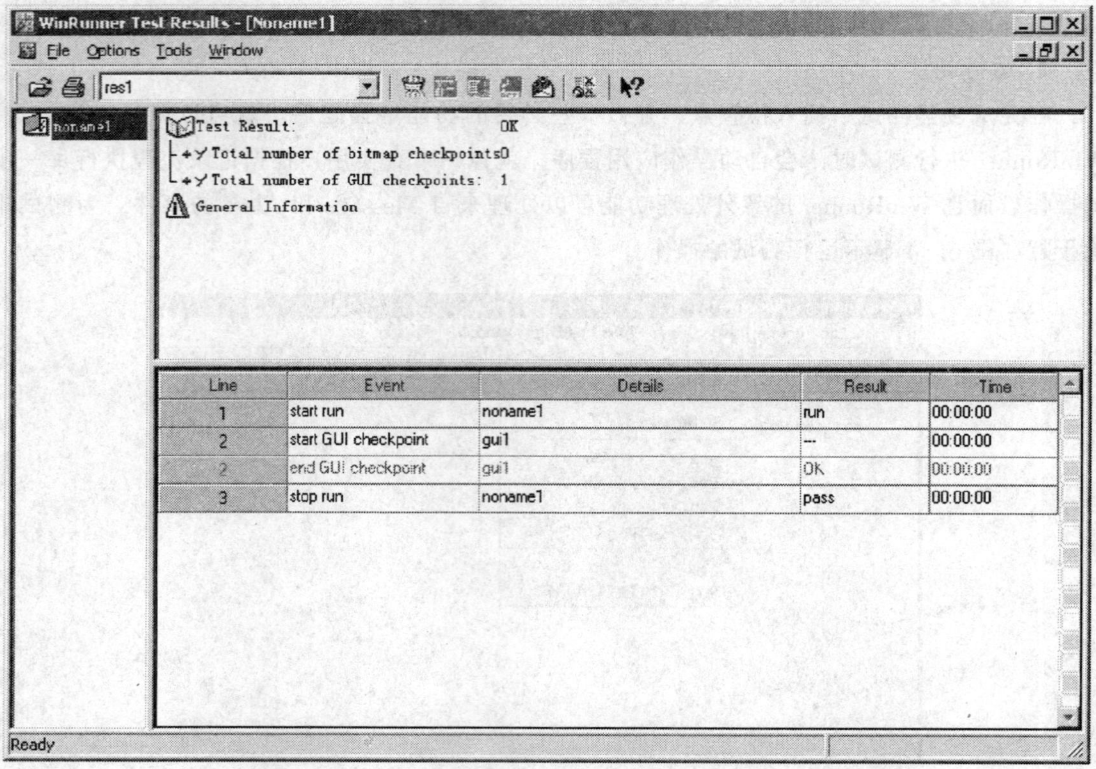

图 6－5　测试结果

另外，在大型程序测试中，往往有很多任务可以分开来进行记录。因为如果录制的代码过长，进行调试是很麻烦的事情，此外如果以后某一部分的程序进行修改的话，修改和重新录制的工作也是非常繁琐的。

因此，可以采用以下几种方式将一个大的测试用例进行分解。

(1) 将任务分段，比如 Login、Logout、公共窗口的打开、关闭。

(2) 错误处理的分类，比如将某一输入项目的各种错误输入分开录制。

(3) 公共界面的操作函数统一处理，例如系统中不同窗口使用同一子界面的情况。

将不同测试用例分解之后，可以使用 Call 函数及自定义函数机制来调用不同的子脚本和函数来完成一个个的测试任务。

6.2.2　LoadRunner 性能测试工具

LoadRunner 是一个性能测试工具，通过模拟成千上万个用户同时访问企业应用系统和实施实时性能监测，能够对整个系统架构进行负载测试和问题查找。

LoadRunner 的实时监控所包含的内容，其中包括 Os（操作系统）、Network（网络）、Firework（防火墙）、Middleware（中间件）、Web Server（网络服务）、Web Application Serv-

er（网络应用服务）、Streaming（流）和 Database（数据库）等。如图 6－6 所示。

LoadRunner's Real-time Performance Monitors

Loadrunner's raal-time performance monitors help isolate performance problems within your system.

OS Monitors:
- Windows NT, 2000
- UNIX
- Linux

Network Monitors:
- SNMP
- Network Delay

Middleware Monitors:
- CheckPoint

Web Server Monitors:
- Microsoft IIS
- iPlanet (NES)
- Apache

Web Application Server Monitors:
- BroadVision One-To-One
- Allaire Cold Fusion
- SillverStream
- BEA WebLogic Server
- IBM WebSphere
- Microsoft ASP
- Ariba Buyer
- ATG Dynamo
- iPlanet(NAS)

Database Monitors:
- Oracle
- Microsoft SQL Server
- IBM DB2

图 6－6 实时监控内容

通过使用 LoadRunner，企业能最大限度地缩短测试时间、优化应用系统性能并加速应用系统的实施周期。目前的企业级应用系统都必须支持成千上万的用户、各类硬件平台和不同厂商产品所组成的复杂系统环境。在应用系统运行过程中，难以预知的用户负载和愈来愈复杂的应用过程使人们担心会发生系统性能问题，如系统响应时间过长、系统失灵等。通过使用 LoadRunner，能够让企业最大限度地保障业务运行，无需购置额外硬件而能提升系统性能，确保最终用户在使用系统各个环节中对已测试部分的性都评价良好。

LoadRunner 能够预测系统行为、优化系统性能。此外，LoadRunner 能支持最广泛的协议标准和技术，为特殊环境量身定做提供解决方案。

1. 轻松创建虚拟用户

使用 LoadRunner 的 Virtual User Generator 引擎，能够很简便地模拟应用系统的负载量。该引擎能够生成代理或虚拟用户来模拟业务流程和真正用户的操作行为。

● 可以实现记录业务流程，如下达订单或预定机票，然后将其转化为测试脚本。

● 利用虚拟用户技术，可以在 Windows，UNIX 或 Linux 机器上同时运行成千上万个测试。

所以，LoadRunner 能极大地减少负载测试所需的硬件和人力资源。另外，使用 LoadRunner 的 TurboLoad 专利技术，能够创立与每天几十万个在线用户和数以百万计的点击数相匹配的负载，使系统能够达到最高负载规模适应性的水平。

通过 Virtual User Generator 建立测试脚本后，就可以开始对其进行参数化操作，这些操作能够使测试人员利用几套不同的实际生产数据来执行测试，从而反映出企业应用的实际负载。以一个订单输入过程为例，参数化操作可将记录中的固定数据，如订单号和客户名，来匹配成对多个实际用户的操作行为。图 6－7 显示了 Virtual User Generator 的界面。

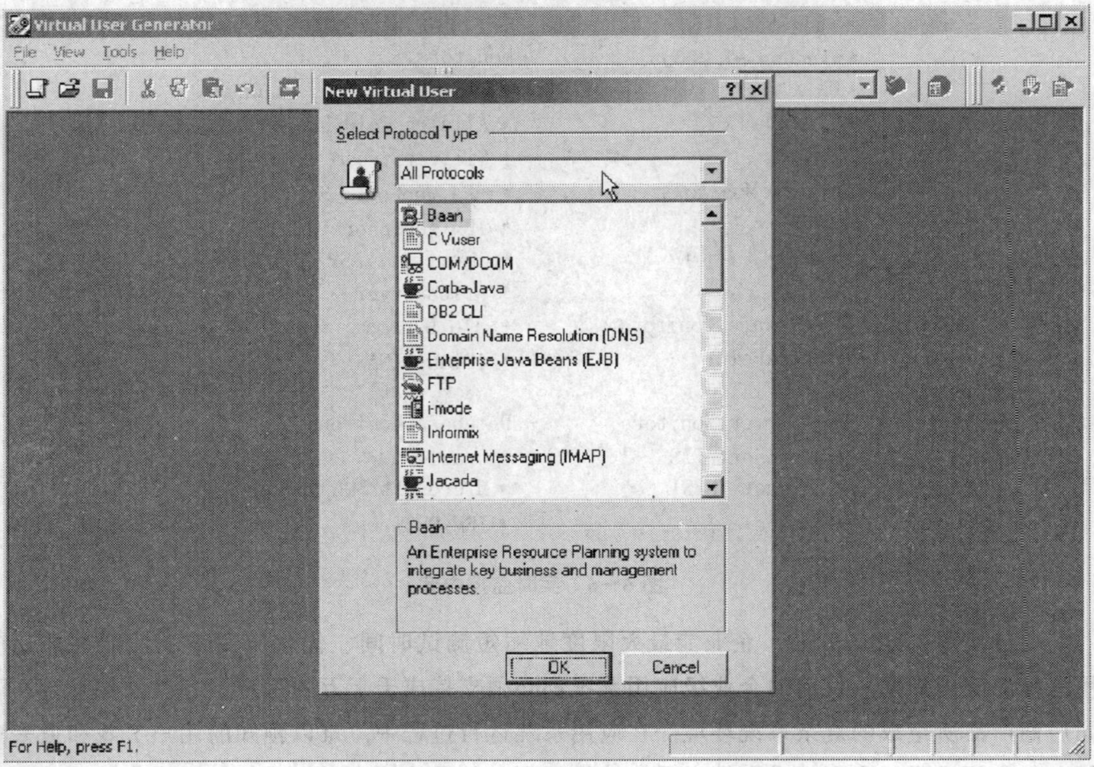

图 6－7　Virtual User Generator 界面

Data Wizard 可以帮助实现自动的参数化过程。Data Wizard 直接连接于数据库服务器的后端，可以直接从数据库服务器获取所需的数据（如订单号和用户名）并直接将其输入到测试脚本，避免了人工输入数据。

Virtual User 可以模拟真实用户和控制某些用户行为特性。例如，控制交易的数量、交易的效率、用户的思考时间和连接速度等。

2. 创建真实的负载

Virtual User 建立之后，就需要确定负载测试方案，例如，包括什么样的业务流程组合和多少数量的实际用户会在同一个负载服务器上运行等内容。通过 LoadRunner 的控制器，可以很快地组织好多用户的测试方案。控制器的 Rendezvous 功能提供一个互动的环境，在这个环境中既能建立起持续且循环的负载，又能管理和驱动负载测试方案。而且测试人员可以利用日程控制服务器来定义用户在系统以何种速度运行会产生负载。这样，测试人员就可以将测试过程自动化。同样，测试人员可以用 Controller 来限定负载方案，在这个方案下，所有的用户同时执行一个动作（如登录到一个库存管理应用程序）来模拟峰值的负载情况。

另外，测试人员还能够创立一个测试方案用于衡量不同厂商的软硬件产品性能（包括服务器、数据库、网络设备等）来帮助客户的确定购买意向。

LoadRunner 通过它的 Autoload 技术，可以提供更多的测试灵活性，可以根据目前的客户人数事先设定测试目标，优化测试流程。例如，测试目标是应用系统可以承受的每秒点击数或每秒的交易量。

3. 定位性能问题

LoadRunner 内含的集成实时监测器，在负载测试过程中，任何时候都可以观察应用系统的运行性能。例如实时显示交易性能数据，如图 6－8 所示，测试人员可以从中了解到响应时间和其他系统组件（包括应用服务器、Web 服务器、网络设备和数据库等）的瞬时性能。这样，测试人员就可以在测试过程中从客户和服务器两方面评估这些系统组件的运行性能，从而更快地发现问题。

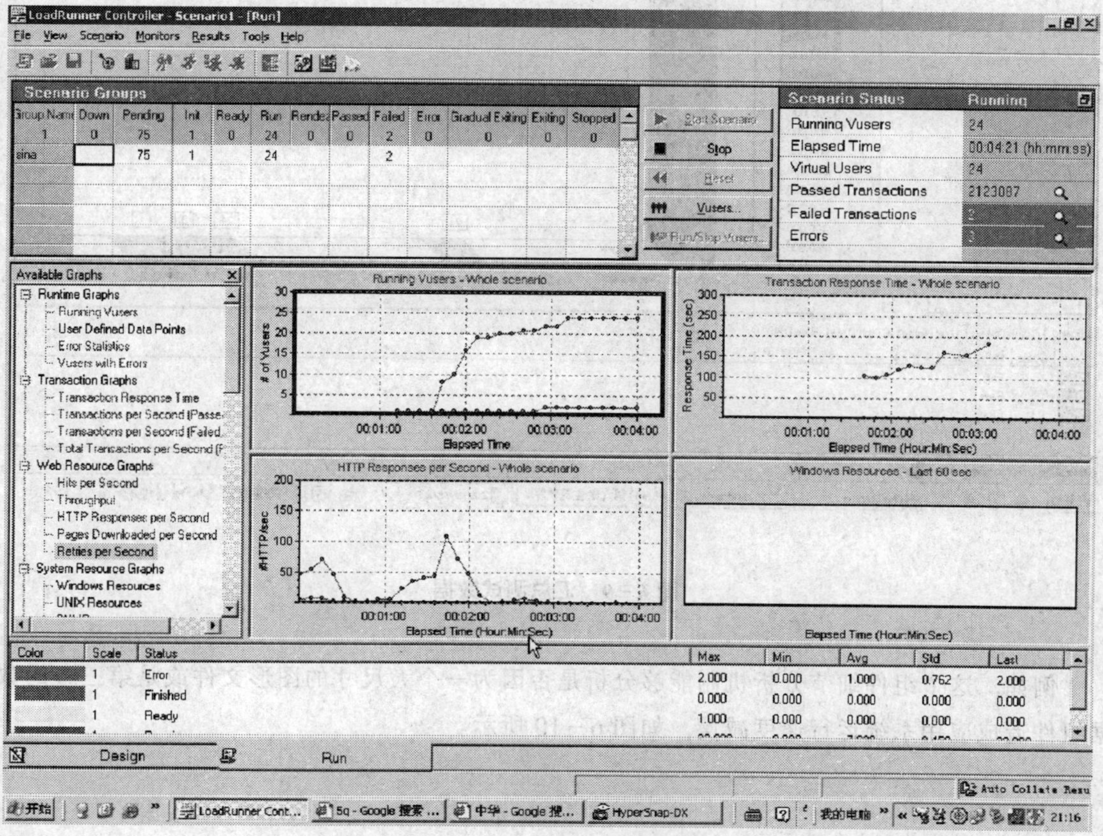

图 6－8 集成实时监测器

4. 分析结果精确定位问题所在

一旦测试完毕后，LoadRunner 收集汇总所有的测试数据，如图 6-9 所示，网络数据转换处理功能能够将网络服务器和客户端问题分离出来。图表功能为测试人员提供了高级分析和汇报能力，以迅速查找到性能问题并追溯产生的原因。使用 LoadRunner 的 Web 交易细节监测器，测试人员可以确定将所有的图像、架构和文本下载到每一网页提供商所需的时间。

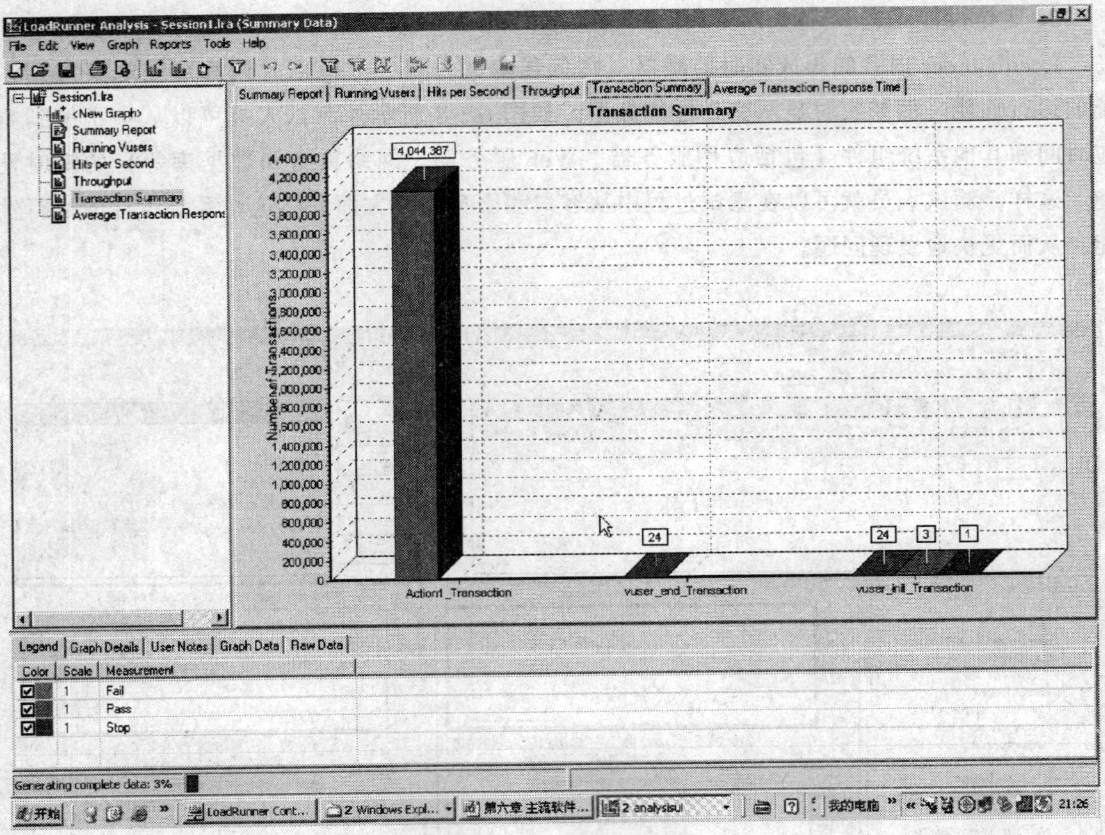

图 6-9　汇总测试数据

例如，这个组件细节分析机制能够分析是否因为一个大尺寸的图形文件或是第三方的数据组件造成应用系统运行速度减慢，如图 6-10 所示。

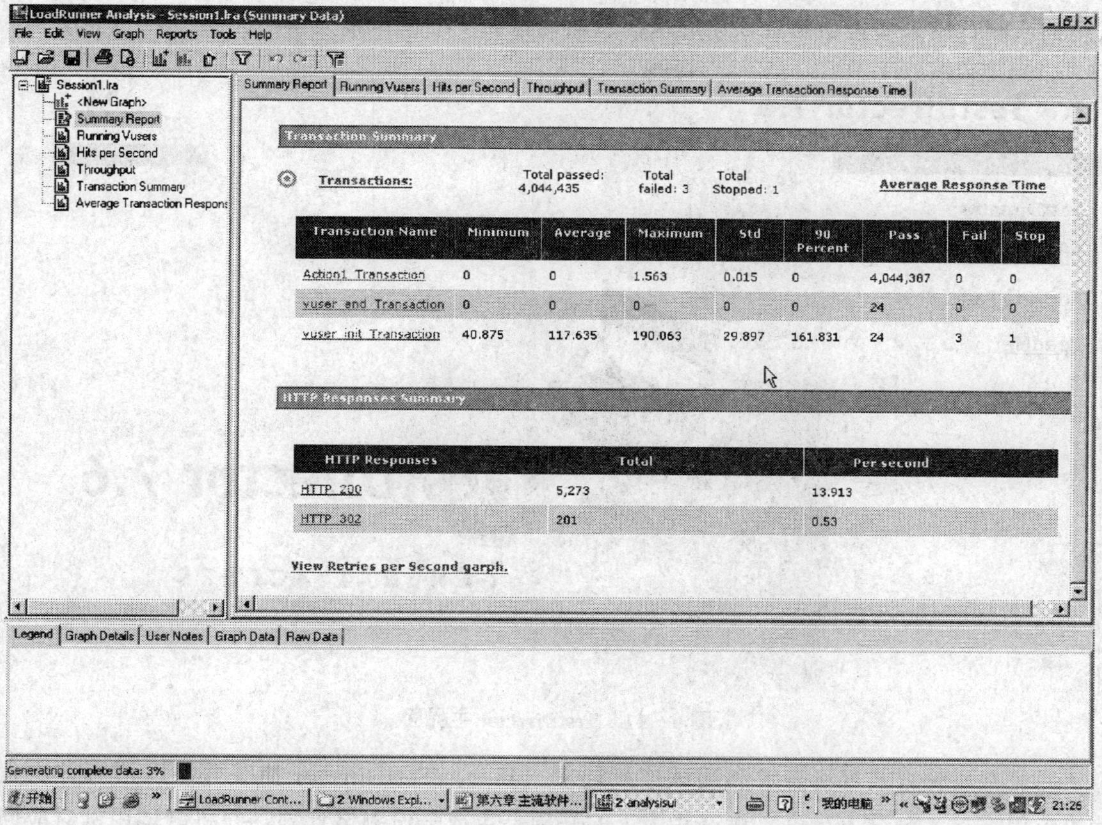

图 6-10 分析错误原因

6.2.3 TestDirector 测试管理系统

TestDirector 是基于 Web 的测试管理系统，主界面如图 6-11 所示。TestDirector 能够在一个独立的应用系统中提供需求管理功能，并且可以把测试需求管理与测试计划、测试日程控制、测试执行和错误跟踪等功能融为一体，因此极大地改善了测试过程的管理。

TestDirector 提供了一套测试 Web 应用的组织框架、一个协同的测试环境和一个数据中心。测试人员可以分布在各地，TestDirector 让用户不管在何时何地都能参与到整个测试过程中。

TestDirector 将一个完整的测试过程，从测试需求管理、测试计划、测试日程安排，到测试执行，以至到出错后的错误跟踪，仅在一个基于 Web 的应用中便可完成。

1. 需求管理

TestDirector 的 Requirements Manager 可以驱动整个测试过程，通常由需求来决定应用哪一部分需要进行测试，需要开发哪些类型的测试，以及开发完成的应用是否满足了用户的需求。可以让测试人员根据应用需求自动生成测试用例。通过提供一个直观机制将需求和测试用例、测试结果和错误报告联系起来，从而确保完全的测试覆盖率。

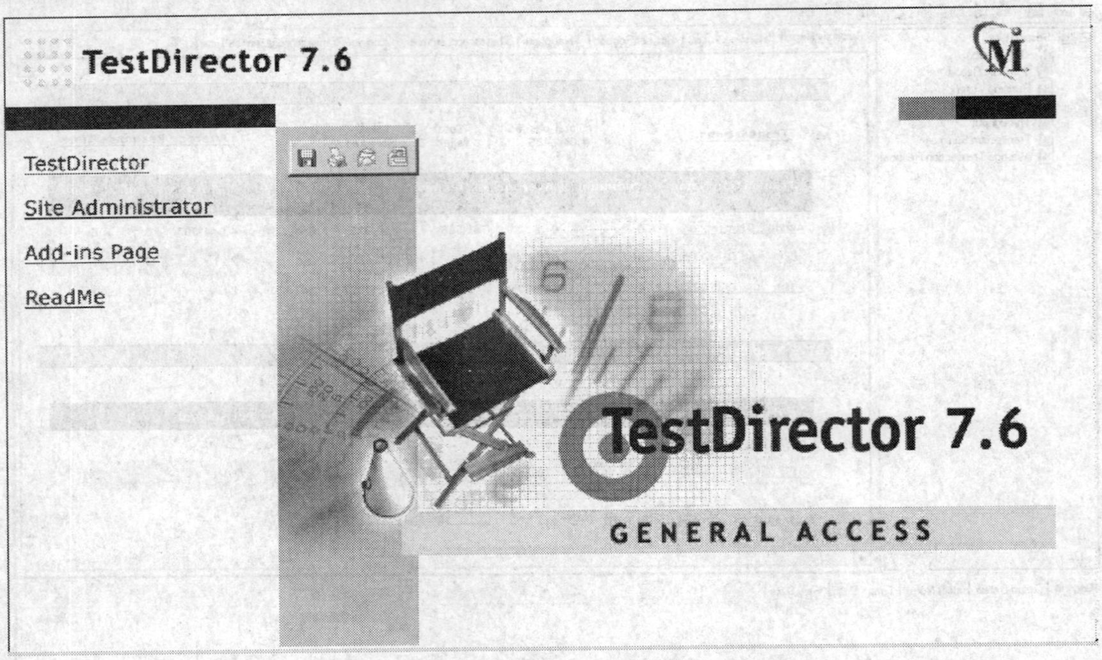

图 6－11　TestDirector 主界面

一般有两种方式可将需求和测试连接起来。其一，TestDirector 捕获并跟踪所有首次发生的应用需求。测试人员可以在这些需求的基础上生成一份测试计划，并将测试用例对应同一个应用需求，在测试中，必须能方便地管理需求和测试用例之间可能存在的一种多对多的关系，确保每一个需求都经过测试。其二，由于 Web 应用是不断更新和变化的，需求管理允许测试人员增减或修改需求，并确定目前的应用需求已拥有了一定的测试覆盖率。对于任何动态地改变 Web 应用，必须重新审查所制订的测试计划是否准确，确保其符合当前的应用要求。图 6－12 为需求管理的界面。

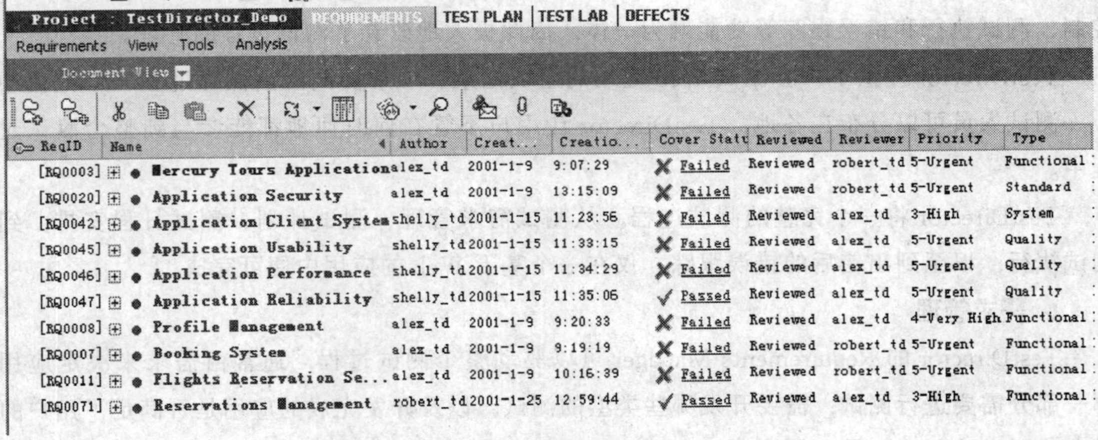

图 6－12　需求管理界面

2. 计划测试

测试计划的制订是测试过程中至关重要的环节。它为整个测试提供了一个结构框架。TestDirector 的 Test Plan Manager 在测试计划期间，为测试小组提供一个关键要点和 Web 界面来协调团队间的沟通。Test Plan Manager 指导测试人员如何将应用需求转化为具体的测试计划。这种直观的结构能帮助测试人员定义测试的步骤和方法，从而能够建立明确的任务和责任。

Test Plan Manager 提供了多种方式来建立完整的测试计划。测试人员可以根据用需求管理所定义的应用需求，通过 Test Plan Wizard 快捷地生成一份测试计划。如果测试人员已经将计划信息以文字处理文件形式，如 Microsoft Word 方式存储，则可以利用这些信息，并将这些文件导入到 Test Plan Manager 中。把各种类型的测试汇总在一个可以折叠的目录树内，测试人员可以在一个目录下查询到所有的测试用例。例如，可以将人工和自动测试，或功能测试中的恢复和负载测试方案结合在同一个位置。

Test Plan Manager 还能进一步帮助测试人员完善测试设计和以文件形式描述每一个测试步骤，包括每一项测试、用户反映的顺序、检查点和预期的结果。还可以为每一项测试添加附件，如 Word，Excel，HTML 文件，这些文件可用于更详细地记录每次测试用例。

Web 网络应用日新月异，应用的需求也随之不断改变。这时就需要相应地更新测试计划。TestDirector 能够简单地将测试需求与相关的测试计划对应起来，并根据新的需求生成新的测试计划。图 6－13 为测试计划的界面。

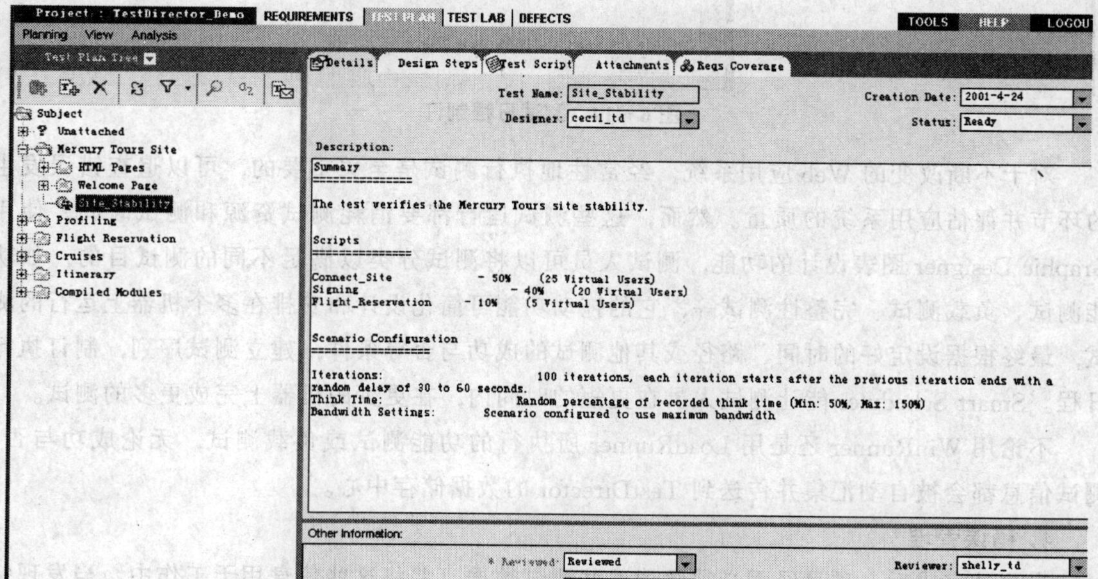

图 6－13 测试计划的界面

3. 安排和执行测试

测试计划建立后，TestDirector 的 TestLabManager 为测试日程制订提供一个基于 Web 的框架，如图 6－14 所示。它的 SmartScheduler 根据测试计划中创立的指标和执行中的测试计划所产生的指标，对执行中的测试进行监控。如果网络上任何一台主机空闲，测试可以彻夜执行于其上，SmartScheduler 能自动分辨是系统还是应用错误，然后将测试重新安排到网络上的其他机器。

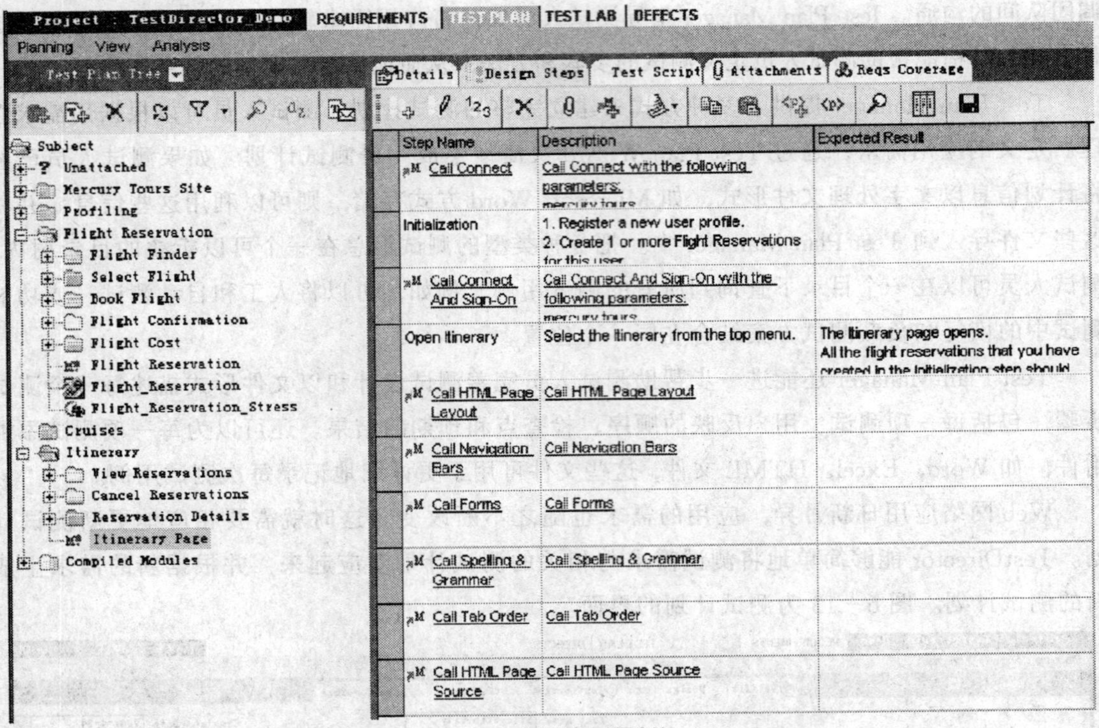

图 6 - 14　测试日程制订

对于不断改变的 Web 应用系统，经常性地执行测试是至关重要的，可以追查错误发生的环节并评估应用系统的质量。然而，这些测试运行都要消耗测试资源和测试时间。使用 Graphic Designer 图表设计的功能，测试人员可以将测试分类以满足不同的测试目的，如功能测试、负载测试、完整性测试等，它的拖动功能可简化设计和安排在多个机器上运行的测试，最终根据设定好的时间、路径或其他测试的成功与否等条件，建立测试序列，制订执行日程。Smart Scheduler 能让测试人员在更短的时间内，在更少的机器上完成更多的测试。

不论用 WinRunner 还是用 LoadRunner 所执行的功能测试或负载测试，无论成功与否，测试信息都会被自动汇集并传送到 TestDirector 的数据储存中心。

4. 错误管理

当测试完成后，项目经理必须解读这些测试数据，并将这些信息用于工作中。当发现错误时，还要指定相关人员及时修复。TestDirector 的错误管理功能直接贯穿并作用于测试的全过程，并提供错误跟踪功能。对错误的跟踪包括从最初的发现问题，到修改错误，再到检验修改结果。由于同一项目组中的成员经常分布于不同的地方，TestDirector 基于 Web 的特征，多个测试人员能够在不同时间不同地点查询错误跟踪情况，可以获得和更新错误信息、整理和过滤错误列表并作出错误发展趋势分析。在填写一个新的错误报告之前，测试人员还可以搜索错误数据库，以便确认是否已有类似的错误记录，这样就可以避免重复工作。图6－15为软件缺陷管理界面。

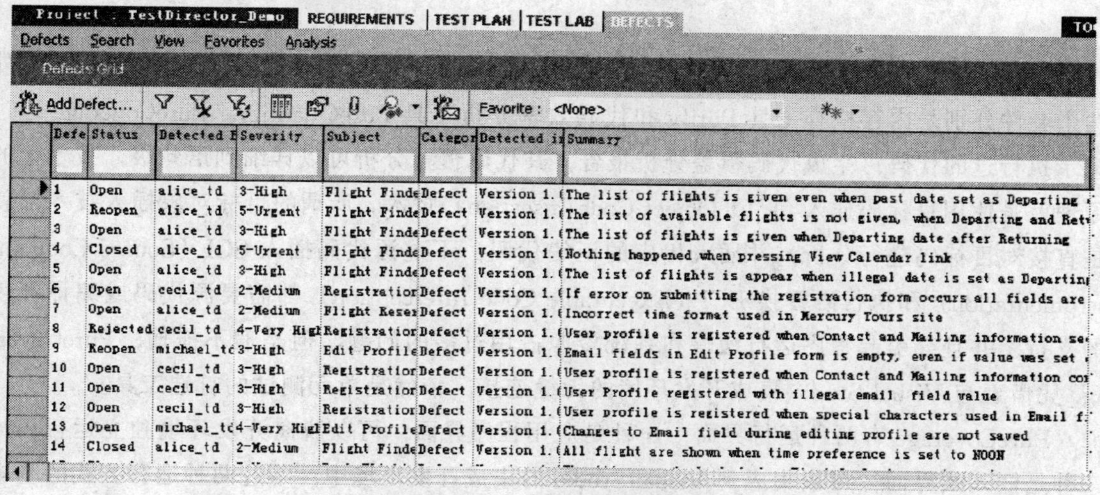

图6－15 软件缺陷管理界面

5. 图形化和报表输出

测试过程的最后一步是分析测试结果，确定应用程序是否已部署成功或需要再次测试。TestDirector图表和报告功能，能够帮助测试人员对数据信息进行分析。如图6－16所示，软件采用树形结果输出。TestDirector还以标准的HTML或Word形式提供一种生成和发送正式测试报告的简单方式。测试分析数据还可以简便地输入其他应用程序，如Excel，Reportsmith，Crystal，Reports和其他类型的第3方工具。

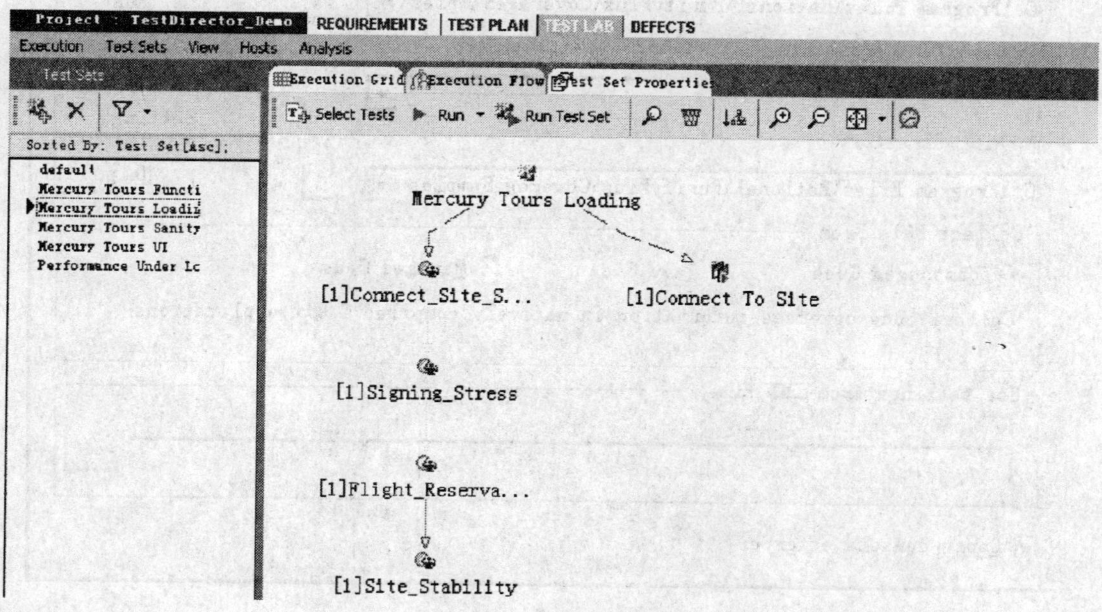

图6－16 树形结果输出

6.2.4 PureCoverage 代码覆盖工具

PureCoverage 是 Rational 公司的单元测试工具 PurifyPlus 三套件之一，PurifyPlus 的另外两个套件分别是内存检查工具 Purify 和代码效率分析工具 PureQuantity。PureCoverage 通过记录执行过的代码，生成代码覆盖分析报告，其代码覆盖分析可以详细到语句级，技术上的原理就是使用目标码插入 OCI（Object Code Insertion）技术。所谓的目标对象插入技术，就是直接对目标码进行分析，并插入相应的汇编代码，不过源代码插入 SCI（Source Code Instrumentation）和执行码替换 ECI（Executable Code Interception）都需要源代码或编译环境的支持，并且会引起程序运行缓慢和系统资源占用过多的问题。但是瑕不掩瑜，PureCoverage 凭借着与 Visual Studio 集成开发环境的无缝连接，依然是单元测试的首选工具。

PureCoverage 有两种运行界面，一种是应用程序界面，可以脱离开发环境独立运行；另一种是嵌入式界面，可以集成到 Visual Studio 的集成开发环境中，不过两种运行方式的基本功能是相同的。下面用一个简单的例子作个演示，使大家对 PureCoverage 有一个感性的认识，这个例子就是 PureCoverage 自带的 hello.exe。

首先运行 PureCoverage，然后选择“File”菜单的“Run”命令，在弹出的“Run Program”对话框中选择 hello.exe 程序，如图 6－17 所示。

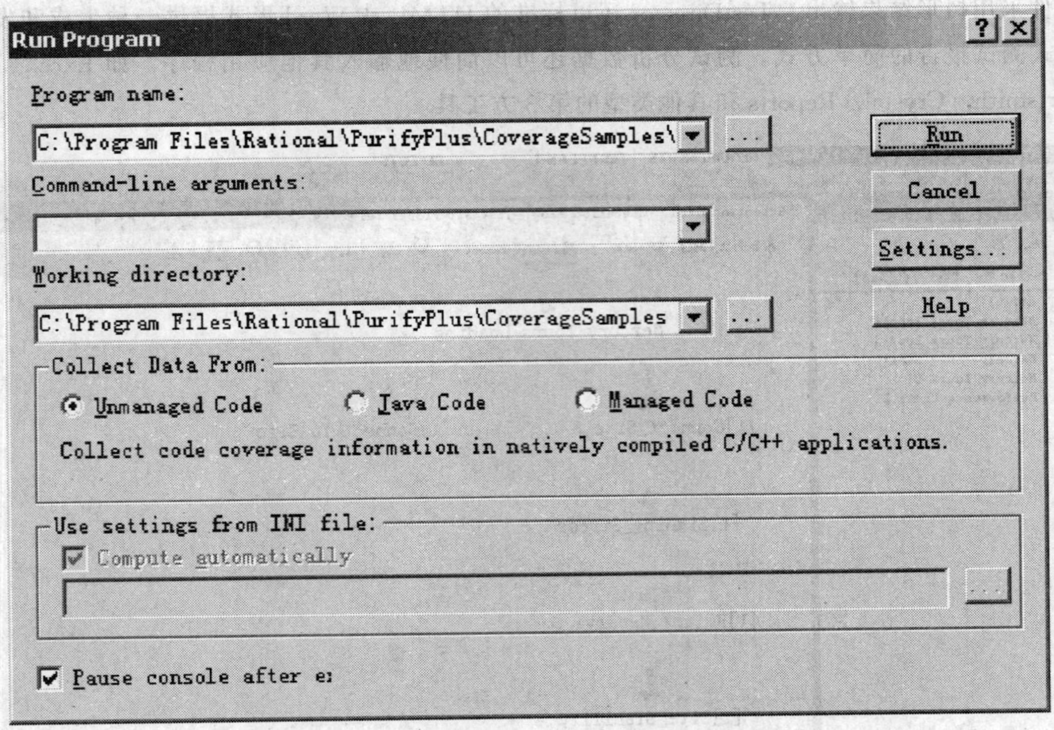

图 6－17　运行程序

由于 hello.exe 是使用 Visual C++ 6.0 编写的 Win32 应用程序，所以在“Collect Data From”选项处选择“Unmanaged Code（非托管代码）”，点击“Run”按钮就开始运行 hello.exe。PureCoverage 首先分析 hello.exe 装载的模块，然后运行 hello.exe，出现一个标题是“Hello，World”的消息框，这是 hello.exe 程序的提示，要用户选择是不是看看当前的时间，我们先点击“确定”按钮看看结果。hello.exe 弹出另一个消息框显示当前时间，点击“确定”按钮结束程序的运行，此时 PureCoverage 已经统计出了结果，如图 6-18 所示。

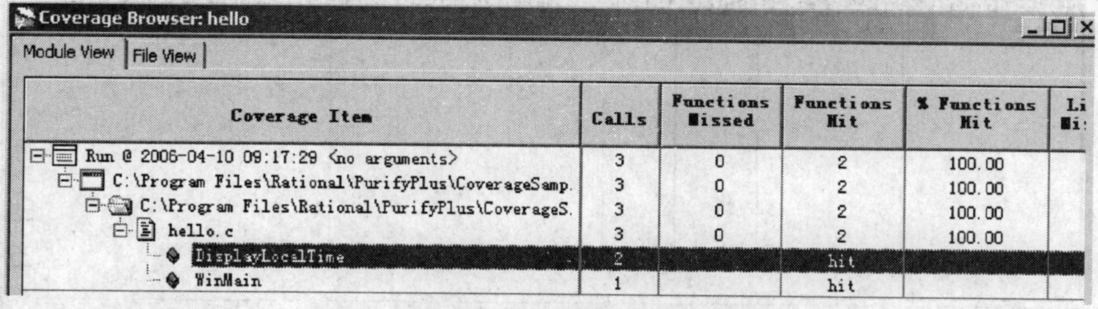

图 6-18 运行结果的“Module View”视图

这个视图显示了 hello.c 有两个函数，DisplayLocalTime（）和 WinMain（），在刚才那次测试运行中被调用的次数和代码行覆盖率。用鼠标双击函数名可以将视图切换到代码窗口，如图 6-19 所示。

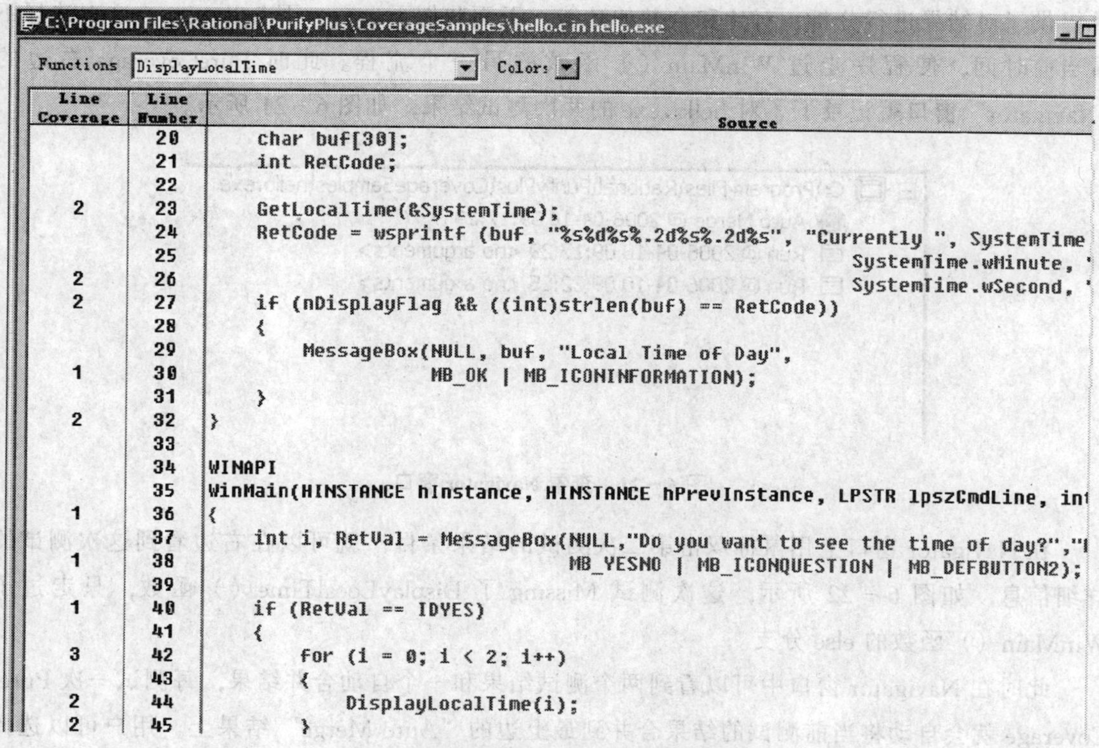

图 6-19 运行结果的“Source Code”视图

代码视图中被标记为蓝色的代码是刚才这次测试走过的代码，被标记为红色的代码表示这次测试没有走过的代码。如果想了解每个函数的具体情况，可以点击工具栏的“Function List”图标。图 6－20 就是本例中的函数列表，包括函数被调用的次数，总的代码行数，被测试过的行数以及代码覆盖率。

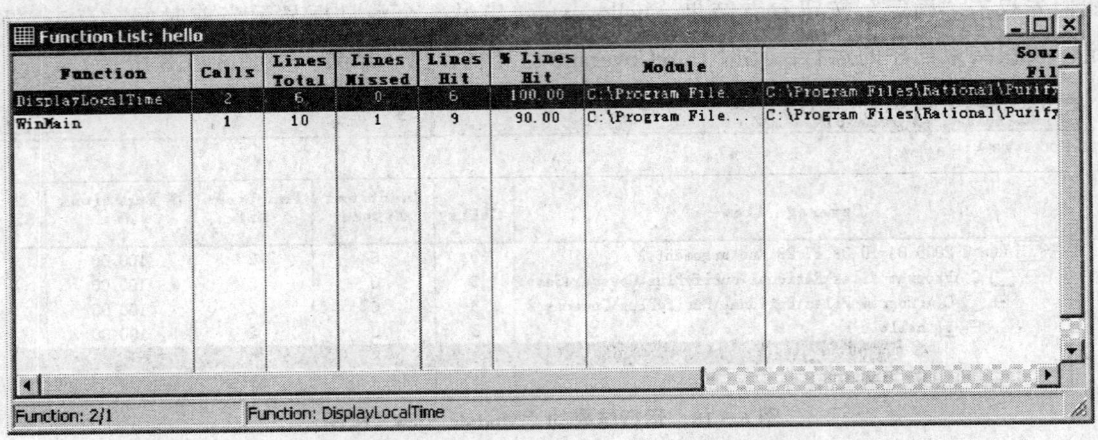

图 6－20　Function List 显示

有时候一次测试不能覆盖所有的代码，以上面的 hello.exe 为例，WinMain（）函数的一个分支就没有走到，PureCoverage 充分考虑到了这种情况，它能够记录每一次测试结果，并提供了对结果进行分析、对比和合并的功能。下面我们再运行一下 hello.exe，这次选择不看当前时间，使程序走过 WinMain（）函数的另一个流程。此时 PureCoverage 右边的“Navigator”窗口就记录下了对 hello.exe 的两次测试结果，如图 6－21 所示。

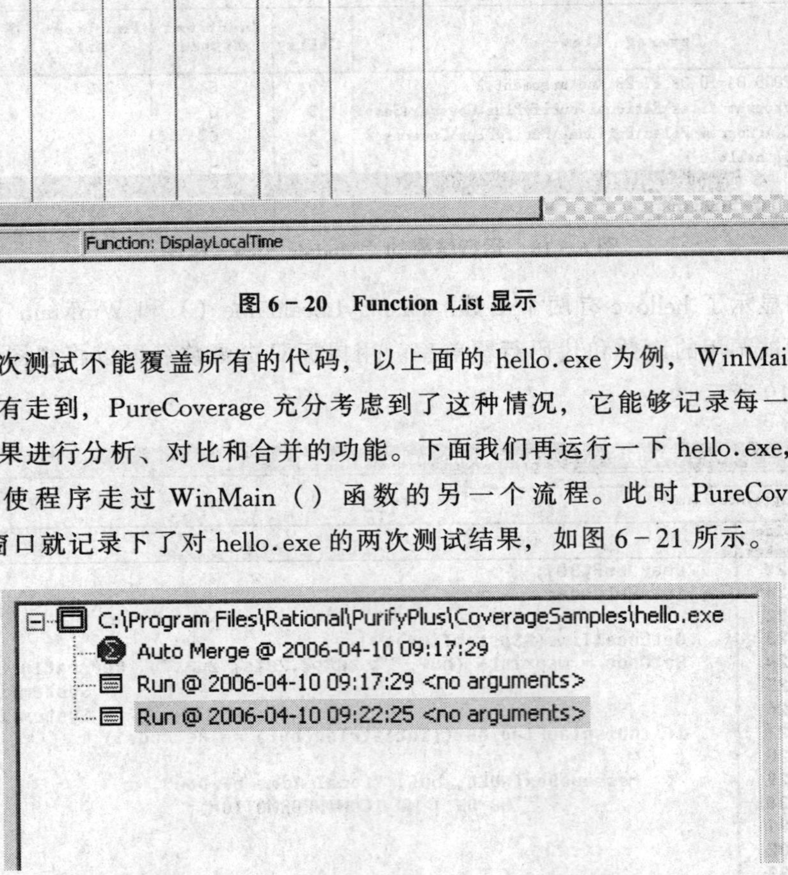

图 6－21　查看 Navigator 窗口

在 Navigator 窗口上用鼠标双击第二次测试的结果条目，就可以在右边看到这次测试的详细信息，如图 6－22 所示，这次测试 Missing 了 DisplayLocalTime（）函数，只走过了 WinMain（）函数的 else 分支。

此时在 Navigator 窗口中可以看到两个测试结果和一个自动合并结果，每测试一次 PureCoverage 就会自动将当前测试的结果合并到最上边的“Auto Merge”结果上。用户可以选择某几个测试结果合并成一个合并结果，比如在某种特殊条件下的几次测试就可以合并到一个结果中，以便集中统计在这种特殊条件下的测试结果。合并操作非常简单，在需要合并的测试结果上单击鼠标右键，在弹出的菜单中选择“Merge Runs”菜单，然后在弹出的结果列表中选择另一个测试结果就可以将两者合并成一个合并结果。用鼠标双击 Navigator 窗口的“Auto Merge”结果，看看两次测试的合并结果吧。图 6-23 显示了合并结果，两次测试，两个函数各被调用两次，代码覆盖率都是 100%。

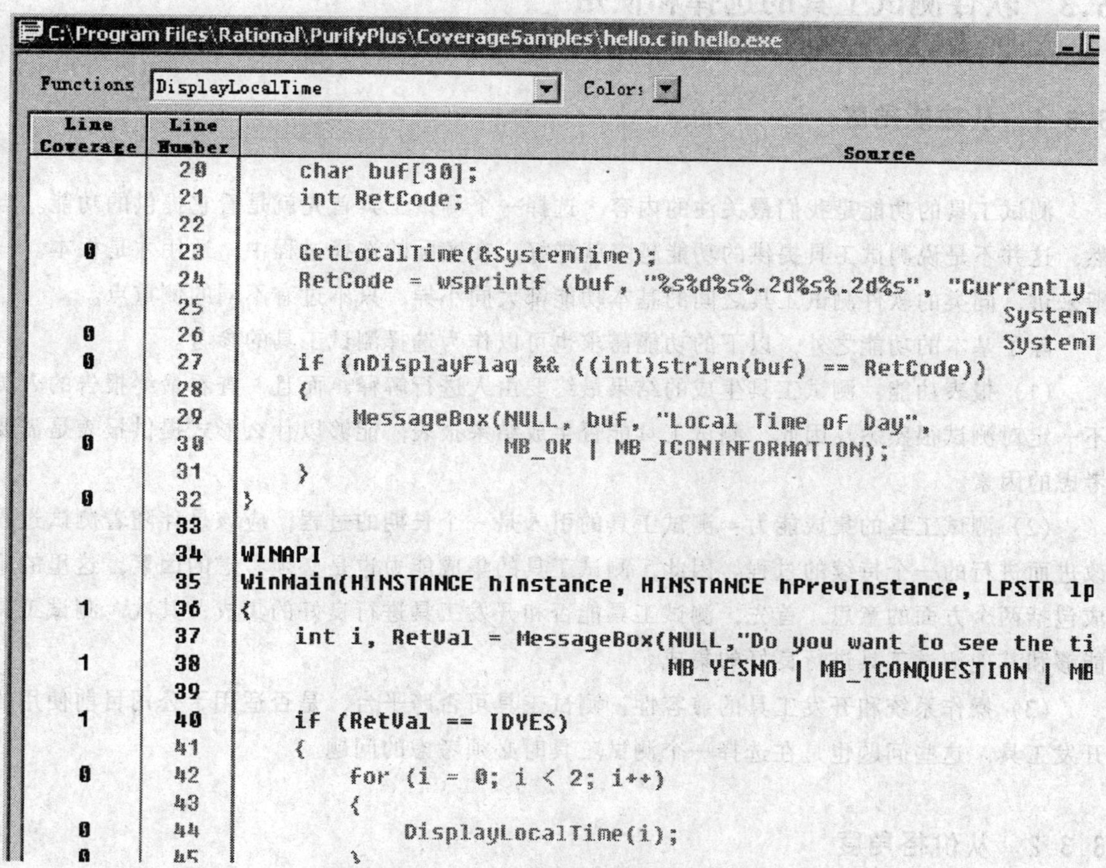

图 6-22 第二次测试结果查看

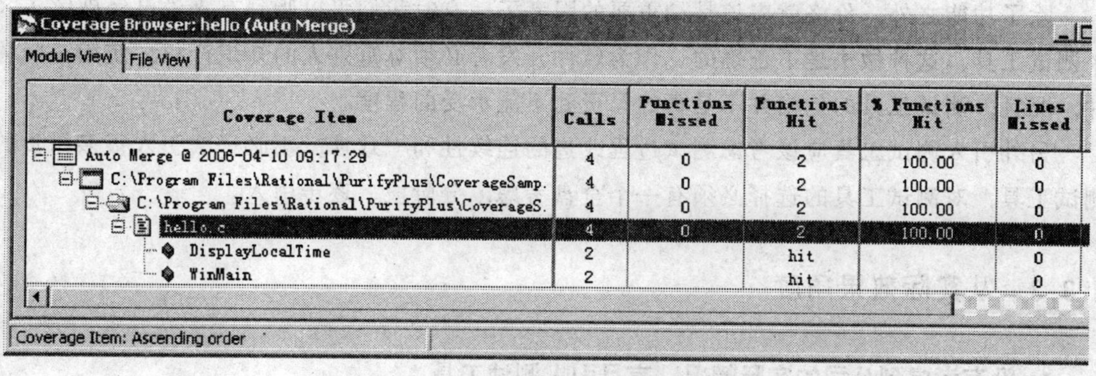

图 6-23 合并结果查看

生成一个比较结果也很简单，在 Navigator 窗口中选择一个测试结果，单击鼠标右键，接着在弹出的菜单中选择“Compare Runs”，最后再选择另一个结果进行比较就可以了，PureCoverage 会自动生成一个比较结果，用鼠标双击这个比较结果，右边就会显示详细的内容。

6.3　软件测试工具的选择和使用

6.3.1　从功能角度

测试工具的功能是我们最关注的内容，选择一个测试工具首先就是看它提供的功能。当然，这并不是说测试工具提供的功能越多就越好，在实际的选择过程中，适用才是根本。一般来讲，同类的软件测试工具之间的基本功能都大同小异，只不过有不同的侧重点。

除了基本的功能之外，以下的功能需求也可以作为选择测试工具的参考。

(1) 报表功能：测试工具生成的结果最终要由人进行解释，而且，查看最终报告的人员不一定对测试很熟悉，因此，测试工具能否生成结果报表，能够以什么形式提供报表是需要考虑的因素。

(2) 测试工具的集成能力：测试工具的引入是一个长期的过程，应该是伴随着测试过程改进而进行的一个持续的过程。因此，测试工具的集成能力也是必须考虑的因素，这里的集成包括两个方面的意思，首先，测试工具能否和开发工具进行良好的集成；其次，测试工具能够和其他测试工具进行良好的集成。

(3) 操作系统和开发工具的兼容性：测试工具可否跨平台，是否适用于公司目前使用的开发工具，这些问题也是在选择一个测试工具时必须考虑的问题。

6.3.2　从价格角度

除了功能之外，价格就应该是最重要的因素了。有时我们可以听到有人说已经破解了××测试工具，这种做法是不正确的。作为软件开发者必须尊重别人的知识产权，使用正版软件，况且，测试工具的价格并不是真的昂贵到不能承受的程度。

另外引入测试工具应该考虑测试过程改进的连续性和一致性，不必一次引入很多昂贵的测试工具，对测试工具的选择必须有一个全盘考虑，分阶段、逐步引入。

6.3.3　从实际效果角度

1. 没有考虑到公司的实际情况，盲目引入测试工具

首先要明确一点，并不是每种测试工具都适合公司目前的实际情况。一些公司怀着美好的愿望花了不小的代价引入测试工具，试图改进测试过程。经过一段时间以后，却发现测试工具成了摆设，并没有真正发挥作用。究其原因，就是没有能够考虑公司的现实情况，不切实际地期望测试工具能够改变测试的现状，从而导致了失败。

例如，如果一个公司所开发的软件属于工程性质的软件，在整个开发过程中项目需求和用户界面变动较大，这种情况下就不适合引入黑盒测试软件，因为黑盒测试软件的基本原理是录制/回放，对于不停变化的需求和界面，可能修改和录制脚本的工作量还大过测试实施，运用测试工具不但不能减轻工作量，反而加重了测试人员的负担。在这种情况下，可以暂时不引入黑盒测试工具，主要依靠白盒测试工具提升代码质量。

2. 没有形成良好测试工具的使用环境

换句话说，就是没有形成一种机制让测试工具真正能够发挥作用。例如，白盒测试工具的一般使用场合是在单元测试阶段，而单元测试由开发人员完成，如果没有流程来规范开发人员的行为，在项目开发进度压力比较大的情况下，开发人员很可能就会有意识地不使用测试工具，来回避问题。在这种情况下，就必须形成一种有约束力的机制来强制对测试工具的使用。

将使用测试工具明确定义进公司的开发流程，是一种比较好的方式。可以在开发流程中明确说明，在项目里提交的文档中必须包括测试工具生成的报告，该报告中的数据是决定项目是否合格的依据。例如，根据公司的实际情况，在提交集成测试时需要提交 DevPartner 工具生成的测试覆盖率报告、Logiscope 生成的代码质量报告，并且要求单元测试的代码覆盖率必须达到 80％以上。对代码质量的评价必须建立在科学、公平的基础上，要杜绝那些随意的、模糊的评价。

3. 没有进行有效的测试工具培训

测试工具的使用者必须对测试工具非常了解，在这方面，有效的培训是必不可少的。测试工具的培训是一个长期的过程，不是通过一两次讲课的形式就能达到良好的效果。而且，在测试工具的实际使用过程中，使用者可能还存在着这样那样的问题，这也需要有专人负责解决，否则的话，对于测试工具使用者的积极性是很大的打击。

本章小结

本章从软件测试工具的基本概况出发，介绍了几个国外主流软件测试工具的基本功能，并在此基础上总结了软件测试工具选择和使用的基本思路，希望同学们能通过对本章的学习，了解主流软件测试工具的使用，能够更好地运用到软件测试实践中去。

习　　题

1. 软件测试工具如何分类，每一类有何特点？
2. 说出几种主流测试工具的基本工作流程。
3. 测试工具的选择应该考虑哪几个方面？

附　录　测试相关术语

α测试（Alpha Testing）：在用户环境下进行的测试，也可以是公司内部的用户在模拟实际用户环境进行的受控测试。

安装测试（Installing Testing）：包括测试安装代码以及安装手册，确保软件在正常和异常情况下都能进行安装，安装后可立即正常运行，正常情况包括首次安装、升级安装、完整的安装或自定义的安装等。异常情况包括磁盘空间不足、缺少目录创建权限等。

β测试（Beta Testing）：由软件的多个用户在一个或多个用户的实际使用环境下进行的测试。开发人员通常不在测试现场，Beta测试不能由程序员或测试员完成。

白盒测试（White Box Testing）：根据软件内部结构分析来进行测试，基于代码的测试，测试人员通过阅读程序代码或者通过使用开发工具中的单步调试来判断软件的质量。

本地化测试（Localization Testing）：本地化测试的对象是软件的本地化版本，测试目的是测试特定目标区域设置的软件本地化质量。测试环境是在本地化的操作系统上安装本地化的软件。可以分为基本功能测试、安装/卸载测试、本地化软硬件兼容性测试。测试内容主要包括本地化后的用户界面布局和本地化语言翻译的质量，包含软件、文档和联机帮助等。

崩溃（Crash）：软件系统或部件突然并完全的丧失功能，例如系统突然退出或死机。

测试（Test）：执行软件系统以验证其满足指定的需求并检测错误的过程。检测已有条件之间的不同，并评价软件系统的分析过程。在预定的条件下运行软件系统，以判断软件是否符合预期结果。

测试版本（Build）：软件开发过程中用于内部测试的功能和性能等不完善的软件版本。测试版本既可以是系统的可操作版本，也可以是展示要在最终产品中提供的部分功能的部分系统。

测试包（Testing Suite）：一组测试用例的执行框架；一种组织测试用例的方法。在测试包里，测试用例可以组合起来创造出独特的测试条件。

测试覆盖（Testing Coverage）：指测试执行覆盖被测试系统的程度，或对某个系统或部件的所有测试用例进行测试后所达到的程度。

测试过程（Testing Procedure）：指测试项目的组织、实施并对测试结果进行评估的一系列步骤，主要包括测试计划、测试设计、测试执行和测试总结四个阶段。

测试环境（Testing Environment）：进行测试的环境，包括测试平台、测试设备、测试软件、测试实验室和其他设施。

测试计划（Testing Plan）：描述测试活动的范围、方法、资源和进度的文档，确定测试项、被测功能、测试任务、测试执行、测试风险等。

测试脚本（Testing Script）：指一个特定测试的一系列指令，这些指令可以被自动测试工具执行。

测试项（Testing Item）：对被测系统进行功能分解后得到的子功能项或某个系统部件，每个测试项都要设计多个测试用例。

测试用例（Test Case）：为特定目标而开发的一组测试输入、执行步骤和预期结果，其目标可以是测试某个系统部件是否满足某个特定的需求。

待定（To Be Determined，TBD）：在测试文档中标明一项的尚未最终确定的工作。

单元测试（Unit Testing）：指对部分程序代码的基本测试，其实际大小是未定的，通常是一个函数或子程序，一般由开发人员执行。

动态测试（Dynamic Testing）：通过执行被测软件的手段来测试软件。

发布（Shipment）：指软件的第一个版本通过严格的测试、形成产品，最后交付给客户的阶段。

负载测试（Load Testing）：通过测试系统在资源超负荷情况下的表现，以发现设计上的错误或验证系统的负载能力。在负载测试中，将使测试对象承担不同的工作量，以评测和评估测试对象在不同工作量条件下的性能，以及持续正常运行的能力。测试的目标是确定并确保系统在超出最大预期工作量的情况下仍能正常运行。此外，负载测试还要评估软件的性能特征，如响应时间、事务处理速率和其他与时间相关的方面。

功能测试（Functional Testing）：根据软件产品特征、操作描述和用户需求，测试一个产品的特性和可操作行为以确定它们满足设计需求。

国际化测试（International Testing）：国际化测试的目的是测试软件的国际化支持能力，发现软件国际化的潜在问题，保证软件在世界不同区域中都能正常运行。国际化测试使用每种可能的国际输入类型，针对任何区域性或区域设置检查产品的功能是否正常。国际化测试的重点在于执行国际字符串的输入/输出功能。

黑盒测试（Black Box Testing）：只关心程序的外部功能，不关心程序内部结构的一种测试方法。根据软件的需求规格说明书对软件进行各种输入并观察各种输出结果来发现软件缺陷的测试。

回归测试（Regression Testing）：在发生修改之后重新测试先前的测试以保证修改的正确性。理论上，对软件的任何测试版本，都需要进行回归测试，验证以前发现和修复的错误是否在新版本上再现。

集成测试（Integration Testing）：被测系统的所有组件都集成在一起进行测试，目的是找出被测试系统组件之间关系和接口中的错误，一般在单元测试完成之后进行。

兼容性测试（Compatibility Testing）：测试软件是否和系统的其他与之交互的元素之间